KB206660

베다 입문

베다 입문

이   시 대 를   위 한   힌 두 와   베 다   지 식

데이비드 프롤리 지음 | 김병채 옮김

슈리 크리슈나다스 아쉬람

차 례

진정한 지식은 바깥이 아니라 안에서 온다. 진정한 지식은 교활한 인간 마음이 아니라, 가슴 속에 있는 신성한 말의 힘으로부터 온다. 진정한 지식은 세상의 모든 나라와 문헌에서 다양한 모습으로 있는 위대한 영혼의 뮤즈(muse)인 순백의 옷을 입은 지혜의 여신의 은총으로부터 온다.

힌두와 베다 전통에서는 그 여신을 사라스와티라 한다. 사라스와티는 영감이 흘러내리는 시냇물이다. 사라스와티는 순수 의식의 거대한 흐름이다. 그래서 현자들은 그 강에 이르고자 의식을 행하고 또 명상을 한다. 사라스와티는 지혜를 담고 있는 성전인 베다의 위대한 어머니이다.

사라스와티는 두 손에 각각 로자리오와 책을 들고 있으며, 다른 두 손으로는 비나를 뜯으며 노래하고 있다. 사라스와티는 공작을 타고 다닌다. 공작의 꼬리는 그녀의 창조적 힘을 나타내는 듯 다양한 색상으로 빛나고 있다. 사라스와티의 만트라는 아임

(AIM)이다.

사라스와티는 은하수요, 우주적 어머니인 천상의 강이다. 사라스와티에서 흘러내리는 강으로 우리는 말하고 창조하고 이해한다. 이 책이 사라스와티의 이름과 힘으로 만들어지고 있기에 그녀에게 바친다.

사라스와티시여!
당신은 무한하고 끝이 없으며,
당신의 빛나는 저 강의 흐름은
끊임없이 격렬하게 포효하고 있으니,
당신께서 이 지상의 땅과
모든 공간에 가득 차 계시니,
사라스와티시여!
우리를 모든 죄로부터 지켜 주소서.
전지전능한 여신이시여!
우리 마음의 안내자가 되시어
우리를 빛으로 나아가게 하소서.

─바라드와자의 리그 베다 VI. 61. 9, 11, 3─

서 문

　이 책은 지상에서 가장 오래 되었으며 가장 포괄적인 영적 전통을 담고 있는 성전인 베다의 사고방식과 경험을 다루고 있다. 이 전통은 너무나 거대하기에 이 책에서는 그 전통의 윤곽을 그려보는 데 그칠 것이다. 모든 것을 충분히 다루지는 못하였다. 이 전통의 모든 위대한 스승과 가르침들을 언급할 수도 없었다. 어떤 스승들은 포함되었고, 어떤 스승들은 제외되었다. 제외된 스승들의 가르침이 중요하지 않아서 제외된 것은 아니라는 점을 독자들이 알아주었으면 한다.

　또한 각 장의 주제와 관련된 모든 사상을 다루지는 못하였다. 그 가르침과 관련이 있는 번역본들이 많이 있다. 더 자세히 알고자 하는 독자들은 관련 서적들을 찾아보기 바란다. 이 책의 내용을 만들어 나가는 것은 독자들의 권리이다. 겉으로 드러난 내용에 관해서만 그런 것이 아니다. 이 책의 깊은 의미를 가슴 안에서 찾아내는 것은 독자들이 누려야 할 권리이다. 그런 노력을 기울이면, 그것들과 더불어 있는 빛과 은총이 반드시 찾아올 것이다.

　이 책은 힌두와 베다의 영적 전통을 다루고 있는 일련의 저서들 중의 한 권이다. 특정한 주제에 대하여 더 알고 싶으면 일련의 저서들을 보면 될 것이다. 우리는 이 접근에 기여하기를 원하는 사람이면 누구에게나 문을 활짝 열어 놓고 있다. 언제나 동참을 환영한다. 영원한 우주적 가르침인 사나타나 다르마가 다시 부활하기를!

나의 경험이 있게 하는 데 너무나 소중한 분들이 있다.

지식의 길에서 위대한 구루이신 라마나 마하리쉬,

헌신의 빛을 열어 주신 슈리 아난다마이 마,

요가의 위대한 기법을 제공해 주신 크리야 요가 전통의 스승들,

베다의 비전을 열어 주신 슈리 오로빈도와 그의 제자들,

엑스타시의 선물을 주신 라마 티르타,

그리고

다르마를 서구에 전하기 시작하신 스와미 비베카난다.

이 모든 분들에게 감사를 드린다.

오직 하나의 진정한 종교인 진리의 종교만이 있다.

오직 한 분의 진정한 구원자인

가슴 안에 있는 신성한 참나만이 있다.

오직 유일의 성전인 하나라는 신성한 말만이 있다.

나마스테!

당신 안에 있는 신성한 영혼에게 머리 숙여 경의를 표한다.

데이비드 프롤리

샌타페이, 뉴멕시코

1990년 2월

제 1 장

이 시대를 위한 힌두와 베다 지식

지난 세기 동안 인도의 여러 영적 스승들이 서구 세계를 찾았다. 인도의 영적 전통에 뿌리를 둔 가르침들 역시 서구로 전해졌다. 그 가르침들은 우리 서구의 문화와 언어에 깊은 흔적을 남겼다. 이들은 요즘 새롭게 출현하고 있는 신세대 문화에도 적지 않은 영향을 미쳤으며, 세계의 의식을 변화시키는 주요한 원동력이 되고 있다. 구루, 아바타와 같은 용어들, 업 · 윤회 · 깨달음과 같은 개념들, 요가 · 명상 · 채식주의 · 비폭력과 같은 수행법들, 이들은 모두 인도의 영적 모형에서 나온 것들이다. 동양 세계가 기술, 과학의 면에서는 서구 문화의 영향 아래 있지만, 서구 세계는 그 대가로 동양에서 잘 보존되어 있는 영적 문화의 측면, 특히 옛 인도의 종교 문화를 경험하고 있다.

미국이 낳은 걸출한 학자인 에머슨(Emerson)과 소로우(Thoreau)

같은 이들은 이미 19세기 중반에 인도의 가르침에 관심을 기울였다. 블라바츠키(Blavatsky)가 주도하는 신지학(神智學)운동이 뒤따랐는데, 그들의 가르침은 히말라야의 위대한 스승들에게서 전수받은 힌두, 불교 사상에 상당 부분 기초를 두고 있었다. 1890년대에 스와미 비베카난다(Swami Vivekananda)라는 젊은 사람이 미국에 도착하였다. 그는 인도의 유명한 스승으로서 최초로 미국을 방문한 사람이었다. 그는 자신의 스승인 라마크리슈나의 가르침을 전했는데, 인도에서는 라마크리슈나를 아바타 즉 신의 화신으로 믿으며 존경하는 사람들이 많았다. 몇 년 뒤에 스와미 라마 티르타가 미국 땅을 밟았다. 체류 기간은 짧았지만 깊은 영향을 남긴 방문이었다. 인도 출신 스승으로서 처음으로 미국에 계속 머물기 시작한 사람은 1920년에 온 파라마한사 요가난다(Paramahansa Yogananda)였다. 그 뒤로 수많은 요기와 스와미, 구루들이 미국으로 건너왔다. 어떤 이들은 직접 방문했고, 어떤 이들은 제자를 대신 보냈으며, 가르침만 전해진 경우도 있었다. 요즘에는 더 많은 사람들이 미국을 찾고 있는데, 잠시 방문하여 가르치거나 아예 계속 머무는 사람들까지 합하면 수효가 너무 많아서, 그들 모두를 소개하려면 소책자가 필요할 것이다.

이 가르침들 중 가장 잘 알려진 것은 요가 수행이다. 인도의 스승들은 도그마적인 종교적 신념에 반대하는 서구인의 마음에 호소하기 위하여, 그들 전통에 있는 많은 이름들 가운데서 요가라는 용어를 선택했다. 요가는 문화적, 지적인 편견으로부터 자유로운 중립적인 용어이다. 요가 중에서 이른바 하타 요가는 몸자세의 과학이며 우리에게 가장 익숙한 육체적 측면의 요가이다. 하타 요가는 삶의 모든 면을 포함하고 있는 거대한 지식 체계 중 가장 눈에 띄는 부분이다.

인도에서는 베다와 요가 지식이 비밀리에 간직되고 있다가, 받을 만한 자격이 있는 선택된 소수에게만 주어졌다. 그러므로 이 스승들이 근대에 서구로 여행을 한 것은 하나의 전통을 깬 것이었다. 하지만 요가의 가르침이 항상 비밀로 감추어져 있었던 것은 아니다. 먼 과거에도 불교와 힌두교 스승들이 서양의 로마나 동양의 인도네시아, 중국 등지를 여행하였다. 16세기에는 힌두교가 인도네시아까지 전파되었다.

그 후 요가의 가르침은, 주로 인도 서부 지역으로부터 반복된 외국의 침략 때문에 비밀스러운 모습으로 전해지게 되었다. 페르시아인, 그리스인, 훈족, 스키디아인, 회교도인, 나중에는 영국과 포르투갈인이 인도를 침략하는 상황에 이르게 되었다. 침략은 2천 년 동안 이어졌다. 하나의 문화가 공격을 받을 때마다 그 문화는 위축되는 경향이 있다. 그러므로 중세 때의 폐쇄된 모습의 요가는 요가의 진정한 모습이라고 볼 수 없다. 요가가 모든 이에게 열려 있다고 하지만 가르침을 주입시키고자 사람들을 찾아다니지는 않았다. 요가의 그러한 개방성은 오늘날 다시 일어나고 있다.

베다와 요가

모든 지식은 이론과 실제라는 두 측면을 지니고 있다. 인도의 영적 체계에 있어서 베다는 이론을, 요가는 실천을 나타내고 있다. 베다와 요가는 우리가 힌두교로 알고 있는 종교의 영적 측면이다. 베다 그 자체는 지식, 지혜, 비전을 의미한다. 베다를 유럽인의 단어들과 관련지으면 독일어의 기지와 지혜에, 그리스어로는 이데아(Idea)에, 라틴어로는 비데오(Video)에 해당된다. 요가는 지식의 실제적인 적용을 의미한다.

그러므로 베다와 요가는 하나이다. 이 둘을 분리하려는 사람들은 베다와 요가를 이해하지 못하고 있는 사람들이다. 베다와 요가 둘 다는 고대로부터 내려온 우주적인 영적 과학이다. 오늘날 세계 문화를 지향하는 움직임이 일어나고 있는데, 우리는 그 노력의 일환으로 베다와 요가를 다시 복구하고 싶어 한다.

베다의 적절성

베다는 삶의 거의 모든 영역을 다루고 있는 영적 지식의 체계다. 첫째, 베다는 우리에게 지식을 준다. 그 지식으로 우리는 해방 또는 참나 깨달음을 얻을 수 있다. 베다에 의해 우리는 내면의 의식이 불멸하다는 것을 알 수 있게 된다. 둘째, 베다는 삶의 외적 측면들이 우리의 영적 목표와 조화를 이룰 수 있게 하는 지식을 얻을 수 있게 한다. 이 지식에는 신체와 사회를 돌보는 방법이 들어 있다. 이러한 베다 지식은 진실하고 영적인 인간 문화를 위한 기반을 제공할 수 있다. 그 지식은 삶의 모든 분야들과 의학, 점성학, 수학, 심리학, 사회학, 언어학에까지 이르고 있다. 그 지식은 인도의 예술, 시, 음악, 춤, 조각의 기초이기도 하다. 그 지식은 고대 인도의 사회 구조와 법체계의 모델이기도 하였다. 고대 인도의 사회 구조와 법체계는 중세 또는 근대와는 아주 다른 것이었다.

근대 과학은 많은 발달을 거듭하여 이제 마음과 자연의 미묘한 영역에 관심이 모아지고 있다. 이것은 근대 과학이 내면의 세계를 보기 시작했다는 것이다. 그래서 과학은 고대 신비가의 견해에 점점 접근하고 있다. 시간과 공간의 상대성과 같은 개념들은 베다에서는 이미 잘 알려져 있었다. 고대 예언자들은 온 우주란 마음이 시간과 공간이라는 개념을 바탕으로 하여 의식이 만든 창조물이라고 보았다. 그들은 시간과 공간을 궁극적이며 객관적인 실재라고는 결코 보지 않았다.

지상의 생명과 지성을 이끌고 있는 이론인 가이아(Gaia) 이론은 오늘날의 과학계에서 주목을 받고 있다. 이 이론 역시 베다에서 온 사상이다. 가이아는 베다의 신성한 소인 가우(Gau) 즉 땅의 영 혹은 여신을 의미한다. 다시 말하면, 가우는 땅에 작용하는 신의 힘을 나타내는 말이다. 가우에 대한 그리스어가 가이아이다. 고대 사람들은 인간과 자연의 조화를 만들어 내고 우리를 우주의 창조적 파동에 일치시키도록 하기 위하여 땅의 여신에게 많은 찬가를 바쳤다. 가야트리(Gayatri) 같은 찬가는 가우에게 생명을 주고 땅 위의 모든 삶을 보호하고 번성케 해 달라는 기도이다. 베다는 우주를 마음이 만들어 낸 마술적 유희로 본다. 즉, 의식의 영광과 존재의 경이가 나타나도록 하기 위하여 우주의 법칙이 나타났다고 본다.

유물론적 과학은 이제 시간과 공간의 개념을 파악하고자 한다. 이러한 흐름에 맞추어 우리는 영적 과학, 의식의 과학의 가치를 알아보아야 한다. 영적 과학은 내외적 삶의 모든 것, 그리고 영원과 무한의 영역 모두를 다루고 있다. 그와 같은 영적 과학을 재건하는 데 고대 베다와 힌두교의 가르침은 많은 도움을 줄 것이다. 이것은 우리가 베다의 잔재를 따라가야 한다는 것을 의미하는 것은 아니다. 또 인도 문화가 다가올 세계의 문화라는 것도 아니다. 고대의 많은 체계들은 조각나 있고, 시간의 경과로 인하여 그 내용이 각색되어 있다. 따라서 우리는 베다를 재창조하여, 그것을 이 시대의 삶과 상황에 접목시킬 필요가 있다. 우리를 지배하려는 과학은 진정한 과학이 아니라 무지의 과학이다. 마음과 가슴 둘 다에 자유를 주고, 모든 인류와 인류의 모든 것을 이해하고 존중하도록 도와주는 과학이 진정한 과학이다.

동양과 서양

서구 사회에 살고 있는 많은 사람들은 동양에서 일어난 것을 거부하려는 경향이 있다. 왜냐하면 그들은 동양에서 일어난 것은 이질적이고 부적절한 문화의 산물이라고 보기 때문이다. 서양에 살고 있는 사람들은 자신들의 종교, 언어, 삶의 방식 같은 중요한 문화적 가치들을 쉽게 바꾸려 하지 않는다. 동양에 살고 있는 사람들은 자신들의 문화적 가치를 위협하고 있는 서구 문화의 영향과 투쟁하고 있다는 사실을 알아야 한다. 모든 인류는 그들 자신의 문화를 보존하고자 하며, 다른 문화를 이해하거나 받아들이기를 어려워한다. 다른 문화를 검증할 때 우리는 그들의 부정적인 면만을 보기가 더 쉽다. 서양은 서양의 문화를 수출하고 있다. 서양 문화의 영향력이, 동양 문화가 서양으로 오는 것보다 더 많이 동양으로 가고 있다. 동양과 서양의 어떤 문화도 일방통행으로만 갈 수는 없다.

동양의 영향력이 서양으로 오기 시작하는 시점에 우리는 살고 있다. 지난 수 세기 동안은 서양의 영향력이 정복과 식민지라는 매개를 통하여 동양으로 갔다. 그리고 서양에서 발달한 기술·과학적 지식, 서구 문화, 종교의 수출이 뒤따랐다.

이러한 교류의 결과로 동양과 서양의 경계들이 모호하게 되었다. 동양인이 그랬던 것처럼 서양도 동양 문화로부터 더 이상 고립될 수 없다. 서양 문화가 동양에 과학, 기술, 인본주의의 선물을 주는 반면에 동양 문화는 서양에 영성과 종교의 선물을 주고 있다. 과학과 기술의 남용으로 세상에 환경오염과 자연 파괴가 만연한 것을 우리는 목격하고 있다. 마찬가지로, 동양의 영적 지식에서도 잘못된 힌두 구루들을 비롯한 그들 주변의 부패한 모습을 볼 수 있다. 과학의 부정적 측면 때문에 과학을 거부할 수 없는 것과 마찬가지로 동양의 영적 과학의 부정적 측면 때문에 동양의 영적 과학을 거부할 수는 없다.

동양 사람들이 과학과 기술에 숙련이 되어 과학에 많은 새로운 통찰과 발견을 추가하듯이, 서양 사람들도 영적 지식을 얻어서 영적 지식을 더욱 발전시킬 수 있을 것이다. 오늘날 우리가 살고 있는 세상은 열린 세상이다. 우리가 어디에서 태어났는가는 더 이상 문제 되지 않는다. 자신이 살고 있는 곳의 문화에 구속이 덜 되면 될수록 사물을 있는 그대로 지각할 수 있을 것이다. 복숭아가 중국으로부터 왔다고 해서 우리는 복숭아를 거부하지 않는다. 마찬가지로, 지식은 그 문화 배경과는 별도로 고유한 가치를 가지고 있다. 따라서 우리가 우리의 완전한 인간 유산으로부터 혜택을 풍부히 받기 위해서는 그 유산에 개방적인 자세를 취해야 할 것이다.

동양과 서양으로 나누는 것은 단순한 생각에서 나온 것이다. 그러한 구분은 지리적이거나 문화적인 차이를 지나치게 과장하는 것이다. 세계에서 가장 넓은 부분이 동양이다. 인도와 중국의 문화는 상당히 다르지만 유럽의 동쪽에 있다고 해서 우리는 그 둘을 동양이라고 부른다. 하지만 인도와 중국의 문화는 서양과 동양의 문화 차이만큼이나 서로 다르다. 여러 면에서 인도의 문화는 동양적인 중국의 영향과 서구적인 유럽의 영향 사이에 있다. 예를 들면, 힌두이즘은 동양에 널리 퍼져 있는 불교와 도교의 형상 없는 명상적 접근뿐만 아니라, 서양에 널리 퍼져 있는 유대

교, 기독교, 이슬람 전통의 신에 대한 헌신이라는 종교적 가르침
도 가지고 있다. 따라서 힌두이즘은 동양과 서양의 통합을 위한
안목을 줄 수 있을 것이다.

서구 문화와 베다

모든 문화는 본질적으로 복합적인 측면을 띠고 있다. 서구 문
화는 여러 근원들로부터 온 것이다. 기독교와 유대교 같은 종교
들은 고대 중동의 문화적 모형에서 온 것이다. 서구의 문화, 과
학, 예술, 철학의 대부분은 그리스 로마에서 온 것이다. 서구의
언어와 민속 전통은 게르만, 슬라브, 켈트족 조상으로부터 온 것
이다. 더욱이 서구 문화에는 인도나 베다의 영향이 있다.

인도 유럽 언어들의 발자취를 더듬어 가면 갈수록 그것들이 산
스크리트를 닮았다는 것을 알 수 있게 된다. 인도 유럽어들은 독
일어, 슬라브어, 켈트어, 그리스어, 라틴어 등 대부분의 언어를
가지고 있다. 고대 산스크리트에는 어머니인 마타르(matar), 아버
지인 피타르(pitar), 딸인 두히타르(dubitar), 아들인 수부(subu), 자
매인 스바사르(svasar), 형제인 브라타르(bhratar), 소인 가우(gau)
같은 단어들이 있다. 그와 같은 단어들은 삶의 가장 기초적인 내
용들과 관련이 있는 것들이다.

언어 면에서 보면, 서구 또는 유럽의 문화는 산스크리트에 공
통의 뿌리를 두고 있다. 문화면에서 보면, 고대 유럽 종교의 많은
의식들, 예를 들어 아일랜드 켈트족과 그들의 드루이드 성직자,

로마인, 독일인 그리고 슬라브인들의 불의 숭배는 베다의 가르침과 많은 공통점을 가지고 있다. 신성(神性)에 대한 고대의 명칭들은 서로 어떤 연결을 가지고 있다. 신성을 의미하는 단어인 디바인(Divine)을 라틴어로는 듀우스(deus)라 하고, 산스크리트에서는 데바(deva)라고 한다. 그리스 로마의 주피터는 산스크리트에서는 디아우스 피타르(Dyaus Pitar)라는 말로, 슬라브어에서의 보구(bogu)는 베다의 바가(bhaga)에서 볼 수 있다. 이러한 것들은 단지 언어 상의 우연한 일치가 아니라, 공통의 종교적 신념과 경험을 반영하고 있다.

유럽은 중동의 종교 체계를 받아들이기는 하였지만, 유럽 나름의 풍부한 신화를 가지고 있었다. 그 신화는 베다 신화와 공통점이 많다. 그리스만이 영감의 태양인 아폴로를 숭배한 것이 아니었다. 베다의 가르침에도 사비타르라는 이름으로 태양을 숭배하였다. 고대 힌두 문화처럼 고대 유럽 조상들도 그들 자신의 종교적 신념을 가지고 있었다. 비록 그 종교적 신념이 시간이 지남에 따라 쇠퇴하기는 하였지만, 그것들은 본래 고상한 것이었고 심오한 오컬트와 요가 가르침을 가지고 있었다. 기독교 이전의 신화와 전설에서 이러한 잔재들을 발견할 수 있다.

그러므로 서구 문화의 오래된 측면을 베다 문화에서 볼 수 있다. 고대 그리스와 인도에는 고도로 과학적이고도 지적인 문화들이 있었다. 그리스인들은 외적 실재들을 추구하기 위하여 마음을 바깥으로 향하였던 반면, 인도인들은 마음의 주의를 내면으로 돌려 안쪽으로 향하였다. 그러나 우리는 또한 인도에서처럼 영적 관점을 따랐던 그리스의 소수 그룹을 발견할 수 있다. 소크라테스 이전의 헤라클레이토스, 파르메니데스와 플라톤을 이 그룹에 넣을 수 있다. 이와 마찬가지로 우리는 인도에서 한 소수파를 발견할 수 있는데, 차아르바카스는 그리스인 이상으로 유물론 및 과학적 견해를 발전시켰다. 그는 모든 종교들을 환영과 속임수라고 거부하였다. 고대 인도에도 고대 그리스와 같이 공화정을 실시하였던 흔적이 보인다.

글로벌 문화를 향하여

힌두와 베다 지식을 제시하는 목적은 어떤 종교적 또는 문화적 믿음을 누군가에게 강요하기 위한 것은 아니다. 그것은 인간 문화 내에 우주적이며 영적인 요소를 가져오기 위한 것이다. 가장 높은 차원에서는 종교와 문화 둘 다를 초월하여 영적인 것, 우주적인 것 속으로 들어가게 하려는 것이다. 진정한 문화는 지역적 편향이 아니라, 문화 뒤에 있는 초월적인 것에 이르게 하기 위한 것, 우리 자신을 초월적 본성과 조화롭게 하는 것이다.

문화는 계속해서 바뀐다. 예를 들면, 로마에서 기독교는 한때 외국에서 온 동양의 종교였다. 불교는 중국에서 오랫동안 외국에서 온 서양 종교였다. 어떤 문화도 성장이나 적응 없이는 존속할 수 없다. 가장 위대한 문화는 항상 최고의 개방성을 가지고 있었다. 이러한 개방성이란 다른 인종과 언어와 종교들이 가지고 있는 다양한 문화적 요인들을 자신 내에 결합시키는 것을 의미한다. 자신의 문화적 모형을 확장하는 것은 열등감에서 나온 것이 아니라 위대함의 표현이다. 건강한 문화는 새로운 영향에 늘 개방되어 있으며, 지식과 예술 또는 기술에 있어서 인위적인 장벽을 만들지 않는다. 진정한 문화는 특정한 이해 집단에 묶이지 않는 범인간적이며 범인류적인 문화를 의미한다.

지식은 북쪽이나 남쪽의 것도 아니며, 동쪽이나 서쪽의 것도 아니다. 지식은 모든 시간과 모든 장소의 것이며, 우리 모두에게 속하는 것이다. 모든 인류의 유산은 개개인의 것이다. 그와 같은 관점으로 개방되기 전에는 진정한 인간성이 꽃피기를 기대할 수 없다. 그러므로 베다나 다른 문화적 기반으로부터 오는 지식에 접근할 때 그것이 보편적이고 적절한 진리라면 받아들여야 할 것이다. 우리는 그것을 일시적 유행으로 받아들여서는 안 된다. 우리는 그러한 것들을 모방할 필요는 없으며, 또 새로운 가면처럼 쓸 필요도 없다. 베다가 우리의 더욱 깊은 가슴과 영혼에 교감하는 데, 삶의 환경과 조화를 이루는 데 도움을 준다면 받아들여야 할 것이다.

또한 우리는 어떤 것을 처음 보았을 때 그것이 이상하게 보이거나 다른 언어로 기술되어 있거나 이해하기 어렵다고 해서 그 지식 체계를 거부해서는 안 된다. 우리 주위의 것들과 다르게 보이거나 낯선 것들에 대하여 걱정할 필요는 없다. 어떤 것이 효과가 있다면, 그것을 받아들여야 할 것이다. 베다와 힌두 문화에서는 향을 사용하거나 흰옷을 잘 입는다. 그러한 것들은 의미가 있는 문화일 수 있다. 그러한 것들을 받아들이는 것이 문화 모방은 아니다. 향을 사용하고 흰옷을 입는 것은 자연 및 영과의 조화를 일어나게 하는 데 큰 영향력을 지니고 있기에, 우리 문화를 향상시키는 것이 될 것이다.

어떤 사람이나 문화를 받아들이기 쉽도록 하는 간단한 관점이 하나 있다. 그것들을 이국적이거나 이질적인 것으로 보지 않고, 잊었던 친지나 잊어버린 자신의 부분으로 받아들이는 것이다. 그들의 눈과 지성을 존중하면서 그들의 시각으로 세상을 보도록 노력하는 것이다. 인도에는 손님을 신으로 대하는 관습이 있는데, 아마도 이 관습 속에 그러한 관점이 남아 있는 것 같다. 우리 모두는 인간이다. 그러므로 모든 인간 문화들은 이해하기가 어렵더라도 우리에게 아주 가까운 것이 되어야만 한다. 모든 문화의 배후에는 사랑, 진리, 미를 추구하고 슬픔, 반목, 가난을 벗어나려는 바람이 있다.

우리는 이제 다른 사람들을 소외시키지 않아야 한다. 이것만이 적대감과 전쟁을 종식시킬 수 있을 것이다. 모든 문화를 조사해 보면 거기에는 신 즉 영원을 찾고자 하는 노력이 있음을 발견할 수 있다. 서로 대항하여 나누어진 인류는 존속해 나가기가 어렵다. 이것을 깨달음으로써 우리는 자신의 마음 안에서 세계를 통합할 수 있을 것이다. 이것이 베다의 목표이다. 자신의 마음속에 있는 세상을 바라보는 관념을 먼저 바꾸지 않고는 세상을 바꿀 수 없다. 이렇게 하기 위해서는 우리 안에서 이 세상을, 이 세상 안에서 우리를 보아야 한다. 이렇게 하면 진실로 우리 자신이 우주적 인간이 된다. 이렇게 하면 단번에 모든 인류를 수용할 수 있다.

오늘날 우리는 이 세상의 모든 문화를 탐구할 수 있게 되었다. 그것 모두를 발굴하여 사용하고 소중히 하는 것이 우리의 의무이다. 그렇게 함으로써 우리는 인류의 모든 유산을 발전시켜 나갈 수 있을 것이다. 그러한 세계적 문화가 없다면 이 세상에 평화가 있을 수 없으며 번영도 기대하기 어렵다. 우리 모두는 서로 연결되어 있으며 세상이 하나라는 것도 우리는 이제 잘 알고 있다. 중국과 이란에 어떤 일이 일어나면, 우리는 즉시 그것을 아는 것은 물론이고 그 일로부터 곧바로 상당한 영향을 받는다. 우리는 세상의 한 곳에 살면서 그 나머지를 무시할 수 있는 환경에 살고 있지 않다. 국가와 문화의 구분은 한 국가 내의 주나 지역의 경계처럼 제거되어야 한다. 이것은 그들의 아름다움과 창조적 차이를 부정하는 것이 아니라, 그것들 사이에 있는 인위적인 경계들을 제거하려는 것이다. 공기는 어떤 나라 안에만 머물러 있지 않는다. 태양은 경계를 정해 놓고 달리 비추지 않는다. 자연처럼 우리는 최소한의 동정과 평등을 지녀야 할 것이다.

현재의 인류 역사 이외에 또 다른 인류 역사가 있다. 그 역사는 신화, 전설, 경전 내에 숨겨져 있다. 우리의 연대기적 역사와는 별도로 눈에 보이지 않는 신성한 영역의 역사가 있다. 영원을 향한 우리의 열망의 역사가 있다. 그 속에서 우리는 신을 찾는 작업, 의식의 진화를 위한 작업을 발견할 수 있다. 현재의 세계 위기를 만들어 낸 국경을 초월하기 위해서는, 인간 존재 속에 내재하고 있는 더욱 큰 영적 감각과 연결되는 것이 필요하다. 우리가 베다와 고대의 여러 가르침에서 발견하려는 것은 그것과의 연결이다.

영적 과학

베다와 요가 체계에 따르면, 과학적 방법론은 과학적이지 않다. 다시 말하면, 과학적 방법론은 정말로 객관적이지 않아서 우리에게 실재에 대한 지식을 주지 못한다는 것이다. 이러한 주장이 미숙한 판단으로 보일는지도 모른다. 베다와 요가 체계는 과학의 가치를 부인하지 않는다. 이 주장의 진실을 알아보자. 과학적 방법론은 이론을 토대로 하여 가정을 만들고, 그 후에 자료를 축적하여 그 이론을 증명하려는 실험을 한다. 무엇을 가정하든지 간에 그것을 증명하는 사실들을 발견하고자 한다. 과학적 방법론은 외적인 실재들을 이해하는 데는 도움을 줄 수 있다. 그러나 내적 실재에 대해서는 전혀 그렇지 않다.

요가의 방법론은 아주 다르다. 요가는 먼저 마음의 모든 편견, 이론 또는 가정을 비우고 난 뒤에 사물을 있는 그대로 정확하게 조사해야 한다고 한다. 그런 후에야 사물에 대한 지식 그 자체에 도달할 수 있다는 것이다. 이렇게 하고자 하는 것이 바로 명상이다. 요가 방법론은 그 무엇이든 어떤 가정을 가지고 시작하지 않는다. 요가는 먼저 우리가 우리 자신을 알지 못하고 있기에 어떤 것에 대하여 전혀 모르고 있다는 인식에서 시작한다. 우리가 지니고 있는 편견의 뿌리인 자아 그 자체에 대해서는 조사해 보지 않은 채 우리는 우리의 편견을 받아들이고 있다. 그러므로 요가의 방법론은 과학적 방법론보다 더 많은 회의와 예민함을 요구한다.

과학적 방법론은 실험에 기초하고 있다. 그렇지만 과학적 실험의 대상은 외부에 존재하고 있는 것들이다. 즉, 과학적 실험은 형상을 가지고 있는 것들을 대상으로 하고 있으며 또 몇몇 관찰자들이 조사할 수 있는 것에 한정되고 있다. 그들은 여러 도구들을 사용하여 외부 목표물들을 조작하고는 그 결과로 무엇이 일어나는지를 보려고 한다. 과학은 근대에 이르러 발전을 거듭하고 있다. 최근에 와서는 인간의 조작 자체가, 조작하려는 대상의 본질을 변화시킨다는 점도 알게 되었다. 즉, 실험자가 발견하려고 하는 대로 대상이 자신을 변화시킨다는 것이다.

영적 과학도 실험에 기초하고 있다. 그렇지만 영적 과학은 마음을 실험한다. 영적 과학은 자신을 관찰하고 자신의 마음이 어떻게 작용하는지를 보려고 한다. 자신을 먼저 알지 못한다면 다른 어떤 것도 알 수 없다는 것이다. 지식의 도구인 마음을 이해하지 못한다면 마음이 도달하게 되는 어떤 결론도 믿을 수 없다는 것이다. 마음은 어쩔 수 없이 편견을 지니고 있다. 마음은 자아이며 문화적인 조건화의 결과물이다. 그 중심이 해체되지 않는다면 마음을 통해 오가는 자료는 왜곡될 것임에 틀림없다.

그러한 실험은 오직 우리 자신에게만 할 수 있다. 다른 사람이 우리의 마음을 관찰할 수는 없다. 또한 진리를 지각하기 위하여 다른 사람을 바라볼 수는 없다. 그러한 실험은 관찰의 대상인 마음의 내용을 두고 다른 사람들이 관찰하여 증명할 수 있는 것이 아니다. 그러한 마음의 내용들은 여러 관찰자들이 그들 자신의 마음을 조사함으로써 증명될 것이다. 예를 들어 화가 일어난다고 하자. 각자는 어떻게 화가 일어나는지를 관찰할 수 있다. 화는 여러 모습이겠지만 화의 에너지와 결과는 동일할 것이다. 이러한 자기 마음의 관찰은 조작의 과정을 거치지 않으며, 또한 실험을 위해 조사 대상을 변화시키지도 않는다. 그러한 실험들은 조사 대상을 변화시키지 않고 있는 그대로 보려고 한다.

영적 과학은 외적 지식과 실험의 타당성이나 중요성을 부인하지 않는다. 그러나 영적 과학은 외적 지식보다는 내적 지식이 우수하다고 주장한다. 외적 지식이 우리에게 제공하는 것은 무엇이나 시간의 영역 안에 있음이 틀림없다. 내적 지식만이 우리에게 시간 너머에 있는 것, 영원한 것을 깨닫게 한다. 죽음은 우리 삶에서 피할 수 없는 것이기에 죽음을 초월하는 수단을 찾는 것은 가치가 있다. 명성, 부, 재능, 천재성 같은 것을 얻고 못 얻고 하는 것은 그렇게 큰 문제가 아니다. 그러나 우리가 우리 자신을 알지 못한다면, 세상을 얻었지만 자신의 영혼을 잃어버린 속담 속의 인물이 될 것이다. 영적 과학은 우리에게 무한으로 가는 지식의 길을 열어 준다. 이것이 가능하다면, 왜 우리가 유한한 것으로 삶을 허비하겠는가?

이 영적 과학을 잘못된 상상, 미신, 마약 복용을 통해 인위적으로 일으킨 황홀경과 혼동해서는 안 된다. 영적 과학은 소원을 비는 정도의 것이 아니라 초연한 탐구를 하려는 것이다. 영적 과학은 최대한의 신중함, 명확함, 객관성을 요구한다. 영적 과학은 우리에게 마음과 자아의 환영을 간파할 것을 요구한다. 영적 과학은 우리가 우리 자신을 이해하지 못하고 있다면 마음이 자신의 사고 과정에 환영을 일으키게 한다고 주장한다. 주변과 내부에 있는 진정한 실재를 발견하려면 최고의 이성과 완벽한 지성 및 지각의 활동이 요구된다.

영적 과학은 과학적 방법론을 배제하지 않는다. 양자는 타당한 합리성을 가지고 있지만 적용하는 방향이 다를 뿐이다. 영적 과학은 삶의 궁극적인 문제들을 탐구하는 데 과학의 방법론을 적용하지 말아야 한다고 주장한다. 과학은 측정 가능한 것을 바탕으로 하고 있다. 신, 영원한 것, 무한한 것, 희열, 자유 같은 삶의 궁극적 문제들은 측정할 수 없고, 또 외적 실험을 통하여 발견할 수 있는 것도 아니다. 영적 과학은 사물의 진실을 발견하기 위해서는 거기에 맞는 적절한 도구를 사용해야 한다고 주장한다. 마치 현미경이 별들을 보여 주지 못하는 것처럼, 외부 지향적 과학과 그 기계 및 컴퓨터들은 인간 내면의 본성에 대한 진리를 보여 줄 수 없다는 것이다. 신체 기관을 해부하거나 두뇌에 전자-화학적 장치를 연결한다고 해도 진정한 인간을 발견해 낼 수는 없다. 이것은 전구를 해체하여 빛을 발견하려는 것과 같다. 신체는 우리 존재의 그림자에 해당하는 부분이다. 삶에서 알고자 하는 궁극적 문제인 '우리가 누구인가'와 '삶이 무엇인가'를 알기 위한 적절한 도구는 안으로 향하는 우리 자신의 마음이다. 더 정확히 말하면, 집착이나 편견으로부터 자유로운 마음이다. 이것이 베다의 위대한 객관성이다.

나는 이 책에서 삶 전체를 포함하고 있으며 삶의 모든 수준에서 영원과 연결될 수 있는 내용을 담고 있는 베다의 견해를 가능한 한 완전하게 제시하려고 하였다. 베다의 주요한 접근 방법을 정리했지만 최종적인 결론으로 그렇게 한 것은 아니다. 단지, 그것들이 어떻게 우리 모두에게 적절할 수 있는지를 보여 주려고 하였을 뿐이다. 이것은 우리에게 베다의 전체 속으로 들어가는 지점들을 제공해 줄 것이다. 이 많은 접근 방법은 여러 책과 가르침들에서는 분리되어 제시되고 있다. 우리 대부분은 아마도 그것들을 별개의 체계로 생각하여 그것들의 상호 관계를 알아채지 못하고 있을 것이다. 그것들 모두는 같은 기원과 전통에서 비롯된 것이다. 그것들은 나의 발견물이 아니다. 그것들 중 어느 하나를 이해하게 되면, 그것들이 전체 그림 중의 한 부분이라는 것을 아는 데 도움이 된다. 영적 과학은 하나의 완전한 구조와 통합된 세계관을 가지고 있다. 그것들 각각이 어떻게 함께 어울리는지를 알고 또 그것들 각각의 상대적 중요성을 알아보는 것이 필요하다. 신체를 위한 아유르베다를 공부하면서 아유르베다의 내용 각각을 분리하여 이해하려는 경향이 있다. 우리는 그 과정에서 우리의 시각을 조각내어서는 안 된다.

물질을 대상으로 하는 과학은 분석과 차별성에 기초하고 있다. 각 부분은 더욱 전문화되어 가는 경향이 있다. 각각은 그것 자체의 언어와 전문적 기술을 가지고 있다. 한 부문의 숙련은 다른 부문의 숙련을 부정하는 경향이 있다. 예컨대, 생화학자들은 핵물리학자를 이해할 수 없다.

영적 과학은 그 반대이다. 영적 과학은 종합과 통합 즉 요가에 기초하고 있다. 각 부분은 동일한 보편성 쪽을 향하는 경향이 있다. 하나에 능통하면 다른 부분에도 능통하게 된다. 예를 들어, 아유르베다 의사와 베다의 점성가는 의사소통을 하는 데 공통의 체계를 가지고 있다. 영적 과학은 통합적 언어와 접근법으로부터 발달하여 나왔다. 그 언어는 만트라의 언어이다. 만트라는 진리 지각의 언어이다. 진리 지각의 언어는 다섯 원소 같은 우주적 생명의 본질적인 원리 및 자연의 기본적 에너지의 실재에 기초하고 있다. 그러므로 영적 과학의 한 분야에서 다른 분야로의 이동은 새로운 언어의 발달을 요구하는 것이 아니라 동일한 언어와 논리가 적용되는 수준의 이동이다. 위대한 요기가 시인, 철학자, 심리학자, 의사, 사회 지도자 등이 될 수 있는 것은 영적 과학의 이 개방성 때문이다.

우주적 인간의 재탄생이라는 관념이 틀렸거나 불가능한 것이 아니다. 그렇게 하기 위해서는 다른 사고방식과 다른 지식이 요구된다. 세계적이거나 지구적이거나 우주적인 인간을 낳으려면, 우리는 이 종합적 지식으로 되돌아가야 한다. 우주적 인간은 지구의 모든 것을 그 자신의 것으로, 모든 문화와 종교를 그 자신의 것으로 본다. 그는 인위적이거나 사소한 국가, 문화, 인종, 종교라는 장벽에 자신의 마음을 구속시키지 않는다. 진정한 지식은 통합하는 것이다. 함께 통합시켜 주는 지적인 능력이 있는가가 그것의 타당성을 입증시켜 주는 것이다. 우리가 한 번 더 그것을 찾아서 그것을 우리의 배움의 기관들에는 물론이고 우리의 가슴 안에 소중히 간직될 수 있기를 기원한다. 옛날에는 현자들이 많았다. 지금 이 시대에 다시 한 번 그러한 현자들이 세계의 도처에 일어나기를!

제 2 장

영원한 가르침(사나타나 다르마)

서구에 살고 있는 많은 이들은 '힌두교'라 불리는 이 종교를 접하고 갈피를 못잡는다. 한편으로 우리는 인도의 위대한 요기와 현자들을 본다. 그들은 최고의 영적 지식에 도달한 것처럼 보인다. 서양 종교와 철학이 상상해 왔던 것 이상의 의식 상태에 이른 것처럼 보인다. 그들은 시간, 장소, 사람, 문화, 종교, 인종, 마음의 모든 편견 그리고 자아를 초월한 의식 상태에 이르렀음을 보여 주고 있다. 그들은 인간 삶의 한계 너머로 간 우주적 존재가 된 것처럼 보인다.

이 위대한 인도 요기들은 동양의 스승들 중 맨 처음에 서구 세계로 와서 명상을 가르쳤다. 그들은 또한 최초로 모든 종교의 통합을, 그리고 인류가 영적 길의 방향으로 가야 한다고 주장하였다.

그들은 개종을 강요하지 않았다. 오히려 종교적 신념에 관계없이, 전혀 종교를 가지지 않았다 하더라도 영적 수행을 할 수 있는 방법들을 제시해 주었다. 영적 영역에서 그들이 보인 자유와 개방성은 우리의 전통에서는 유례가 없는 것이었다. 다른 한편으로 우리는 좁은 마음을 지닌 민족 특유의 힌두교도들을 볼 수 있다. 그들은 카스트 제도와 문화라는 덫에 빠져 있다. 또 우상으로 보이는 것들을 숭배하는 데 탐닉하고 있다. 그들의 편협한 태도는 위대한 스승들의 태도와는 상반된다. 그들은 미신적 관습에 매달려 있는 것처럼 보인다. 그들을 볼 때 힌두교는 닫혀 있는 민족 종교로, 그리고 현대 세계에 어울리지 않는 종교로 보인다. 심지어 중세 시대의 종교관과 비교해 보아도 뒤떨어진 것처럼 보인다. 이것은 영적 삶에 열려 있지 않은 힌두교의 단면일 뿐이다. 민족주의적인 힌두교와 비교해 보면, 기독교는 계몽되어 있으며 인간적인 종교인 것처럼 보인다. 현대 과학과 서구의 지적 문화는 향상된 것처럼 보인다. 이 두 측면을 고려할 때, 과연 이 위대한 고대 종교의 진실은 무엇일까?

우리가 이 논점을 탐구할 때 알아야 할 첫째는 힌두교라는 용어가, 소위 말하는 고전적인 힌두 종교의 가르침 그 어디에도 발견되지 않는다는 점이다. 힌두교라는 용어는 페르시아로부터 유래되었다. 그 용어를 그리스인들이 가지고 가서 인도인에 대한 명칭으로 사용하였다. 그리스인들은 인더스 강 유역에 살고 있던 인도 사람들을 그렇게 불렀다. 페르시아인에게 힌두는 그저 인더스 강이었으며 그 이상의 아무것도 아니었다. 따라서 힌두이즘은 지리적 용어를 바탕으로 한 용어였다.

우리가 힌두교라 부르는 이 종교는 이름 없는 종교이다. 힌두교는 진리란 이름과 형상 너머에 있으며 신성으로 가게 하는 모든 길은 좋다고 가르친다. 가장 오래된 종교로서 그리고 모든 종교의 어머니로서 힌두교는 모든 종교를 받아들인다. 힌두교의 긴 역사 속에서 보면 많은 종교들이 오고 갔음을 볼 수 있다. 힌두교는 고대 이집트와 페르시아의 위대한 종교들도 일어났다가 사라지는 것을 보았다. 힌두교는 자이나교와 시크교를 포함한 많은 종교들을 탄생시켰다. 이슬람교, 기독교, 도교 신자들에게도 영향을 주었다. 힌두교는 여러 종교들이 그것으로부터 분리되어 나오는 것도 용인하였으며 또 다른 종교들로부터 자신을 분리하지도 않는다. 교육받은 힌두교도는 다른 종교의 일원을 자신의 종교 안으로 받아들이거나 다른 이의 종교적 수행에 참여하는 데 아무런 문제가 없다. 힌두교는 깊은 의미를 지닌 종교처럼 보이며, 다른 종교들은 브랜드를 달고 있는 종교처럼 보인다.

모든 종교들 중 가장 관대하고 침략적이지 않은 힌두교는 자신을 돋보이게 하려고도 하지 않는다. 심지어 경멸을 받아도 그대로 용인한다. 우리는 기독교를 '그리스 종교'로 이슬람교를 '아랍 종교'로 부르지 않는다. 그럼에도 우리는 모든 종교 중에서 가장 복합적인 이 종교에다 지리적인 용어를 붙였다. 인도는 세계에서 가장 다양한 문화, 인종, 언어가 혼재되어 있는 나라이다. 비록 이 나라 사람들은 우리가 알고 있는 힌두교라는 종교를 따르고 있지만, 그들 모두가 유사한 종교 행위를 하는 것은 아니다. 우리가 유럽의 문화를 정확히 '기독교' 문화라고 부를 수 없는 것과 마찬가지로 힌두교도들은 자체 내에서 복잡 다양한 종교 행위를 하고 있다.

소위 힌두교라는 것은 인더스 강변에 한정되어 있지는 않다. 몇 세기 전에 힌두교는 인도차이나와 인도네시아에 전파되어 그 나라의 문화에 강한 영향력을 남겼다. 캄보디아에 있는 거대한 앙코르 와트(Ankor Wat) 사원은 주로 힌두교 사원들이다. 힌두교는 아프가니스탄과 중앙아시아에도 전파되었다. 베다 신들은 고대 시리아와 터키에서도 숭배되었다. 힌두교는 결코 타인들을 개종시키려 하지 않았다. 그러나 힌두교는 그것 자신을 새롭게 하여 다른 사람들에게 널리 퍼지는 것은 허용하였다.

다르마(Dharma)

오늘날은 이 용어가 거의 사용되지 않고 있지만, 우리가 힌두교라고 부르는 것의 정확한 이름은 '사나타나 다르마'(Sanatana Dharma)이다. 다르마의 의미는 '영원한 가르침'이다. 영원한 가르침은 한정된 어떤 일개 종교가 아니라 영적 경험에 늘 개방되어 있는 그 무엇을 의미한다. 우리는 사나타나 다르마를 '영원히 새로운 진리'로 번역할 수 있다. 사나타나라는 말에는 영원이라는 의미뿐만 아니라 끊임없는 변화와 재생이라는 의미도 내포되어 있다. 사나타나 다르마는 또한 '귀족의 가르침'이라는 의미가

들어 있는 '아리아 다르마'(Arya Dharma)라고도 하였다. 페르시아의 조로아스터교가 그랬던 것처럼 불교도 역시 이 이름을 사용하였다. 둘 다 베다와 가깝다. 하지만 이 용어는 독일의 민족주의자들과 나중에는 나치들이 자신들의 편견을 미화하기 위하여 사용하였기에 그 의미가 유럽에서는 품위가 떨어지는 말이 되어 버렸다. 그래서 사나타나는 잘못되고 부정적인 의미들을 지니고 있다. 사나타나 다르마의 다른 이름은 진리의 종교를 의미하는 '사티아 다르마'(Satya Dharma)이다.

사나타나 다르마를 간단히 그냥 '다르마'라 부르기도 한다. 다르마는 자신의 본성에 대한 법 혹은 진리를 의미하는 베다 용어이다. 하지만 인도의 모든 종교들은 다르마라 불린다. 이를테면, 붓다의 다르마는 불교로, 자인(Jain)의 다르마는 자이나교로, 시크(Sikh)의 다르마는 시크교로 불린다. 인도의 영적 전통에서 일어난 모든 종교들을 '다르마의 전통'이라는 커다란 우산 아래에 둘 수 있다. 이 모든 다르마의 전통들은 요가와 명상을 가르치며, 참나 깨달음을 목표로 하고 있다. 다르마의 전통 내에 있는 모든 종교들은 아마도 기독교 내의 다른 교파들보다도 더 유사할 것이다.

힌두교(Hinduism)

우리는 관례적으로 베다 다르마 혹은 영원한 다르마에다 힌두교라는 이름을 붙이고 있다. 그러나 이것이 잘못일 수 있음을 깨달아야 한다. 힌두교를 더 잘 이해하기 위하여 우리는 이 책에서 힌두교를 힌두교의 내적 혹은 영적 측면인 베다 또는 요가 가르침으로 주로 언급할 것이다. 여기서 우리가 보는 것은 과거로부터 내려온 힌두교의 모습이 아니라, 힌두교의 우주적 진수와 그것 자신을 새롭게 하는 능력이다. 우리가 보아야 할 것은 장작더미나 재가 아니라 그것으로부터 일어난 불이다.

힌두교에는 다른 어떤 종교들보다도 훨씬 더 많은 여러 분파와 가르침이 있다. 힌두교는 종교라기보다는 종교적이고 영적인 가르침의 요약이다. 힌두교는 한 사람의 메시아, 예언자, 구세주나 위대한 스승을 가지고 있지 않다. 힌두교는 유일한 성서나 경전도 없다. 힌두교의 궁극적인 경전은 가슴 안에 있는 신성한 말씀이다. 힌두교의 구세주는 인간 내에 존재하고 있는 신이다. 그 존재를 힌두교에서는 나라야나(Narayana)라 부른다. 어떤 정해 놓은 수행도 없다. 단 한 분의 신 이름이나 형상에 무게를 두고 있는 것도 아니다. 모두가 따라야 하는 스승들의 계보도 없다. 힌두교는 역사가 생긴 이래로 인류에 의해 사용된 신에 이르기 위한 모든 길들을 자신 안에 포함하고 있다. 가장 원시적인 것에서부터 가장 최상의 길까지 그 모두를 간직하고 있다. 힌두교는 온갖 형상으로 신을 숭배하는 것을 허락하고 있다. 이를테면, 인간과 동물의 표상을 지닌 온갖 종류의 신과 여신들을 숭배할 수 있는 것이다.

그러나 힌두교는 또한 신은 형상 너머에 있으며 우리가 바로 참나라고 가르친다. 한 부분을 전체로 여기는 것은 속담에서 코끼리의 한 부분을 전체로 보는 것과 같다. 우리는 수많은 상반되는 것들이 큰 범주 아래 서로 간에 연결을 맺으면서 포함되어 있음을 발견한다.

힌두교의 전통 속에는 그들 자신의 의식 안에 신을 실현시켰던 많은 스승들이 있다. 그러므로 많은 사람들은 예언자보다는 자신의 스승이나 구루를 따른다. 구루에 대한 강조는 신과의 직접적이고 개인적인 연결을 맺고자 하는 데 있다. 바깥에 있는 스승은 오직 표상에 불과하다. 진정한 구루는 자신 안에 있는 참나이다. 일단 내면의 존재와 연결된다면 외부의 스승이나 가르침 너머로 가게 된다.

실제로, 힌두교는 일반적인 의미의 종교가 전혀 아니다. 힌두교는 자연스러운 종교이며 삶의 종교적 표현이다. 힌두교는 우리 각자가 자신의 종교를 가져야 한다고 가르친다. 힌두교는 신으로 다가가는 데 자유, 자발성, 개별성을 지닐 것을 권장한다. 힌두교에서는 종교란 사적이고 개인적인 것이지 공적이고 사회적인 것이 아니라고 가르친다. 이를테면, 종교는 달고 다니는 배지나 가지고 있는 직함이 아니라 가슴의 것이라고 한다. 힌두교는 각자가 신이며 당신이 신이라고 가르친다. 또한 우리가 신에게 다가가기 위해 무슨 방법을 사용하든지 간에 우리 자신 안에 있는 신을 자각할 때에야 비로소 그 방법이 효과가 있을 것이라고 말한다. 힌두교는 우리를 그리스도, 붓다, 크리슈나, 마호메트나 어떤 위대한 인물에게 종속시키려 하지 않으며, 우리 자신이 다른 인간과 마찬가지로 신성한 존재라고 말한다. 그 사실을 깨달을 때까지 우리는 환영 속에 있게 된다고 주장한다.

대부분의 종교는 집단적인 믿음을 강조한다. 그러나 힌두교는 개인주의의 종교라고 할 수 있다. 힌두교는 모든 종교들 중에서 가장 조직화되어 있지 않은 종교이다. 힌두교는 무정부주의와 비슷하다. 신 혹은 근원에 도달하고자 하는 그 어떤 시도도 허용한다. 그러므로 힌두교는 조직화된 믿음을 벗어난 사람과 가장 잘 조화를 이루는 종교이다. 이러한 관점에서 힌두교는 모든 종교 중에서 가장 세계적인 종교이다. 왜냐하면 우리는 시간이나 장소, 종교적이거나 비종교적인 배경에 상관없이 힌두교에 적응할 수 있기 때문이다.

힌두교도의 부모는 자신의 아이들에게 특정 종교를 주입시키지 않는다. 그들은 종교가 제공하는 커다란 다양성 속에서 자신만의 영적 길을 택할 수 있다. 원한다면 외국의 종교도 가져올 수 있다. 힌두교는 반드시 따라야 하는 길이 아니라 선택하여 따르는 길임을 강조한다.

힌두교는 개인이 따라야 하는 교리나 믿어야 하는 신앙이라기보다는 종교적 수행을 위한 도구들의 집합이라고 볼 수 있다. 힌두교는 다신교, 범신론, 일신교, 일원론, 이원론, 무신론의 가르침, 이 모두를 포함하고 있다. 힌두교는 지식, 헌신, 기법, 봉사라는 영역을 통한 모든 요가의 접근법을 두루 가지고 있다. 힌두교의 형태는 여러 세기를 거치면서 끊임없이 변화해 오고 있다. 그럼에도 불구하고 이전의 가르침의 정당성을 부정하지 않는다.

　힌두교는 어느 하나의 계기로 갑자기 이 세상에 출현한 종교가 아니다. 힌두교는 그리스도의 탄생이나 마호메트의 출현과 같이 유일한 역사적 사건이나 계시에 기반을 두고 있지 않다. 힌두교는 어떤 최종적인 계시를 가지고 있지 않지만, 살아 있는 신성 경험의 지속적인 흐름을 가지고 있다. 힌두교는 지나간 세기에 있었던 어떤 본보기를 추종하기보다는 오히려 오늘날 우리가 이해할 수 있는 방법으로 진리를 깨달은 현대 스승들을 더 강조한다. 힌두교의 전통은 현재에 이르기까지 끊임없이 개조되고 있다. 이러한 이유로 베다나 요가의 가르침을 서구인들이 받아들이는 것이 그들이 힌두교도가 되어야 한다는 것을 의미하지는 않는다. 그러한 강요를 힌두교로부터 받지 않는다. 종교 수행에서 베다나 요가의 도구들을 사용할 수 있다. 혹은 종교적 믿음과는 별개로 그 방법들을 영적 삶에 직접 사용할 수 있다. 하지만 요가의 도구를 우리의 개인적 본성과 우리 안에 있는 신의 현존에 맞게 맞출 필요가 있다. 그것이 참된 길로 들어가는 것이다. 그것이 삶 그 자체인 우주적 종교에서 우리의 역할을 의식하게 되는 것이다.

다르마의 문화

　하지만 이것은 요가의 문화적 혹은 외적 형태의 어떤 내용을 번안하는 것이 잘못이라는 것을 의미하는 것은 아니다. 식이 요법이나 예술처럼 가르침의 외적 측면이 우리 삶을 향상시킬 수 있다. 힌두교도처럼 보이려고 힌두인들의 옷을 입거나 행동할 필요도 없지만, 반면에 우리의 이웃과 다르게 보이지 않도록 다른 극단으로 갈 필요도 없다. 또 요가의 문화를 거부할 필요도 없다. 예를 들면, 흰옷을 입는 것은 마음을 고양시키고 마음을 정화시킬 수도 있을 것이다. 그러한 행위를 하는 것은 외국 문화를 맹목적으로 받아들이는 것이 아니라, 문화를 넘어선 영적인 이유에 대한 이해를 바탕으로 한 것이다. 그렇게 하는 것은 서구의 문화를 제한하는 것이 아니라 오히려 보편화시키는 데 기여하게 될 것이다.

힌두교의 토대로서 힌두교는 폭넓고도 완전한 문화적 모형을 가지고 있다. 힌두교는 그것 자체의 언어, 시, 드라마, 춤, 미술, 조각, 과학, 수학, 의학을 가지고 있다. 기독교는 지적이거나 세속적 분야에서 주로 그리스와 로마로부터 영향을 받고 있다. 이슬람교는 고대 그리스와 페르시아의 자원에 상당히 의존하고 있다. 불교는 힌두라는 자원에 상당히 의존하고 있다. 이를테면, 인도의 불교도들이 그랬던 것처럼 티베트인들은 예술과 의학 분야에서 힌두 문화를 많이 받아들이고 있다. 중국 불교도들은 도교와 중국 문화를 따르고 있다. 세계의 주요 종교 중 힌두교만이 삶과 문화 둘 다에서 자신의 것에 근거를 두고 있으며, 그 자신의 것에 의존하고 있다. 힌두교는 영혼이 성장할 수 있도록 하기 위한 풍부하고도 개방적인 장을 제공하고 있다. 힌두교가 가지고 있는 이 풍요로움이 도리어 어려움이 되기도 한다. 이것은 마치 선택하고 참여해야 할 것들이 너무나 많아서, 부차적인 관심이나 흥미로 길을 잃을 가능성이 있는 것과 같다. 그러한 위대한 문화의 장이 존재하고 있다는 것은 창조적이고 영적인 세계 문화를 위하여 매우 중요하다.

요가의 가르침 뒤에는 영원한 종교인 사나타나 다르마와 그것의 영적 수행의 유산이 담겨 있다. 더구나 다르마의 문화는 우리 삶의 모든 영역에 유익하다. 중요한 것은 우리가 그 흐름을 계속 이어가면서 창조적인 방식으로 사용하는 것이다. 이것은 다르마의 문화를 맹목적으로 추종하는 것도, 거절하는 것도 아니다. 그것은 다르마 문화의 형상에 사로잡히는 것도, 그것의 메시지를 보지 못하는 것도 아니다. 베다와 요가는 종교와 문화의 한 부분이다. 그것들은 사실상 모든 종교와 문화의 토대이다. 베다와 요가의 정수는 영성에 있으며, 그것들의 적절성은 삶 전체에 있다. 우리가 여기서 전하고자 하는 것은 요가와 베다의 완전한 그림이다.

진리의 종교

단 하나의 진리만이 있는 것처럼, 실제로 오로지 하나의 종교만이 있을 따름이다. 종교의 이름과 형태들은 그 하나의 진리의 출현이거나 왜곡일 것이다. 여러 종교의 이름과 형태를 너무 심각하게 받아들이거나, 그것들 중 어느 하나가 승리를 거둘 수 있다거나, 아니면 다른 것들에 대항하여 어느 하나를 조장하는 것은 잘못이다. 진정한 종교는 또한 신도 수의 문제가 아니다. 얼마나 많은 사람들이 그 종교에 참여하는가는 중요하지 않다. 위대한 종교의 진리를 실천하는 한 명이 수천 명의 단순한 무리보다 더 가치가 있다.

중요한 것은 일시적인 모습에 의해 기만당하지 않고서 그 진리의 본질에 따라 얼마만큼 사는가이다. 사실은, 어느 누구도 이 우주적 종교와 결합하거나 떠날 수 없다. 참된 종교는 존재 그 자체이다. 진리 속에 그 정도로 살지 않는다면 우리는 진정으로 종교적이기를 그만두고 있는 것이다. 우리가 진리 속에서 산다면 우리는 모든 생명의 신성한 본성을 보게 될 것이다. 그리고 또 있어 왔거나 앞으로 오게 될 모든 종교들을 이루게 될 것이다. 진정한 종교는 아무런 딜레마나 선택을 요구하지 않는다. 진정한 종교는 다만 우리가 우리 자신이 누구인지를 알고 그래서 있는 그대로의 우리로 존재하기를 요구한다. 다시 말하면, 진정한 종교는 외부 세계에 있는 어떤 형상을 유지하거나 하나의 모습에 자신을 투사하기보다는 자신의 진정한 가슴으로 있기를 요구한다.

어떤 집단이 생명을 분배하거나 지배할 수 없듯이, 어느 누군가가 공기를 소유하지 못하듯이, 어떤 예술가 집단이 예술을 가지고 있다고 주장할 수 없듯이, 어느 누가 진리를 가지고 있는 것은 아니다. 어느 누가 다른 사람의 종교적인 삶을 지배할 수는 없다. 이제는 세상에서 말하는 이름, 형상, 숫자로 종교적이거나 영적인 삶을 판단하는 태도를 버릴 때이다. 우리는 내적 탐구의 영역에서 그와 같은 정치적, 지리적, 문화적 장벽을 버려야 한다. 그렇게 하는 목적은 우리가 무한과 연결되기 위한 것이다. 이것이 없다면 우리의 삶은 위선이며, 정치적 · 사회적 편견의 덩어리이다.

이 진리의 종교는 한 번의 삶에 대한 것이 아니며, 한 번의 태어남 안에 있는 우리의 정체감도 아니다. 이 진리의 종교는 삶에서 삶으로 이어지는 영혼의 진정한 계획이다. 진리의 종교는 삶의 한 부분에 대한 것이 아니라, 한 개인이 지닐 수 있는 모든 삶 안의 에센스이며 전체와 관계된 어떤 것이다. 그러므로 진리의 종교는 영혼의 종교의 그림자일 뿐이라고 본다. 진리의 종교는 우리의 영혼이 화신에서 화신으로 이어지는 동안에 우리의 영적 자질을 펼쳐 보여야 한다고 말한다. 진리의 종교는 이 세상의 삶 어디에서 갑자기 멈추는 그러한 삶에 대한 것이 아니다. 이 종교는 또한 물질적인 세상보다 더 미묘한 다른 세계와 언제 적절하게 연관되어야 하는지를 가르친다.

이 책에서 강조하고 있는 것은 이러한 진리의 종교이다. 진리의 종교는 조직된 믿음의 종교가 아니라 의식 출현의 종교이다. 진리의 종교는 삶 속에 그것 자신의 질서를 가지고 있다. 그러나 그 질서는 가슴 위에 그림자를 드리우는 질서가 아니며, 창조적이고 영적인 가능성을 드러나게 하는 그러한 질서이다. 의식의 이 흐름으로 들어가는 것은 단순히 외적 삶에서 새로운 정체감이나 역할을 가지는 것이 아니다. 의식의 흐름으로 들어가는 것은 이미지나 역할의 영역을 벗어나는 것이다. 이 질서를 따르는 것은 우리 자신에게 규칙이나 권위를 강요하는 것이 아니라, 내면의 존재가 지니고 있는 리듬과 조화 속으로 들어가는 것이다.

이것 내에 진리가 있다면, 최대한 받아들여라. 이것 내에 진리가 없다면, 버려라. 우파니샤드에서 말하듯, 거짓이 아닌 진리가 결국 이긴다. 현재의 순간이 무지 아래 놓여 있을지라도 진리는 존재하고 있다. 모든 시간이 진리 앞에 고개를 숙여야 한다.

삶에서 '우리가 누구인가'에 대한 것은 '우리가 얼마나 많이 가지고 있는가'와 '얼마나 많은 사람들이 우리를 주목하는가'에 있는 것이 아니다. 그것은 '삶에서 영원한 것을 얼마나 발견하였는가'에 있다. 우리가 죽을 때는 그것만을 갖고 간다. 우주는 영원하다. 우리 안에 영원을 발견하고 그것을 소중히 간직하는 것이 우리의 여행을 앞으로 나아가게 한다.

제 3 장

자연 의학(아유르베다)

아유르베다(ayurveda)는 아유르(ayur, 생명 혹은 장수)와 베다
(veda, 지식 또는 과학)라는 두 단어를 합한 말이다. 아유르베다는
베다의 의학적 측면이며, 우파베다(upaveda) 즉 제2의 베다 체계
이다. 오늘날 아유르베다는 베다 중에서 가장 널리 알려져 있는
분야이기도 하다. 베다와 요가의 체계에서 볼 때 건강은 창조적
이고 영적인 성장을 위한 기초가 되기는 하지만 건강 그 자체가
목적은 아니다. 생명의 목표는 그냥 살아 있는 것이 아니라 생명
의 의미를 찾는 것이다. 그러므로 우리는 건강이 허락하는 한 시
간과 에너지를 잘 사용하여 더 높은 본성을 계발하는 데 힘을 쏟
아야 할 것이다. 그렇게 되면 아유르베다는 자연스럽게 베다 지
식의 깊은 측면들로 나아가게 할 것이다.

아유르베다는 요가의 한 모습이다. 신체 요가인 하타 요가와

가장 비슷하며 여기에 결합될 수도 있다. 하타 요가가 운동을 통하여 신체적 건강, 유연성 및 긴장의 해소를 가져오게 하는 반면에, 아유르베다는 식이 요법과 의학적 측면에서 몸을 돌보는 방법에 관한 지식을 주고 있다. 아유르베다와 하타 요가는 육체를 조화롭게 하며, 내면 의식의 힘들이 육체를 통하여 활동할 수 있도록 도와준다. 하지만 신체는 영적이거나 창조적 생명의 목표가 아니다. 다만 그것을 위한 토대가 될 뿐이다. 우리는 건강 없이는 삶 속에서 그 어떤 것도 할 수 없다. 그런 측면에서 본다면, 아유르베다는 우리 모두에게 중요하다고 할 수 있다.

아유르베다는 자연 의학이자 생명 의학이다. 아유르베다는 생물학적 기능을 강제하는 원리들을 우리에게 주려고 하지는 않는다. 오히려 자연의 원리와 힘을 인간의 마음에 주려고 한다. 아유르베다는 건강과 관련한 대자연의 위대한 원리와 자연스러운 삶을 받아들일 것을 가르친다. 이런 이유로 아유르베다는 원소를 중심으로 한 에너지 체계와 생물학적 기질 등과 같은 자연의 언어를 사용한다. 그러면서도 단순하면서 심오한 체계를 사용하지, 복잡한 과학적 용어나 전문적인 용어를 사용하는 체계는 아니다.

예를 들어, 아유르베다는 신체 내에 열이 너무 적거나 너무 많을 때, 이것을 병리적인 측면으로 보기보다는 내부에 작용하고 있는 자연의 양상을 아는 것이 더 중요하다고 말한다. 생물학적 기질, 원소들과 그것들의 특성에 관한 용어는 개념적 사고나 과학적 실험에서 유래된 것이 아니라 대자연 그 자체를 직접 관찰하여 나온 것이다. 그러한 것들은 우리 내부에 작용하고 있는 대자연의 힘, 위대한 신들 혹은 우리가 경배하면서 따라야 할 생명 차원의 우주적 힘들이다. 주위 환경에 작용하고 있는 땅, 물, 불, 바람이 힘을 가지고 있듯이, 그것들은 우리 내부에 존재하면서 생물학적 힘으로 작용하고 있다. 외부의 불에 가까이 하면 화상을 입듯이, 내부의 불이 너무 타오르면 내부 기관이 해를 입을 것이다.

아유르베다는 자연주의적 의학 또는 자연 요법의 한 형태이다. 아유르베다의 지혜에 따르면, 치유하는 것은 대자연이다. 우리가 할 수 있는 것은 우리 자신을 대자연의 움직임에 조율시켜 자연의 진행 과정에 보조를 맞추는 것이다. 그러므로 아유르베다에서는 치료의 기초로서 내부에 있는 생명력의 조화를 강조한다. 아유르베다는 식이 요법과 치료를 위한 허브를 바탕으로 하고 있지만, 특별히 준비한 많은 무기질들도 사용하고 있다. 아유르베다는 몸과 마음을 다루며, 개인과 사회까지 다루는 통합된 생활양식의 상담을 하고자 한다. 그래서 사람들에게 완전한 생활 체제를 주고자 한다. 아유르베다의 목표는 증상을 강제하는 것이 아니라 자연을 이해하고 자연과 조화롭게 살기 위한 도구를 주고자 하는 데 있다.

자기 치유

이런 이유 때문에 아유르베다는 근본적으로 자기 치유의 체계이다. 아유르베다는 건강 상태를 지키는 데 있어서 타인이 우리를 위하여 무엇인가를 하도록 하는 것보다는 우리가 우리 자신에게 무엇인가를 하는 것이 더 중요하다고 본다. 건강의 책임은 자신에게 있으며, 악화된 건강을 바로잡을 책임도 우리 자신에게 있다.

아유르베다에 따르면, 건강을 지키는 데 있어서 일시적으로 한 번 노력하는 것보다 매일매일 살아가는 방식이 더 중요하다고 본다. 건강을 향상시키기 위하여 어쩌다 한 번 의사를 찾거나 휴양지를 방문하는 것으로는 오랜 기간 지속된 잘못된 식이 요법과 스트레스로 가득 찬 삶에서 생긴 결과를 치유할 수 없다고 본다. 매일매일 먹는 것은 건강을 보충하기 위하여 일시적으로 한 번씩 먹는 알약이나 비타민보다도 더 중요하다.

아유르베다에 따르면, 삶 그 자체가 대자연과 조화를 이루지 못하고 있다면 자연적인 치유 방법을 통하여 건강해지기를 기대할 수 없다고 한다. 이런 이유로 아유르베다는 인위적이고 스트레스로 가득 찬 생활양식을 유지하기 위한 완화 수단으로 사용될 수 없다. 아유르베다는 우리의 과거 생활양식을 지속하도록 도와주지 않으며, 정말로 건강해지기를 바란다면 삶의 양식을 바꾸는 것이 중요하다고 말한다.

영적인 것에 바탕을 둔 의학인 아유르베다는 신체적 요인보다 심리적이고 영적인 요인들을 더 중요한 질병 요인으로 본다. 따라서 우리가 신체적으로는 바른 생활양식을 따르고 있다 하더라도, 감정이 혼란스럽거나 삶의 진정한 영적 목적이 없다면 치유를 기대할 수 없다고 한다. 마음과 분리된 몸, 영혼과 분리된 마음은 치료할 수 없다. 육체적 차원에서 질병을 치료하는 것은 원인을 다루는 것이 아니라 결과를 다루는 것이다. 그래서 그러한 입장은 문제의 주요 부분을 놓치고 있다.

우리는 어리석은 삶을 속일 수 없다. 지름길, 쉬운 교정, 빠른 치료, 안이한 생각, 마술적 치료, 만병통치약 등과 같은 것은 아유르베다의 일부가 아니다. 질병과 슬픔 너머로 가기 위해서는 상당한 성실함, 자기 수련 및 자기 각성이 요구된다. 아유르베다는 단기간에 우리를 더 편안하게 해 줄 수는 없을지 모르지만, 결국에는 내면에 우주적인 진정한 생명의 에너지를 흐르게 한다. 그리고 자신의 존재에 책임을 지도록 만든다. 아유르베다에는 마술적 측면도 있다. 그러나 그것은 의식의 마술이며, 순간순간 옳은 행동을 하는 마술이다. 아유르베다의 마술은 우리에게 문제를 일으키는 원인을 제거하는 마술이 아니라, 그 문제를 효과적이고도 궁극적으로 해결하는 올바른 도구를 우리에게 주게 한다는 점에서 마술이기도 하다.

능동적 치료와 수동적 치료

두 가지 형태의 치료법이 있다. 즉 수동적인 치료법과 능동적인 치료법이 그것들이다. 수동적 치료법은 다른 사람이 우리를 치료하는 것이다. 능동적 치료법은 우리가 치료에 참여하며, 우리가 우리에게 무엇인가를 하는 치료이다. 능동적 치료법은 수동적 치료법보다 더 강력하다. 수동적 치료법은 심각하게 손상된 건강 상태에서는 필요할 수 있다. 그러나 그 치료법은 진정한 변화를 가져오지는 못한다.

우리의 문화는 대단히 수동적인 문화이다. 우리는 대개 다른 사람들이 하는 것을 관찰하는 구경꾼이다. 우리는 다른 사람들이 우리의 삶을 살아가도록 내버려두고는 화면 앞이나 옆에서 그것들을 차례로 지켜보고 있다. 요가에 따르면, 삶을 직접적으로 경험하고 창조적으로 참여하는 것이 우리를 자유롭게 하고 충만하게 하는 유일한 방법이라고 한다. 이러한 것들이 우리의 삶에는 거의 없다. 우리는 다른 사람들에게 우리가 무엇을 해야 할지, 우리가 어떻게 생각해야 할지, 우리가 누구인지, 우리가 어디로 가야 할지, 우리가 무엇을 구입해야 할지를 말해 달라고 하고 있다. 우리는 다른 사람이 우리의 음식을 정하게 하고, 우리를 즐겁게 하고, 사랑하는 방법을 우리에게 말하게 하고, 신이 무엇인지 우리에게 말해 달라고 하고 있다. 이와 마찬가지로, 의료 시설이 우리의 건강을 떠맡도록 하고 있다. 자신이 스스로 경험하여 진실하고 효율적이라는 것을 발견하고 그것을 따르는 것이 아니라, 다른 사람이 말하고 있는 건강에 관한 생각을 따르고 있다. 우리가 이 과정의 희생자가 되고 있다면 비난받아야 할 사람은 바로 우리 자신이다. 아무도 우리를 대신하여 호흡해 줄 수 없듯이, 아무도 우리에게 건강이나 행복을 줄 수 없다.

아유르베다에서는 치료자, 마술적인 의사, 마술적인 알약이 없다는 견해를 가지고 있다. 마술은 우리 안에 있다. 마술은 자신의 생명력을 일깨우고 삶의 진정한 근원인 자신의 영혼과 연결을 회복시키는 데 있다. 기계가 우리에게 생명을 줄 수는 없다. 어떤 기계적 검사도 건강의 진정한 척도인 내면에 있는 생명력을 측정할 수는 없다. 모든 질병을 극복하게 하는 생명력의 힘을 모르고 있다면, 어떤 의학적 진단도 도움보다는 해가 될 것이다. 예를 들어, 암 진단은 종종 환자의 삶의 의지를 꺾는 경향이 있다. 그렇게 되면 어떤 치료도 도움이 되지 않을 것이다.

바깥으로부터 받아들이는 물질은 촉매 이상의 것이 될 수 없다. 우리 각자는 자신의 본성이 무엇인지를 알아야 하며, 우주적 생명과 조화를 이루며 살아가는 방법을 배워야 한다. 아무도 이 일을 대신해 줄 수 없다. 이 일을 기꺼이 하려 하지 않는 한, 우리는 병에 걸릴 수밖에 없다. 이런 이유 때문에 아유르베다는 체질 지향적 혹은 개인 지향적 의학이라고 불린다. 아유르베다에는 집단적 치료나 집단적 진단법이 존재하지 않는다. 아유르베다는 모든 표준화된 의학에 반대한다. 아유르베다의 입장에서 보면 개개인은 서로 다르다. 동일한 질병을 가지고 있더라도 같은 방법으로 그것을 치료할 수 없다고 본다.

그냥 편안함을 추구하거나 자신의 노력 없이 건강하고자 하는 사람들에게는 아유르베다가 별로 도움이 되지 않을 것이다. 그러나 아유르베다는 가장 정직한 의학이며 우리에게 힘을 내세우지 않는 의학이다. 자신의 삶이 대자연과 조화를 이루고, 생명 리듬에 맞추어 시간을 보내면서 아유르베다의 방법들을 삶 속에 적용한다면 굉장한 결과를 얻을 것이다.

아유르베다의 배경

아유르베다는 외과 의술과 약물의 사용을 포함한 복잡한 임상적 방법을 가지고 있다. 하지만 이러한 방법도 본래의 자기 치유 접근법에 비해 이차적인 것들이다. 아유르베다의 여덟 가지 접근법으로는 내복약(kayachikitsa), 외과 의술(shalyatantra), 머리의 질병(shalakyatantra), 소아과(kaumarabhritya), 독물학(agadatantra), 정신병리학(bhutavidya), 회춘(rasayana)과 소생(vajikarana)이 있다. 아유르베다는 표준화된 접근이 아니라 창조적인 지성을 강조하기 때문에 의사들에 따라 서로 적용하는 내용이 다르다. 아유르베다는 건강과 질병을 하나의 측면에서 바라보게 하는 것이 아니라, 생명의 방대함과 조화를 이루는 전체적인 측면에서 바라보게 한다. 그러므로 아유르베다는 과학적이거나 지성적이거나 물질적인 관점만으로는 깊은 이해에 이를 수 없다.

아유르베다는 요가, 상키야 그리고 베단타의 영적이고 심리적인 배경을 바탕으로 하고 있다. 이것들로부터 치유를 위한 아유르베다적 방법들이 나왔다. 아유르베다에서는 질병을 일으키는 두 가지 원인이 있다고 본다. 그 중 한 가지 원인은 신체 내의 에너지 불균형이다. 다른 한 가지는 카르마 즉 심리적 원인이다. 비록 두 요인이 대부분의 질병과 관련이 있지만, 후자가 전자보다 더 지배적이라고 생각한다.

아유르베다의 주요한 세 고전의 저자는 차라크(Charak), 수슈루트(Sushrut), 그리고 바그바트(Vagbhat)이다. 그들이 저술한 고전들은 오늘날에도 여전히 연구되고 있으며 근본적인 원리 대부분을 제공하고 있다. 그러나 그 자료들 중 많은 부분은 현재의 환경에 맞지 않아서 새로운 책들이 저술되고 있다. 아유르베다적 실천에 관련한 많은 내용들이 불교의 가르침이나 붓다의 이야기에도 언급되고 있다. 아유르베다를 불교가 받아들여 불교 의학의 바탕이 되고 있다. 바그바트는 유명한 불교 승려였으며, 부처 이후의 대승불교 전통에서 가장 명성이 높았던 나가르주나(Nagarjuna)도 위대한 아유르베다 의사였다. 그가 발견한 많은 광물질이나 연금술 조제법인 라사스(rasas)는 아직까지도 인도에서 사용되고 있다. 티베트 의학은 아유르베다가 주를 이루면서 중국의 영향이 가미되어 있다.

운나니(Unnani)로 불리는, 인도에 살고 있는 이슬람교도의 의학도 아유르베다와 매우 유사하다. 그것은 세 기질이 아니라 네 기질을 채택하고 있다. 인도에서는 일반적으로 아유르베다와 운나니 의학이 함께 사용되고 있다. 아유르베다의 지식은 앞에서 보았듯이 폭넓게 적용되고 있으며, 세상에 있는 자연 치유 전통과도 조화를 잘 이룰 것이다.

아유르베다는 가장 오래된 베다인 리그 베다의 한 부분이다. 세 가지 주요한 베다의 신 즉 인드라(Indra), 아그니(Agni), 소마(Soma)는 3가지 도샤(dosha) 즉 공기(vata), 불(pitta)와 물(kapha)이라는 아유르베다의 생물학적인 기질과 관련이 있다. 인드라는 공기와 생명력의 본질적 에너지를 가지고 있다. 인드라는 바타 혹은 바유(vayu)와 동등한 것으로 알려져 있다. 아그니는 불의 본질적인 에너지이며, 소마는 물의 본질적인 에너지이다. 베다 찬가들은 신체 안의 세 기질을 조화롭게 하는 소리 진동을 일어나게 한다. 그것과 더불어 마음 내에 그것들의 미세한 잠재력들이 일어나게 한다. 베다의 찬가들로부터 질병을 치료하기 위한 완전한 만트라 요법이 나올 수도 있다.

생물학적 기질

세 도샤

아유르베다에 따르면, 인간의 몸은 세 가지 근본적 생명력인 바타, 피타, 카파에 의하여 지배를 받는다고 한다. 이 세 도샤는 종종 바람, 담즙, 점액으로 해석된다. 바타는 또한 종종 생물학적인 공기의 기질로, 피타는 생물학적인 불의 기질로, 카파는 생물학적 물의 기질로 불린다.

그 기질들을 산스크리트로는 도샤라고 한다. 이 말은 상하게 하는 것, 부패를 일으키는 것을 의미한다. 이렇게 불리게 된 까닭은 세 도샤들이 정상적인 상태에서는 몸을 생성하고 유지하지만, 균형이 깨어졌을 때는 몸을 파괴하기도 하기 때문이다. 죽음은 생명 내에 이미 내재되어 있다. 정상적인 신진대사 과정에서도 새로운 세포가 자라고 오래된 세포는 소멸한다. 성장과 생명은 결국 죽음과 부패로 바뀐다. 신체의 건강은 도샤들의 창조적이고 파괴적인 힘의 바른 균형 속에 있다.

각각의 생물학적 기질은 두 원소로 되어 있다. 첫째 원소는 기질의 근원적 힘을 주며, 둘째 원소는 그 기질이 드러나게 하는 매개체가 된다. 바타는 공기와 에테르로 되어 있다. 공기는 활동적인 측면이고, 에테르는 공기의 움직임의 영역 혹은 매개체이다. 피타는 불과 물로 구성되어 있다. 불은 활동적인 측면이고, 물은 불의 연소의 매개체이다. 불은 몸을 파괴하지 않으면서 몸에 존재할 수 없기 때문이다. 카파는 물과 흙으로 되어 있다. 물은 카파의 활동적인 힘이며, 흙은 물의 그릇이다.

생물학적 기질들이 원소인 것은 아니다. 기질은 원소들을 살아 있게 하고 작용하게 하는 생명력이다. 기질은 영혼의 다른 모습이다. 원소들 스스로는 생명이 없다. 원소들은 결코 살아 있는 것이 아니다. 생물학적 기질들 때문에 살아 있다. 마치 전선이 전기가 흘러 들어옴으로 활성화되는 것과 같다. 이 생명력은 영혼 즉 우리의 영원한 존재로부터 마음이라는 렌즈를 통하여 신체에 이른다. 따라서 몸으로 나타난 생명은 항상 일시적이다. 생명이 없는 원소에 생명력이 들어오면 원소는 생명력이 있는 것처럼 보인다. 생명력이 돌아가면 원소는 다시 생명력이 없는 상태로 남는다. 이와 마찬가지로, 영원으로부터 온 생명력은 결국에는 영원으로 되돌아가야 한다. 생명의 흐름은 신체라는 전선을 결국은 닳게 한다. 그럼에도 불구하고 생명은 몸의 일반적 한계들 너머로 연장될 수 있다. 아유르베다는 이 과정에 많은 열쇠를 우리에게 줄 수 있다.

바타는 건조하고, 가볍고, 차갑고, 거칠고, 미묘하고, 흥분하는 성질이 있다. 바타는 기질과 조직의 뿌리이다. 자연스런 상태의 바타는 노력, 들숨, 날숨, 움직임, 충동의 방출, 세포 조직의 평형, 감각 조절의 역할을 한다.

피타는 기름기가 있고, 지성이고, 침투하고, 뜨거우며, 빛나며, 냄새가 불쾌하고, 유동적이며, 액체이다. 피타는 소화, 열의 발생, 시각적 지각, 배고픔, 목마름, 피부 윤기, 안색, 이해, 지성, 용기, 신체의 부드러움을 좌우한다.

카파는 습하고, 차갑고, 무겁고, 느리고, 끈적끈적하고, 부드럽고, 안정적인 성질이 있다. 카파는 안정, 윤활유, 관절을 함께 모으는 것, 그리고 인내, 침착, 헌신의 성질을 준다.

체질에 따른 유형

신체 내의 지배적인 힘인 생물학적 기질은 심리 신체적 체질을 결정하는 주요 요인이 된다. 아유르베다에 의하면, 우리 모두는 신체적으로 동일하지 않다. 몸들도 같은 방식으로 반응하지 않는다. 각자는 생물학적 기질들의 독특한 결합이며 비율이다.

아유르베다는 일반적으로 개개인을 그들의 세 가지 기질 중 지배적인 기질에 따라 바타, 피타, 카파라는 세 유형으로 나눈다.

이 세 유형은 다시 일곱 가지 기본적인 유형 즉 순수한 바타, 순수한 피타, 순수한 카파, 이중의 바타-피타, 이중의 피타-카파, 이중의 카파-바타, 그리고 균형이 잡힌 삼중 도샤 즉 바타-피타-카파 유형으로 구분된다.

어떤 아유르베다 의사들은 신체 내 혹은 질병의 진전에 따른 바타, 피타, 카파의 비율을 표현하기 위하여 바타4, 피타2, 카파1과 같이 숫자를 매기기도 한다. 이렇게 하는 것이 정석은 아니다. 의사들마다 다르게 할 수 있다.

바타

생물학적으로 공기 기질이 지배적인 바타 유형의 사람들은 일반적으로 키가 크거나 작고, 날씬하고, 깡마르고, 정맥이 돌출되고, 세포 조직이 약하다. 안색은 침울하거나 윤기가 없으며, 갈색이거나 변색될 가능성이 있다. 피부는 건조하거나 갈라질 수 있다. 식욕이 불규칙하고, 단단하고 딱딱한 변을 보거나 변비에 걸리기 쉽다. 그리고 땀을 잘 흘리지 않으며, 배뇨도 많지 않고, 추위와 바람을 견디기 어려워한다. 즉시 쓸 수 있는 에너지를 가지고 있지만 지구력과 원기가 부족하다.

바타 유형의 사람들은 예민하고, 여유가 없고, 지나치게 활동적이고, 흥분하기 쉬우며, 불면증이나 수면 장애로 고통을 받을 수도 있다. 또 그들은 민감하고 재빠른 마음을 가지고 있으며, 변화를 좋아하고, 호기심이 많고, 적응력이 높다. 그들은 수다스럽기도 하고 마음에 없는 말도 할 수 있다. 정서적 균형이 깨어질 때 불안정, 두려움, 불안을 보이는 경우가 있다. 그리고 그들은 쉽게 혼란스러워 하며 걱정하는 경향이 있다.

피타

생물학으로 불의 기질이 가장 높은 피타 유형의 사람들은 근육이 잘 발달하고 체격과 신장은 보통이거나 중간 정도이다. 혈액 순환이 좋고, 따뜻하며, 기름진 피부를 갖고 있고, 혈색이 좋아서 얼굴과 눈이 붉을 가능성이 있다. 또 연약한 머릿결을 갖고 있으며, 빨리 백발이나 대머리가 될 가능성이 있다. 그들은 식욕이 까다로우며, 갈증을 자주 느끼고, 땀도 잘 흘린다. 그들은 배설이 일정치 않고, 배뇨가 풍부하며, 일반적으로 변과 소변이 변색을 일으킨 노란색이다. 그들은 뜨거움과 햇빛을 싫어하며, 쉽게 출혈한다.

피타 유형은 공격적이고, 지배적이고, 리더십이 있으며, 좋은 연설자이며, 좋은 일꾼이다. 그들은 비판적이고, 통찰력이 있고, 지성적이며, 예리한 기억력을 가지고 있다. 감정의 균형이 깨어질 때는 화를 내거나 흥분하는 경향이 있고, 갈등을 일으키고 논쟁하려는 경향이 있다.

카파

생물학으로 물의 기질을 가진 카파 유형은 체중이 무겁고, 세포조직이 잘 발달하여 체격이 단단하고 건강한 편이다. 그들은 피부가 촉촉하고 창백하며 하얗다. 머리숱이 많고 머리카락이 두꺼우며, 큰 눈을 가지고 있다. 그들은 일정한 식욕을 가지고 있으나 신진대사가 느리며, 차갑고 축축함을 견디기 어려워한다. 신체상의 분비물이 풍부하며, 종종 신체 기관에 점액이 많다. 그들은 움직임이 느리고, 일을 시작하기 어려워한다. 그러나 인내력이 있으며, 일반적으로 강한 면역 체계를 가지고 있다.

카파 유형은 조용하고, 안정되고, 헌신적이며, 충성스럽고, 느리지만 안정된 마음과 기억력을 지니고 있다. 그들은 무력감, 동기 부족, 과다 수면으로 고통을 받을 수 있다. 감정의 균형이 깨어질 때는 탐욕을 부리거나 집착하거나 우울해지기도 한다. 그들은 소유욕이 강하며 또 감상적일 수 있다.

* * *

세 가지 유형을 그려 내는 데 있어서 각 유형의 특징을 지나치게 과장하는 경향이 있음을 주의해야 한다. 당연한 말이지만, 세 가지 중 어느 것이 더 나쁘거나 더 좋은 것은 아니다. 중요한 것은 본성과 본성의 더욱 높은 잠재력과 조화를 이루며 살아가는 것이지, 본성을 변화시키기 위하여 노력해야 하는 것이 아니다.

각 유형은 특정 질병을 일으킬 수 있다. 바타 유형은 신경 체계 장애, 불안증, 불면증, 관절염, 변비와 같은 병에 걸리는 경향이 있다. 대부분의 소모성 질환과 노인성 질환은 바타 체질에 흔히 있는 병이다. 바타는 병이 많다. 왜냐하면 바타가 생물학적 기질의 바탕이므로 바타의 불균형은 더 큰 결과들을 초래할 수 있기 때문이다.

피타는 발열, 전염병, 염증성 질환, 위산 과다증, 위궤양, 피부 발진, 혈액순환 장애, 간의 문제와 같은 질병을 일으킬 수 있다. 카파는 충혈 장애, 오한, 유행성 감기, 기관지염, 폐렴, 부종, 과잉 수분의 병에 걸릴 수 있다.

비록 각 유형은 어떤 질병이라도 걸릴 수 있지만, 각 유형이 지니고 있는 성질의 질병을 일으킬 경향성이 더 많다. 그 기질 중 하나가 높을 때 다른 것들에게도 해를 끼칠 수 있다. 예를 들어, 높은 카파는 혈관이나 신경계 흐름을 막아서 간질이나 발작을 일으킬 수 있다. 그 결과로 바타 질환이 올 수 있다.

개인적인 체질과 그것을 다루는 방법을 아는 것이 중요하다. 아유르베다는 체질에 따른 식이 요법, 허브 및 생활 스타일을 처방해 주고 있다. 일반적으로는 순수하고 자연적인 채식과 평화로우며 자비로운 인간적 삶인 사트바적인(sattvic) 생활양식으로 살면 좋다. 하지만 균형이 깨어질 때, 균형을 잃은 기질에 따른 식이 요법과 허브를 항상 고려해야 한다. 이것을 하려면 아유르베다 전문가에게 조언을 구해야 할 것이다.

아유르베다 해부학과 생리학

아유르베다는 거친 몸뿐만 아니라 생명력의 흐름이나 미묘한 몸도 고려한, 그 나름의 해부학과 생리학을 가지고 있다. 아유르베다는 신체 내의 여러 부위와 기능에 따라 바타, 피타, 카파를 중심으로 한 다섯 유형을 파악하고 있다.

일곱 가지 조직

아유르베다에서는 신체를 일곱 조직이 발달한 것으로 본다. 혈장, 혈액, 근육, 지방, 뼈, 골수, 신경 조직, 생식 조직이 그것들이다. 산스크리트로는 각각 라사(rasa), 락타(rakta), 맘사(mamsa), 메다(meda), 아스티(asthi), 마자(majja), 슈크라(shukra)이다. 그것들은 거친 것에서 미세한 것으로 동심원의 모습을 하고 있다. 거친 조직은 미세한 조직에 영양분을 주며, 다시 미세한 조직은 거친 조직을 지지한다. 신경과 뼈 같은 보다 깊은 조직의 질병은 대개 혈장과 혈액 같은 외적인 질병보다 훨씬 더 나쁜 것이다.

경로 체계

아유르베다에서는 남성에게는 열넷의 경로 체계, 여성에게는 열여섯의 경로 체계가 있다고 한다. 경로 체계는 중국 의학의 메리디언 경락 체계와 비슷하지만, 서구의 생리학적 체계 또한 포함하고 있다.

세 개의 경로는 몸속으로 영양분을 가져오기 위한 것이다. 호흡, 음식, 물의 경로 체계가 바로 그것들이다. 일곱 개의 경로는 일곱 가지 조직을 지탱하기 위하여 존재한다. 또 다른 경로는 신체로부터 노폐물을 제거하기 위하여 있다. 그것들은 배설물, 소변, 땀을 제거하기 위한 경로이다.

마음은 신경과 생식 체계를 연결하는 특별한 경로 체계이다.

여성은 두 개의 특별한 경로를 더 가지고 있다. 그것들은 월경과 젖 분비를 위한 경로인데, 선택적으로 작용한다.

질병들은 기질, 조직, 경로 체계에 따라 분류된다.

여섯 가지 맛

아유르베다는 음식과 허브에 여섯 가지 맛이 있다고 한다. 단맛, 짠맛, 신맛, 매운맛, 쓴맛, 떫은맛이 그것들이다. 각 맛은 두 가지 원소로 이루어져 있다. 달콤한 맛은 흙과 물로 만들어져 있고, 짠맛은 물과 불, 신맛은 흙과 불, 매운맛은 불과 공기, 쓴맛은 공기와 에테르, 그리고 떫은맛은 흙과 공기로 되어 있다.

단맛은 설탕, 전분질이 많은 식품, 탄수화물, 낙농 식품, 견과류, 고기와 같은 대부분의 음식에 있다. 그래서 달콤하고 맛이 좋게 한다. 단맛은 튼튼하게 해주고 양분을 주며 강장제, 진통제, 하제의 효과를 낸다. 짠맛은 소금 맛과 같다. 그것은 흥분제, 진통제, 하제, 진정제의 효과가 있다. 신맛은 신과일, 피클, 식초의 맛과 같다. 그것은 흥분제, 거담제, 하제의 효과가 있다. 매운맛은 후추, 겨자, 생강, 계피와 같은 양념의 맛과 같다. 그것의 특징은 흥분제, 발한제, 소염제, 진통제, 이뇨제의 효과가 있다. 쓴맛은 용담과 황금빛 바다표범의 쓴맛과 같다. 그것은 정화, 해독제,

체질 개선, 이뇨제 작용을 한다. 떫은맛은 덜 익은 바나나와 감 또는 명반 뿌리처럼 타닌을 지닌 허브, 개암나무, 참나무 껍질의 떫은맛과 같다. 그것의 효과는 과잉 배출을 멈추게 하고 수축시키며 지혈, 외상, 거담 및 이뇨 작용을 일으킨다.

세 가지 맛은 생물학적 기질 각각을 증가시키거나 감소시킨다. 세 가지 기질은 각 기질을 구성하고 있는 같은 원소 내의 지배적인 맛에 의하여 증가한다. 그리고 각 기질은 각 기질을 구성하고 있는 원소와 다르거나 반대되는 성질의 맛에 의하여 감소한다.

바타는 쓴맛, 떫은맛, 매운맛에 의하여 증가하고 단맛, 짠맛, 신맛에 의하여 감소한다. 피타는 불의 요소가 지배적인 매운맛, 신맛, 짠맛에 의하여 증가하고, 불의 요소가 없는 쓴맛, 떫은맛, 단맛에 의하여 감소한다. 카파는 흙과 물의 요소가 지배적인 단맛, 짠맛, 신맛에 의하여 증가하고, 공기 요소가 지배적인 매운맛, 쓴맛, 떫은맛에 의하여 감소한다.

치료 방법

아유르베다의 치료 방법에는 두 가지가 있다. 체질의 구성을 다루는 방법과 임상적인 방법이다. 체질적인 치료법은 각 체질에 맞는 식이 요법, 순한 허브의 사용과 적절한 생활양식을 행하는 것이다. 임상적인 치료법은 강한 허브, 약물, 다섯 가지 정화법인 판차 카르마를 행하는 것이다.

일반적으로 모든 치료법은 '강화'와 '감소'라는 두 가지 유형으로 나누어진다. 또한 '보완'이라 불리는 방법이 있는데, 그것은 허약하거나, 회복기에 있거나, 여위었거나, 임신 중이거나, 아주 어리거나, 나이 든 사람들에게 권장된다. 이 방법은 내부의 에너지를 회복시켜 주거나 조직의 증가를 가져다줄 수는 있지만, 독소를 제거하지 못할 수도 있다. 감소의 방법은 급성 질병들에 적용된다. 감소 요법은 질병을 일으키는 요소와 병원균을 제거하지만, 신체의 건강을 떨어뜨릴 수도 있다. 그래서 두 방법을 결합하여 혹은 대안적으로 사용할 수 있다. 정화시키는 것은 높은 차원에서 몸을 회복시키는 효과가 있다. 그래서 강화법은 감소법 이후에 일반적으로 행해진다.

강화법은 풍성한 식이 요법, 강장제, 힘을 돋우는 허브, 충분한 휴식과 이완, 과도한 활동과 자극의 회피 등으로 이루어져 있다. 감소법에는 예비 단계와 본 단계라는 이중 구조로 되어 있다. 예비 단계의 감소 요법에서는 가벼운 식사, 단식, 소화를 향상시키는 허브, 마사지, 발한 요법, 적절한 운동으로 이루어져 있다. 본 단계의 감소 요법은 다섯 가지 정화법, 강력하게 감소시키는 허브, 약 혹은 수술로 이루어져 있다.

판차 카르마

판차 카르마는 다섯 가지 정화 혹은 육체적 청소법을 행하는 것이다. 판차 카르마는 아유르베다에서 주요한 정화법이다. 판차 카르마의 방법은 대변보게 하기, 투약하여 관장하기, 치료적으로

토하게 하기, 코로 약물 투약하기, 중독성 혈액을 치료적으로 해독하기이다. 대변보게 하기는 피타에게 매우 좋다. 투약하여 관장하기는 바타에게 좋다. 토하게 하기의 정화법은 카파에게 가장 좋다.

이 과정을 돕기 위한 예비 정화법이 있다. 이것은 오염된 체액을 몸에서 내보내기 위하여 소화 계통으로 가져오는 방법이다. 예비 정화법에는 오일 요법과 스팀 요법이 있다. 오일 요법은 치료제로 쓰이는 오일로 마사지를 하는 것이다. 스팀 요법은 스팀 박스를 사용하거나 호스를 통해 나오는 스팀을 쐬는 것이다. 판차 카르마의 방법을 행하는 데 약 3주가 걸릴 수 있다. 현대에 이르러 며칠만의 단기 판차 카르마가 행해지고 있지만, 그 효과는 한계가 있을 것이다.

미국에 판차 카르마 센터가 들어서고 있다. 판차 카르마는 질병을 치료하거나 예방하는 가장 효과적인 아유르베다적 치료 방법이다. 하지만 판차 카르마에 앞서, 올바른 식이 요법과 예비 정화법을 행할 필요가 있다. 판차 카르마를 한 후에는 올바른 생활양식과 원기 회복 약물을 사용하는 것이 중요하다. 그렇지 않으면 그 효과는 지속되지 못할 것이다.

아유르베다 마사지와 마르마 요법

아유르베다 마사지는 판차 카르마에 있는 오일과 스팀 요법에 상당히 의존하고 있다. 그렇지만 마사지는 다른 많은 증상들을 치료하기 위하여 판차 카르마와는 별도로 행해질 수도 있다. 아유르베다 마사지는 치료 오일을 외부에 사용한다. 이 오일들은 오일 성분이 다량 함유된 강력한 허브를 요리하여 특별히 준비한 것이다. 이런 오일은 피부에 영양을 공급하고, 피부를 통하여 근육과 뼈와 신경에 영양을 공급한다. 이 부위들은 다른 방법으로는 영양을 공급받기가 어렵다.

중국의 침술법처럼 아유르베다 또한 정교한 마르마(Marma) 지점을 가지고 있다. 이 지점들은 마사지, 허브, 아로마 오일, 발한 요법 등으로 다루어질 수 있다. 그것으로 인해 신체 내의 에너지 흐름이 균형을 이루고 또 질병을 치료하는 데 도움을 줄 수도 있다.

중요한 아유르베다 식품

아몬드   폐, 생식 체계와 신경 조직에 영양을 공급하며 체력을 강화시킨다. 기침을 멈추게 하고 담을 나오게 한다. 바타에게 매우 좋다.

바스마티(Bastami) 쌀   모든 조직과 기관에 영양을 공급하고 조화와 균형을 이루게 한다.

치야반 프라쉬(Chyavan prash)   암라(Amla)로 만들어진 아유르베다의 강장 허브 젤리이다. 비타민 C가 많다. 모든 조직과 기관을 강하게 하며 면역 체계를 강화시킨다.

코코넛   폐와 피부에 영양을 공급하고, 열을 낮추고, 갈증을 해소한다. 피타에게 좋다.

커리(Curry) 주로 심황 뿌리의 가루를 다른 양념과 함께 사용하며, 소화를 돕고 음식의 효험을 돋우게 한다.

기(Ghee) 정제된 버터로서 간, 신경, 뇌에 영양을 공급한다. 열과 감염을 막는다. 피타에게 가장 좋다.

꿀 거담제, 하제, 강장제, 회춘제이다. 카파를 위한 최고의 감미료이다. 체중 감소를 돕는다.

자거리(Jaggery) 또는 구르(Gur) 가공하지 않은 설탕. 미국에서는 수카네트(sucanet)로 팔리고 있다. 신체의 세포 조직을 만들고 몸을 따뜻하게 한다. 바타에게 좋다.

키차리(Kicharee) 뭉, 바스마티 쌀과 양념으로 만들어져 있다. 회복기나 해독을 위해 아주 좋은 음식이다.

우유 조직에 영양을 공급하고 마음과 심장을 차분하게 한다. 지혈을 도우며 최음제, 하제이다. 바타와 피타에 좋다.

뭉(Mung) 콩 혈액과 간에 영양을 공급하고 또 정화시켜 준다. 열, 전염, 중독을 제거한다. 회복을 도우며 원기를 돋운다. 신진 대사를 균형 있게 한다.

겨자기름 비만을 막는 가볍고 따뜻한 기름이다.

파파야 영양 공급과 갈증을 해소한다. 월경을 촉진하고 소화를 돕는다.

파인애플 혈액과 간을 정화한다. 소화를 도우며 피타에게 좋다.

석류 피를 만들고 또 멈추게 한다. 산을 억제하는 효과가 있다. 피타와 카파에게 좋다.

암석 소금 소화를 향상시키는 최상의 소금이다.

참깨   모든 기관과 조직을 만들고 뼈, 치아, 머리카락의 성장을 돕는
    다. 바타에게 아주 좋다.

요구르트   모든 조직을 강하게 한다. 수축시키는 효과가 있다. 바타에
    게 좋다.

중요한 아유르베다 허브

아유르베다에는 강력한 강장제, 원기 회복, 면역 체계에 원기
를 가져오는 허브들이 있다. 중국 약제만큼이나 많은 중요한 허
브들이 있다.

알로에(Aloe vera)   간과 비장을 튼튼하게 한다. 하제이며, 월경 촉진
    제, 체질 개선제, 해독제의 효과가 있다. 피타에게 아주 좋다.

아말라키(Amalaki)   (Emblica officinalis) 강장제, 회춘제, 완하제이
    다. 혈액을 생성한다. 모든 유형에게 좋다.

아르주나(Arjuna)   (Terminalia arjuna) 강장제, 심장의 원기 회복제,
    변질제, 지혈제의 효과가 있다. 세포 조직의 치유를 촉진시킨다.

아슈와간다(Ashwagandha)   (Withania Somnifera) 뇌, 생식 체계, 뼈
    를 튼튼하게 해 준다. 진통제 효과가 있다. 의기소침하게 하지 않으
    면서 마음을 가라앉게 한다. 바타에게 좋다.

발라(Bala)   (Sida cordifolia) 폐와 생식 체계를 강화한다. 체력을 튼튼
    하게 한다. 피타와 바타에게 좋다.

검은 무사리(Black musali)   (Curculigo orchiodes) 강장제, 흥분제, 항

류머티즘의 효과가 있다. 바타에게 좋다.

비비타키(Bibhitaki)　(Terminalia baelerica) 강장제, 수렴제, 거담제의 효과가 있다. 폐와 카파에게 좋다.

카라무스(Calamus)　(Acorus calamus) 신경 진정제, 거담제, 흥분제의 효과가 있다. 위를 튼튼하게 한다. 지능과 언어 능력을 향상시키는 데 매우 뛰어나다. 카파와 바타에게 좋다.

피마자 기름　변을 잘 나오게 한다. 신경과 관절의 질병에 좋다.

고수풀(Coriander)　(Coriandrum Sativum) 소화 흥분제, 항 알레르기, 이뇨제의 효과가 있다. 피타를 위한 가장 좋은 양념이다.

마늘　(Allium sativa) 강장제, 흥분제, 거담제, 항생 작용, 회춘에 효과가 있다. 바타와 카파에게 좋다.

고투 콜라(Gotu Kola)　(Centella asiatica) 뇌와 간을 튼튼하게 해주고 진정제, 변질제, 이뇨제, 지혈제의 효과가 있다. 지능을 향상시키고 명상에 좋다.

구두치(Guduchi)　(Tinospora Cordifolia) 강장제, 해열제, 변질제의 효과가 있다. 만성적인 감염증, 약한 면역 체계, 만성적인 열병에 좋다.

구굴(Guggul)　(Commiphora mukul) 거담제, 진통제, 변질제의 효과가 있다. 관절염, 응혈, 당뇨, 비만에 매우 좋다.

하리타키(Haritaki)　(Terminalia chebula) 뇌와 결장을 튼튼하게 하고, 수렴제, 완하제의 효과가 있다. 바타에게 아주 좋다.

자타만시(Jatamansi)　(Nardostachys jatamansi) 신경 진정제, 강장제,

진정제의 효과가 있다.

카피카츄(Kapikacchu) (Mucuna pruriens) 생식 체계의 강장제와 최음제 효과가 있다. 회춘제이며 바타에게 아주 좋다.

필란투스 니루리(Phyllanthus niruri) (Bhumyamalaki) 간 강장제, 변질제, 담즙 배출 촉진제의 효과가 있다. 피타와 카파에게 좋다.

사프란(Saffron) (Crocus sativa) 흥분제, 월경 촉진제, 최음제의 효과가 있다. 심장, 간, 비장, 여성 생식 체계에 좋다.

상카 푸슈피(Shankha pushpi) (Canscora decussata) 신경의 강장제이다.

사타바리(Shatavari) (Asparagus racemosus) 림프, 혈액, 여성 생식 체계에 좋은 강장제이다. 심장에 영양을 공급하며 피타와 바타에게 좋다.

실라지트(shilajit) 강장제, 회춘제, 이뇨제의 효과가 있다. 당뇨병에 뛰어나며 신장을 강화시켜 준다. 카파에게 아주 좋다.

투메릭(Turmeric) (강황 Curcuma longa) 흥분제, 변질제, 수렴제, 항종양, 항생 작용의 효과가 있다. 피부와 얼굴 안색에 좋다. 치료를 촉진시킨다. 가장 일반적인 양념이다.

흰 무사리(White Musali) (Asparagus adscendens) 사타바리와 마찬가지로 강장제, 진통제, 최음제의 효과가 있다.

아유르베다의 조제

안잔(Anjan) 아유르베다 연고

아리슈타(Arishta)와 아사바(Asava)　아유르베다의 허브 와인

아발레하(Avaleha)와 프라쉬(Prash)　허브 젤리와 과자

바스마(Bhasma)　특별하게 조제된 무기질 회분

처나(Churna)　허브 파우더

그리타(Ghrita)　약용 기(ghee)

구굴(Guggul)　나무진과 같은 몰약 나무의 즙에다 허브를 제조

구티(Guti)와 바티(Vati)　허브 알약

히마(Hima)　열을 가하지 않고 우려낸 즙

칼카(Kalka)　허브 연고

크바트(Kvath)　달인 즙

판트(Phant)　뜨겁게 우려낸 즙

라사(Rasa)　정제된 수은과 황을 연금술로 조제

스바라사(Svarasa)　허브로 만든 신선한 주스

타일라(Taila)　약용 참깨 기름

회춘과 불멸

우리 모두는 불멸을 추구한다. 영원히 살고 싶은 것은 우리의 자연스런 욕망이다. 베다에 따르면, 이러한 욕망은 잘못이다. 불멸은 영혼이 자연스럽게 가지고 있는 것이다. 몸은 결국은 부패하고 죽는다. 인간은 결코 불멸할 수 없다. 몸은 결코 불멸이 될 수 없다. 아무것도 몸의 본질을 바꿀 수 없다. 영원히 몸으로 살고 싶어 하고 존재의 종말을 몸의 죽음에서 찾으려는 것은 우리

자신을 육체적 몸과 동일시하고 있기 때문이다. 불멸은 우리의 진정한 본성 내에 영원한 의식으로 항상 존재하고 있다.

아유르베다는 육체적인 불멸을 믿지 않는다. 그렇지만 생명은 조화롭지 못한 생활 패턴 때문에 주어진 수명을 다하지 못한다고 본다. 아유르베다에서는 장수를 좋은 목표라고 보고 있다. 왜냐하면 한 생에서 더 많은 시간을 가지면 가질수록 더 많은 카르마를 해결할 수 있기 때문이다. 새로운 몸을 받기 위해서는 어려운 과정을 통과하여야 한다. 또 각 환생에서 영적 목적을 가지는 것은 어렵다. 이러한 이유로 아유르베다는 생명을 연장할 수 있는 여러 방법을 가르친다.

하지만 생명을 연장하는 방법이 죽음을 피하는 방법이어서는 안 된다. 생명은 죽음을 통해서만 새로워질 수 있다. 아유르베다의 회춘 방법은 신체 내에 죽음의 과정을 겪도록 하여 마음에 회춘이 일어나도록 하는 것이다. 마음으로 하여금 기꺼이 과거와 자아에 대한 집착을 죽게 하지 않는다면 회춘의 노력은 좀처럼 작용하지 않을 것이다. 따라서 아유르베다의 회춘 방법은 육체와 마음에서 정화의 방법을 가지고 있다.

신체의 회춘보다 더 중요한 것은 마음의 회춘이다. 뇌 세포들은 기억의 부담으로 늙는다. 노년에 진정한 자각에 이르기 위해서는 기억력의 증가와 관련이 있는 세포를 정화하는 것이 필요하다.

아유르베다의 회춘 방법은 대체로 판차 카르마와 일정한 기간 동안 정화를 하는 것이다. 그 방법들은 요가 및 명상으로 이어진다. 왜냐하면 마음이 새롭게 살아나지 않는다면 몸 또한 그럴 수 없기 때문이다. 몸과 관련해서는 앞서 언급한, 회춘을 가져오는 특별한 허브들을 사용한다. 그러나 이 방법들도 사회가 오염으로 가득 차 있기 때문에 자연 속에서 몇 주 혹은 몇 달 동안 치료 받는 것이 필요하다. 그렇지만 우리가 개인적 기질에 맞는 생활양식으로 살아간다면, 특별한 회춘 방법을 사용하지 않더라도 장수를 누릴 수 있을 것이다.

제 4 장

빛의 과학(베다 점성학)

점성학은 오컬트 과학 중에서 주요한 것으로, 지금은 전 세계적으로 주목을 받고 있다. 점성학은 베다의 한 지류인 주요한 베단가(Vedanga)이다. 왜냐하면 어떤 행위를 해야 할 적절한 시기가 점성학을 통하여 결정되기 때문이다. 점성학을 통하여 사건 뒤에 있는 카르마의 패턴을 알아낼 수 있기 때문에 점성학은 이유 또는 원인의 과학이라는 의미인 '헤투 샤스트라'(Hetu Shastra)로도 불린다. 점성학의 또 다른 이름에 '조티쉬'(Jyotish) 즉 빛의 과학이라는 것도 있다. 왜냐하면 점성학은 신체적 존재에 생명을 불어넣고 유지하며 우리 삶의 운명을 결정하는 미묘한 별의 빛 패턴을 다루고 있기 때문이다. 점성학은 고대 문명에서도 사용되었다. 다른 문명에서와 마찬가지로 베다 문명에서 점성학은 의식(儀式), 달력, 중요 성사, 삶의 입문에 사용되었다. 고대인들은 별을 심리적인 호기심이나 원시적인 미신의 관점으로 보았던 것이 아니라, 우주적 힘에 대한 깊은 존경심으로 보았다. 점성학은 우주리듬과 조화를 맞추어 행위하기 위한 수단이었다. 현대 과학도 신비하고 역동적이며 격변하고 있는 우주의 모습을 우리에게 보여 주고 있다. 그러한 우주를 우리는 존경해야 한다. 더 나아가서 우리의 행위와 우주를 조율하는 방법 또한 알아야 할 것이다.

베다 점성학은 단지 점성학적으로 해석만을 하는 체계가 아니다. 베다 점성학의 목적은 별을 통하여 우리의 운명을 알아내고자 하는 것이 아니다. 베다 점성학은 우리를 운명 앞에 무력하도록 내버려두지 않는다. 베다 점성학은 삶에 작용하고 있는 행성 에너지를 가장 효과적으로 사용할 수 있는 방법을 주고자 한다. 베다 점성학은 실제적인 측면이기도 한 그 나름의 요가를 가지고 있다. 점성학으로서의 요가는 미묘한 사이킥 환경을 정화하고, 우리에게 미치는 행성의 영향을 조화롭게 하고, 우리의 카르마를 최대한으로 활용할 수 있는 일련의 치료 도구를 가지고 있다. 그 방법으로는 보석, 색채, 만트라, 신, 의식, 허브, 음식과 같은 내용들이 있다. 따라서 유능한 베다 점성가는 우리의 전 존재를 별들과 조화시킬 수 있는 방법들을 제시해 줄 수 있다. 그렇게 함으로써 우리는 온 우주에 퍼져 있는 자비로운 우주적 힘과 조화를 이룰 수 있게 된다. 점성학은 우리 삶의 내외적인 모든 수준을 전체적으로 조사하고자 한다. 그러므로 점성학은 통합적인 생활양식을 발달시킬 수 있는 삶의 상담이 될 수 있을 것이다.

우리 모두는 주기적으로 몸과 집을 깨끗이 한다. 그러나 사이킥 혹은 마음의 공간을 깨끗이 하는 방법을 알고 있는 사람은 거의 없다. 우리는 주변에 있는 오컬트적 영향에 대해서는 눈이 멀어 있다. 의식, 만트라, 점성학은 우리가 공간을 깨끗이 하는 데 도움을 줄 수 있다. 이러한 사이킥 영향 중에서 가장 중요한 것은 행성의 영향이다. 눈을 감고서 길을 걷는 사람은 머지않아 사건이나 재난을 당하게 될 것이다. 이와 마찬가지로 별의 미묘한 힘에 무지하면, 우리는 삶에서 불필요한 어려움을 많이 겪게 될 것이다. 전쟁조차도 불순한 집단적 마음 때문에 종종 일어난다. 베다 점성학은 우리에게 이러한 힘을 보여 주고 있다. 또한 유익한 힘은 증진시키고 해로운 힘은 피할 수 있는 방법도 제시해 주고 있다.

　고대 문명의 인간들은 신들에게서 위안을 찾았다. 이 신들은 다름 아닌 행성과 별이었다. 더 정확하게 말하자면, 행성과 별을 통하여 작용하는 미묘한 우주적 힘이었다. 고대의 달력, 의식, 매일의 활동, 이 모두는 별개의 것으로 존재했던 것이 아니라 하나로 존재하였다. 미 대륙의 마야족에게도 그러하였다. 고대의 힌두와 이집트에서도 그러하였다. 매 시간, 날, 달, 해는 신성의 특별한 모습 혹은 우주 에너지의 특별한 모습과 연관되어 있었다. 그 특별한 모습을 이해함으로써 우리의 행위는 우주와 조화를 이룰 수 있게 된다. 또 우리가 우주의 힘의 일원으로 행동할 수 있게 된다. 오늘날에도 인도에서는 의식을 행할 때 먼저 행성에 대해 경배를 한다.

그러한 태도와 행위는 두려움이나 무지에서 나온 것이 아니라, 우주적 질서의 이해에서 나온 것이다. 즉, 우주와 인간의 상호 관계에 대한 자각에서 나온 것이다. 행성의 선회는 체내 혈액의 흐름, 감각적인 충동, 마음을 통하여 흐르는 생각과 분리되어 있는 것이 아니다. 사실, 지상의 삶의 여러 행위를 가능하게 하는 것은 행성의 움직임 때문이다. 우리는 거대한 힘의 세계 안에 살고 있다. 이 거대한 힘은 장엄하고 눈부신 우주이다. 점성학은 이 힘의 이해에서 시작되었다.

우리는 고대와 중세 문명이 지니고 있던 좁은 관점을 넘어서게 된 것을 자랑하고 있다. 우리는 지구를 태양계의 중심으로 보던 관점을 버렸다. 지구를 우주의 중심으로 보았던 고대인들을 고지식하다고 본다. 우리는 많은 인종, 언어, 문명의 구분을 열면서 전진하였다. 그래서 인도와 같은 전통적 문명들은 여전히 좁은 패턴들에 사로잡혀 있다고 본다. 그러나 우리는 모든 환영의 토대가 될 수 있는 자아 중심적 사고와 물질적 세계관을 뛰어넘지 못하고 있다. 우리는 물리적 세계를 유일한 실재로, 개인적 자아를 진정한 정체성으로 알고 있다. 전통적 문명들은 물리적 세계에 대해서는 이해가 부족했던 반면에 미묘한 세계와 영적 실재에 대해서는 많은 지식을 가지고 있었다. 전통적 문명인들이 우리를 볼 수 있다면 우리를 오로지 감각적 세계관에 사로잡혀 깊은 직관이나 내적 지각이 막혀 있는 아주 고지식한 자아 중심적 존재들이라고 볼 것이다. 미묘한 세계에 대한 깊은 지각을 바탕으로 그들은 점성학을 사용하고 또 발전시켰다. 점성학이 외부 실재에 대해서는 무지하다고 할 수 있겠지만 삶의 모든 일에 작용하고 있는 오컬트 힘에 대해서는 많이 알고 있었다. 현대 과학은 시간과 공간, 눈에 보이는 세계의 실재에 대하여 의문을 가지기 시작하였다. 현대 과학은 오컬트 힘에 대해서 알기 시작하고 있다. 왜 고대인들이 외부 세계의 힘보다 오컬트 힘을 더 진지하게 받아들였는지 이해할 날이 곧 올 것이다.

현대 과학은 감각적으로 지각할 수 있고 측정할 수 있는 세계를 다룬다. 점성학은 물리적 세계보다는 별의 세계를, 형상보다는 형상 너머에 있는 에너지를, 물질의 에너지보다는 마음의 에너지를 다룬다. 점성학은 우리가 볼 수 있는 것은 보이지 않는 힘의 결과라고 한다. 따라서 점성학은 현대 과학과 반대되는 것이 아니라, 현대 과학을 보완할 수 있는 미묘한 모습의 과학이다. 사물을 알기 위해서는 사물의 외적 면만 보아서는 안 된다. 우리는 모든 생명과의 조화를 인정해야 한다. 또 우주의 힘 특히 행성의 힘이 어떻게 우리에게 영향을 미치는지를 알아야만 한다. 달이 지상의 생명에 미치는 영향에 대해서는 이미 잘 알고 있다. 그러나 다른 행성이 미치는 영향에 대해서는 그만큼 알고 있지 못하다.

점성학의 타당성은 검증과 실험을 통하여 확인되어야 한다. 그러나 이 검증과 실험은 점성학이 작용하고 있는 수준만큼 민감한 것이어야 한다. 단지 사람의 태양 궁(sign)들을 비교하는 것만으로는 충분하지 않다. 필요한 것은 특정한 행성의 요인들이 개인에게 어떤 영향을 미치는지뿐만 아니라, 어떻게 전체적 패턴들이 관련하고 있는지에 대하여 주목하면서 개인을 바탕으로 하여 많은 차트를 연구하는 것이다. 몸에 일어난 질병을 연구하기 위해서는 내외적 요인들의 많은 패턴과 결합을 알아야 한다. 몇몇 단순한 해석을 따라서는 안 된다. 점성학은 과학과 마찬가지로 포괄적이고 복잡한 방식으로 접근해야 한다. 이렇게 한다면 출생 차트, 삶 및 성격 간의 깊은 상관성을 발견하게 될 것이다. 우리는 비슷한 운명을 지닌 사람들의 차트 간에 많은 연관성을 발견하고 있다. 점성학에서 하나의 과제로 남아 있는 것은 차트의 영적 해석이다. 영적 해석은 외적 요인들 너머에 있는 것이다.

전통적인 베다 점성학은 우리가 볼 수 있는 일곱 행성 즉 태양(sun), 달(moon), 화성(mars), 수성(mercury), 목성(jupiter), 토성(saturn), 달의 남교점(south node)인 라후(Rahu, 용의 머리)와 북교점(north node)인 케투(Ketu, 용의 꼬리)를 사용한다. 몇몇 현대 점성가들은 천왕성, 해왕성, 명왕성을 가져와 사용하기도 한다. 이것들은 정확히 해석하는 데 필요한 것들이 아니다. 먼 곳에 있는 행성의 영향은 그렇게 중요하지 않다. 그 영향의 많은 부분들은 달의 교점(node)의 기능을 통하여 확인해 낼 수 있다. 베다 점성학은 행성들을 많이 사용하지 않지만 서양의 점성학 차트보다는 계산을 더 많이 해야 한다. 왜냐하면 베다 점성학은 행성의 위치와 힘을 더 자세히 계산하기 때문이다.

베다 점성학은 서양 점성학과 마찬가지로 12개의 궁, 12개의 집(house), 행성의 좌상(aspect)을 사용하고 있다. 좌상과 관련한 차이점을 제외한다면, 베다 점성학과 서양 점성학은 아주 비슷하다.

항성의 점성학

베다 점성학은 본질적으로 '항성'의 점성학이다. 왜냐하면 베다 점성학은 황도(zodiac)의 궁을 그리기 위하여 실제 관찰이 가능한 별자리를 사용하고 있기 때문이다. 서양의 점성학은 본질적으로 '회귀선'의 점성학이다. 서양의 점성학은 고정된 별들을 사용하는 것이 아니라, 하늘에서 느리게 늘 움직이고 있는 분점을 축으로 한 궁을 바탕으로 하고 있다. 항성의 점성학은 서구에도 있다. 에드가 케이시(Edgar Cayce)는 항성의 점성학을 권한다. 티베트 점성학도 베다의 항성 모델에 근거하고 있다.

분점의 진행 때문에, 춘분점은 처음의 물고기자리(Pisces)에서 이제 물병자리(Aquarius) 쪽으로 이동하고 있다. 그래서 지금은 물병자리 시대가 도래하고 있다. 전형적인 서양 점성학에서의 춘분점은 하늘의 실제 위치와는 상관이 없이 언제나 양자리(Aries)가 첫 지점이라고 생각한다. 양자리라고 해서 양자리 성운의 별들을 언급하는 것은 아니다. 그것은 춘분점을 표시해 주는 황도대의 별들 중 어느 구간에도 적용될 수 있는 하나의 상징이거나 추상개념이다.

만일 우리가 보통의 천체력을 보고서 달이 쌍둥이자리(Gemini)

에 있다는 것을 알고 바깥으로 나가 달이 어느 별자리에 있는지를 찾아본다면, 어쩌면 황소자리(Taurus)의 별들에서 달을 발견할지도 모른다. 그러나 베다 점성학은 달을 황소자리에 놓고 있다. 그러므로 항성의 점성학은 천문학적으로 더 정확하며 별들을 실제로 반영하고 있다. 회귀선의 점성학은 계절의 변화와 태양과 지구와의 관계를 더 잘 반영하고 있다. 두 체계는 그들 나름의 효율성을 가지고 있다. 그러나 이 체계가 사용하고 있는 언어는 우리를 혼란스럽게 할 수 있다. 왜냐하면 황도대의 궁들은 두개의 서로 다른 측정 기준에 의하여 결정되기 때문이다. 궁들이 실제로 어디에 있는가를 의심하는 것이 아니라 궁들을 확인하는 방법이 다르다. 그래서 다른 결과가 온다.

항성의 점성학은 행성 안으로 전진하고 있는 이 진행의 움직임을 계산한다. 그러므로 항성의 점성학의 춘분점은 일년에 약 50″씩 서서히 변화한다.

인도 정부의 표준력에 의하면, 춘분점은 1990년 현재 물고기자리의 6° 20′에 있을 것이다. 고대 후기와 중세 인도 신화인 푸라나(purana)에 보면, 춘분점이 양자리의 0° (c. 500 A.D.)에 있을 것이다. 후기 베다의 보충서인 베단가 조티쉬(Vedanga Jyotish)에 보면 양자리의 끝(c. 1200 B.C.)에 춘분점이 있을 것이다. 가장 후기의 베다 경전에서는 춘분점이 황소자리의 성단(Pleiades)이나 초기의 황소자리(c. 2000 B.C.)에 있을 것이다. 초기의 베다 신화에서 춘분점은 쌍둥이자리와 오리온자리가 시작하는 곳(c. 4000 B.C.)에, 아니면 게자리(Cancer)가 시작하는 곳(c. 6000 B.C.)에 있을 것이다. 초기 문헌에서는 천칭자리(Libra)까지 거슬러 올라가야 할 것이다(c. 12000 B.C.). 인도의 점성가들은 분점의 전환 궤도를 알고 있었다. 중세 유럽의 점성가들과는 달리, 인도의 점성가들은 대부분 요가 수행자였으며 진행의 내용을 결코 잊지 않았다.

이러한 이유로 항성의 점성학에서 황도대의 궁 배치는 바뀔 것이다. 궁 배치는 일반적으로 한 궁씩 밀려날 것이다. 항성의 점성학에서 태양 궁은 일반적으로 그 달의 14일 주위에서 변한다. 따라서 양자리는 4월 14일에서 5월 14일, 황소자리는 5월 14일에서 6월 14일, 쌍둥이자리는 6월 14일에서 7월 14일, 게자리는 7월 14일에서 8월 14일, 사자자리(Leo)는 8월 14일에서 9월 14일, 처녀자리(Virgo)는 9월 14일에서 10월 14일, 천칭자리는 10월 14일에서 11월 14일, 전갈자리(Scorpio)는 11월 14일에서 12월 14일, 궁수자리(Sagittarius)는 12월 14일에서 1월 14일, 염소자리(Capricorn)는 1월 14일에서 2월 14일, 물병자리는 2월 14에서 3월 14일, 그리고 물고기자리는 3월 14일에서 4월 14일이다. 모든 항성 점성가가 진행의 정도와 비율에 대해 정확하게 동의하지는 않기 때문에, 날짜는 사용된 시스템에 따라 하루 이틀 정도 다를 것이다.

항성의 점성학은 하늘의 어떤 별, 구역, 지구의 생명 간에 변치 않는 관계가 있다는 관점을 가지고 있다. 항성의 점성학은 산스크리트로 신성한 구루라 불리는 행성인 목성의 긍정적인 궁수자리의 시작을 표시하는 은하계 중심 위에 기초하고 있다. 목성은 은하계 중심으로부터 유익한 힘을 태양계 안으로 가지고 온다. 동지가 은하계 중심에 근접하고 있는데 정확히 서기 2100년에 중심에 놓일 것이다. 그 해 우리는 그 은하계 태양으로부터 영적 에너지의 새로운 유입을 목격하게 될 것이다.

황도대 방위의 또 다른 중요한 지점은 직녀성(Vega)이다. 직녀성은 기원전 12000년경에 북극을 표시하였다. 베다 체계에서 직녀성은 태양의 움직임을 지배하는 주요한 별이었다.

베다 점성학에서 말하는 시대(yuga)의 순환에 의하면, 우리는 최근에 그리스인이 청동 시대라고 불렀던 드와파라 유가(Dwapara Yuga)에 접어들었다. 이 시대는 과학적 지식이 빠른 속도로 발달한다. 그리고 사람들은 점차적으로 오컬트 지식 속으로 나아간다. 이 시대는 24,000년 순환의 일부로서 또 다른 2,000년이 지속되도록 되어 있다. 그럼에도 불구하고 우리는 432,000년 동안 지속하고 있는 칼리 유가 즉 철의 시대 속에 여전히 살고 있다. 이 시대에 짧은 기간의 빛의 순환이 있기는 하지만, 이 시대의 대다수 인류의 정신은 물질주의로 향하게 되어 있다. 그러나 우리 모두는 본질적으로 내적 영혼이 카르마로부터 자유롭기 때문에 자신의 운명을 초월할 수 있는 힘을 가지고 있다. 우리를 구속하는 것은 별들이 아니라, 우리를 외부 세계의 법칙 아래 두게 하는 외부 세계에 대한 우리의 집착이다.

행성의 유형

베다 점성학은 개인을 그들의 태양이나 다른 궁으로 판단하는 것이 아니라 개인의 지배적인 행성으로 판단한다. 보통 베다 점성학은 가장 중요한 요인으로 상승점(Ascendant) 즉 탄생시의 동쪽 수평선상에 떠오르는 궁을, 두 번째로는 달을, 세 번째로는 태양을 검토한다. 상승점은 신체적 몸과 물질적 화신을 나타낸다. 달은 마음과 정서적인 내용을, 태양은 자기, 영혼, 이성을 나타낸다. 지배적인 행성은 보통 상승점, 달, 태양 혹은 그것들의 사상(lord)에 가장 영향을 미치는 것이다.

태양 유형

태양 유형은 보통의 체격과 빛나는 안색을 가지고 있다. 그들은 빛을 주고 있는 것처럼 보인다. 특히 그들의 눈이 그렇다. 그들은 튼튼한 심장을 지녔고, 혈액 순환이 좋으며, 원기가 왕성하다. 그들은 기품이 있고, 존경을 받으며, 좋은 지도자이며, 아버지다운 기질을 가지고 있으며, 당당하고 강인하다. 그들은 진리, 권리, 질서, 법, 정의의 측면에서 뛰어나다. 그들은 힘, 지위, 탁월함, 명성을 추구하며 지도자가 되기를 좋아한다. 그들은 의지와 개성이 강하지만, 공허하고 거만하고 비판적이거나 완고할 수 있다. 그들은 종종 극적인 면을 보이며 관심의 중심이 되기를 좋아한다. 그들은 온 세상에 빛나기를, 그리고 온 세상 사람들이 그들에게 빛과 따뜻함을 기대하기를 좋아한다.

달 유형

달 유형의 사람들은 둥근 얼굴형을 하고 있다. 대체로 안색이 하얗고 비대하다. 그들은 물을 많이 가지고 있는 경향이 있다. 그들은 어떤 빛남을 지니고 있다. 그들은 친절하고, 사교적이고, 개방적이며, 돌보기를 잘하고, 비폭력적이며, 타인의 안녕에 관심이 있고, 종종 모성의 기질을 가지고 있다. 그들은 다른 사람들을 자신의 가족으로 대한다. 그들은 수줍어하고, 감성적이고, 수동적이고, 물러서거나 두려워하는 경향이 있으며 기분, 감정, 정서에 지배당할 수도 있다. 하지만 그들이 더욱 성장하면 지도자나 관리자, 외교적인 사람이 될 수도 있다. 그들은 인기가 있고 대중에게 영향을 미치는 방법을 잘 안다. 그들 역시 빛나기를 좋아하고, 다른 사람들이 그들과의 교제에서 행복이나 기쁨을 찾게 되기를 좋아한다.

화성 유형

화성 유형의 사람들은 대체로 안색이 불그스레하다. 얼굴 모습은 조금 앙상하고 날카롭게 보인다. 그들은 흉터나 상처를 가지고 있거나 쉽게 다칠 수 있다. 그들은 보통의 건강한 체격과 발달한 근육을 지니고 있다. 뜨거운 피를 가지고 있으며 열병과 전염성 병을 앓는 경향이 있다. 그들은 용감하고, 모험심이 있고, 공격적이고, 논쟁하기를 좋아하며, 그래서 다툼에 휘말릴 수 있다. 그들은 훈련을 좋아하며, 군인 정신이 있으며, 쉽게 동맹 관계를 만든다. 그들은 힘든 일을 잘하며, 합리적이며, 실용적인 마음을 가지고 있으며, 종종 기술이나 과학을 좋아한다. 또한 일을 많이 할 수 있다. 그들은 행동, 에너지, 힘의 과시를 좋아한다.

수성 유형

수성 유형은 지적이고, 의사소통에 능숙하고, 말을 잘하며, 재치가 있고, 정보와 생각의 회전에 빠르다. 그들은 신경질적이고, 감각적이고, 동요를 잘 하고, 움직임이 빠르다. 그들은 훌륭한 작가, 비서, 회사원, 교사, 관리자가 된다. 적응을 잘 하고, 태도와 매너에서 융통성이 있으며, 외교적이고 인간적일 수 있다. 신체적으로는 날렵하고 유연하며 빠르지만, 지구력이 약하다. 그들은 유머 감각이 있고 다른 사람들의 흉내를 잘 낸다. 그들은 쉽게 영향을 받으며, 어떤 결정을 지키는 것이 어렵다.

목성 유형

목성 유형은 포용력이 있고, 행복하고, 낙천적이며, 삶에서 많은 일을 성취한다. 그들은 보통 키가 크고 체격이 좋으며, 강한 체질을 가지고 있으며, 건강이 좋고 장수한다. 그들은 신체적, 정신적, 사회적으로 활동적이고 다른 사람들과 함께 일하기를 좋아한다. 비록 섬세한 일은 잘하지 못하지만, 본질적으로는 지적이고 철학적이며 종교적이다. 훌륭한 믿음과 자비심을 가지고 있지만, 너무 정통파일 수 있거나 완고하며, 자신의 문명의 종교나 정치의 패턴이라는 덫에 빠질 수 있다. 그들은 지급 능력 이상의 채무를 지며, 너무 많이 모으려 할 수 있다. 행운과 은총이 보통 그들과 함께 하지만, 그것들을 잡기 어려울 수 있다.

금성 유형

금성 유형은 매력적이고, 균형이 잘 잡혀 있고, 보기에 좋고, 우아하다. 그들은 성적 에너지가 넘치고, 아름다운 얼굴을 하고 있으며, 여성다운 특성을 지니고 있다. 그들은 예술가이고 창조적이며 아름다움, 편안함, 사치를 좋아한다. 사랑과 헌신을 잘하는 반면에 관능에 빠지거나 성적 매력과 유혹에 잘 넘어갈 수 있다. 상상력이 뛰어나며, 색채에 대한 훌륭한 감각과 생생한 꿈을 가지고 있다. 자신을 더욱 발달시켜 나갈 때 그들은 오컬트 지식이나 지각 또는 헌신의 힘을 쉽게 얻을 수 있다.

토성 유형

토성 유형은 수척하고, 야위고, 피부가 건조하고, 눈 주위가 검고, 얼굴이 단정치 못하다. 그들은 코가 길고, 크거나 비뚤어진 이빨과 매력적이지 못한 얼굴을 하고 있다. 그들은 종종 조잡하고, 무정하며, 성질이 거칠 수 있다. 그들은 사회적으로 낮은 계층에서 태어나거나 사회로부터 인정을 받지 못할 수 있다. 그들은 외롭고, 심각하며, 우울하다. 그들은 우정을 맺는 것이 어려우며, 그래서 친구가 많지 않다. 그들은 생활의 고통을 자주 겪으며, 불운하고, 가난하거나 병에 걸려 있는 경우가 많다. 그들이 성공했다면 그것은 시간, 노력, 투쟁으로 얻었을 것이다. 그들은 이기적이며 얻은 것을 지키려 한다. 자신을 잘 발달시키지 못할 때 이기적이고 차가워질 수 있다. 잘 발달하면 초연하고, 고요하며, 철학적이고 명상적이 된다.

라후(Rahu, 용의 머리) 유형

용의 머리 유형은 불가사의하고, 예측할 수 없고, 어둡고, 알기 어렵고, 때로는 유령처럼 보인다. 그들은 외부의 영향력에 쉽게 흥분하며, 넋을 자주 잃으며, 환상과 별들의 힘의 노예가 되기도 한다. 그들은 쉽게 동요되며, 알 수 없는 병, 심리적이거나 신경계 질병으로 몸과 마음의 괴로움을 겪는다. 그들은 면역 체계가 약하며 알레르기성 질환을 가지고 있다. 그들은 종종 생활 속에서 비현실적인 투사를 많이 한다.

케투(Ketu, 용의 꼬리) 유형

용의 꼬리 유형은 비판적이고 지각이 예리하지만, 시각이 좁으며 편협하고 케케묵은 관점에 묶여 있다. 그들은 통찰력은 좋지만 때로 이해력이 떨어진다. 그들은 자신이 의도한 것보다 더 많이 해낼 수 있다. 그들은 괴짜이며, 개인적이고, 때때로 다른 사람을 화나게 한다. 그들은 전염병에 잘 걸리며 재난에 빠지기 쉽다. 잘 발달하였을 때는 모든 것을 내면의 참나라는 유일의 실재

안으로 흡수함으로 최상의 영적 지식을 얻을 수 있다.

샤드발라(Shadbala)

행성의 힘을 결정하는 도구

샤드발라는 강한 행성과 약한 행성을 결정하는 정교한 도구이다. 방대한 계산이 요구되지만 컴퓨터 프로그램으로 쉽게 할 수 있다. 샤드발라는 태어날 때의 행성의 위치, 조화 차트, 달의 상(phase), 계절, 태어난 시간, 행성들의 운동 그리고 행성의 좌상을 포함한 전체적인 조건을 고려하여 결정한다.

조화 차트

베다 점성학은 출생 차트를 포함하여 16개의 조화 차트를 사용한다. 조화 차트는 출생 차트를 세분화하여 작성한다. 조화 차트는 인생의 여러 사건에 대하여 보다 정밀한 의미를 우리에게 줄 수 있다. 좌상, 궁, 집은 이 차트에서 나온다. 서양의 점성학은 이제야 베다 점성학에서 사용하고 있는 미묘한 도표를 사용하고 있다. 가장 중요한 것은 9번째 조화(navamsha)이다. 이것은 삶의 내적 의미와 영혼의 본질을 보여 준다.

행성의 표시자

(Karakas)

행성은 우리 본성의 여러 모습을 보여준다. 이것은 행성이 어떤 특정한 궁에 얼마나 높은 정도로 존재하고 있는가를 바탕으로 하고 있다. 최고로 높은 정도의 행성이 참나(Atmakaraka)의 지표이다. 이것은 우리의 내적 본질과 영적 진화에 대해 많은 것을 말해 준다. 조화 차트의 아홉 번째와 다른 미묘한 차트들에서 행성의 위치는 내적 본질과 영적 진화를 보여 주는 데 매우 중요하다.

행성의 주기
(Dashas와 Bhuktis)

베다 점성학은 행성 주기의 체계를 사용하고 있다. 이 체계에서 각각의 행성은 6년에서 20년까지의 삶의 기간을 통제한다. 주요 순환(Vimshottari Dasha)은 다음과 같다.

태양	6년
달	10년
화성	7년
라후	18년
목성	16년
토성	19년
수성	17년
금성	20년
케투	7년

이들 주요 주기(Dashas) 각각은 보다 작은 주기들(Bhuktis)로 나누어진다.

순환이 시작되는 곳은 탄생할 때의 달의 위치이다.

행성의 주기는 삶의 사건의 과정을 결정하는 데 매우 중요하다. 행성의 주기를 알면 많은 도움을 얻을 수 있을 것이다. 자오선 운행을 고려하지만 일반적인 주기도 상대적으로 고려하고 있다는 점을 알아야 할 것이다.

치료 방법

보석 치료

행성 각각에 특별한 원석의 보석을 처방하고 있다. 이 내용을 보면 다음과 같다.

태양	루비
달	진주
화성	붉은색 산호
수성	에메랄드
목성	노란 사파이어
금성	다이아몬드
토성	파란색 사파이어
라후	헤소나이트 가넷
케투	금록옥

보석용 원석은 한 행성이 궁, 집 혹은 좌상의 차트에서 약할 때 보통 처방된다. 특별히 그 행성이 첫 번째, 다섯 번째 혹은 아홉 번째 같은 상승점으로부터 상서로운 집을 지배한다면 특히 원석이 처방된다.

루비와 노란 사파이어는 보통 금에 고정된다. 진주와 붉은 산호는 보통 은에 고정된다. 다이아몬드는 금과 은의 혼합물인 백금에 고정된다. 에메랄드와 파란 사파이어는 그것들로부터 정화의 효과를 원하는가 아니면 자양분의 효과를 원하는가에 따라서 금 아니면 은에 고정된다.

원석은 행성들에 의하여 전달되는 광선의 색깔을 따른다. 루비의 대용 원석으로는 가넷이나 일장석이 있으며, 진주의 대용 원석으로는 월장석이나 탁한 수정 결정이, 붉은 산호 대용으로는 붉은 홍옥수, 에메랄드 대용으로는 감람석이나 비취나 혹은 녹색 전기석, 노란 사파이어 대용으로는 노란 토파즈나 노란 지르콘 혹은 황수정, 파란 사파이어 대용으로는 자수정이나 청금석 혹은 짙은 푸른색 터키옥, 다이아몬드 대용으로는 투명한 지르콘 또는 투명한 석영 수정, 헤소나이트 대용으로는 황금빛 가넷, 금록옥의 대용으로는 다른 형태의 금록옥이 있다.

원석은 그 행성이나 그것과 가까운 행성들 중의 하나에 의해 지배받는 손가락에다 보통 착용한다. 집게손가락은 목성에 의하여 지배를 받는다. 그래서 화성, 태양, 달에 해당되는 보석을 낄 수 있다. 가운뎃손가락은 토성에 의하여 지배를 받는다. 그래서 목성과 금성에 해당되는 보석을 낄 수 있다. 약손가락은 태양에 의하여 지배를 받는다. 그래서 달, 화성, 목성에 해당되는 보석을 낄 수 있다. 새끼손가락은 수성에 의하여 지배를 받는다. 그러나 금성에 해당되는 보석도 낄 수 있다. 라후는 토성처럼, 케투는 화성처럼 간주될 수 있다.

원석은 흠이 없고, 되도록이면 최소한 3캐럿이고 좋은 품질이어야 하며, 피부에 닿도록 착용해야 한다. 원석과 관련이 있는 행성에 우호적인 날, 시간 또는 기간에 착용하는 것이 최상이다.

베다 점성학은 모든 보석이 전달자와 같다고 본다. 보석은 특정한 행성의 에너지를 가져온다. 그러나 그 에너지를 어느 수준에서 사용하는가는 우리에게 달려 있다. 예를 들어, 수성을 강하게 하면 마음을 더 낮게 혹은 높게도 할 수 있다. 그러므로 만트라, 명상, 직관력으로 영적 영향을 더 많이, 더 높게 보장받기 위해서 보석을 사용할 필요가 있다.

행성과 신

각각의 행성은 특정한 신과 관련이 있다. 이 체계에 대한 여러 견해들이 있지만, 나는 다음의 것을 선호한다.

태양	위대한 신이자 신성한 아버지인 쉬바(Shiva)
달	위대한 여신이자 신성한 어머니인 파르바티(Parvati)
화성	쉬바의 아들이자 전쟁의 신인 스칸다(Skanda)

수성	신성한 보존자인 비슈누(Vishnu)
목성	신들의 사제인 브리하스파티(Brihaspati) 혹은
	코끼리 모습을 하고 있는 신 가네샤(Ganesh)
금성	아름다움의 여신인 락슈미(Lakshmi)
토성	어두운 모습의 신과 여신 쉬바와 칼리(Kali)
라후	무시무시하며 보호하는 모습의 여신 두르가(Durga)
케투	무시무시하며 보호하는 모습의 신 루드라(Rudra)

우리는 선호하거나 자신이 선택한 신을 가질 수 있으며, 행성의 부정적인 영향을 벗어나기 위하여 그에 해당되는 신의 도움을 받을 수 있다. 신의 본질은 우리가 신을 향하여 드리는 헌신의 힘만큼 중요하지는 않다.

베다 점성학과 서양 점성학

베다 점성학은 이 세상에서 가장 오래되었고, 가장 일관성을 유지하면서 지속적으로 사용되어 오고 있는 점성학 체계이다. 베다 점성학은 수많은 위대한 요기들과 깨달음을 얻은 현자들에 의하여 확립되어 오늘날까지 전수되고 있다. 파라마한사 요가난다의 구루인 슈리 유크테스와르는 위대한 요기 점성가였다.

베다의 점성학은 항성을 바탕으로 하고 있기 때문에 회귀선의 점성가들로부터 정확하지 않다는 비판받을 수 없다. 베다 점성학은 보다 과학적이며 직접적인 관찰에 더 의존하고 있다.

베다 점성학은 차트에서 궁의 위치의 변화를 다룬다. 이것은 회귀선의 점성가들이 이해하기 어려울 것이다. 우리들 중 3분의 2는 모든 행성의 궁뿐만 아니라 태양 궁이 변화한다는 것을 발견할 것이다. 회귀선의 점성학으로 읽는 데 이미 익숙해 있다면, 이 이동은 다루기가 어려울 것이다. 예를 들어, 우리는 처녀자리를 사자자리로 변화시키는 것이 어렵다.

항성 혹은 회귀선의 체계 모두가 잘못이라는 점을 말하는 것이 아니다. 그것들은 단지 다른 요인을 바탕으로 궁을 측정하고 있다. 그러나 고대의 점성학은 항성이었다. 왜냐하면 그들은 별들의 직접적인 관찰에 근거하고 있었기 때문이다. 고대인들은 상징적인 회귀선의 황도대를 사용하지 않았다. 고대인이 황소자리에 있는 달을 언급하였을 때, 달은 황소자리에서 관찰할 수 있어야만 했다.

불행하게도 베다 점성학이 사용하고 있는 언어는 대체로 중세풍이다. 베다 점성학은 현대 세계에 더 이상 적절하지 않은 오래된 인도 문화의 패턴에 묶여 있는 듯하다. 베다 점성학의 고전이나 원문은 서양인이 이해하기 아주 어렵다. 이런 이유로 심지어 일부 동양의 점성가들조차도 서구 점성학 책을 더 좋아한다. 하지만 현대 베다 점성학의 모습은 과거의 복잡한 모습을 탈피해 가고 있다.

베다 점성학은 회귀선의 점성학이든 항성의 점성학이든 간에 서양 점성학을 보완하여 사용될 수 있다. 사실, 조화 차트 같은 베다 점성학의 많은 내용들이 이미 서양 점성학에 소개되고 있다.

어떤 이는 베다 점성학은 인도인들에게, 서양 점성학은 서구인에게 적용하려는 것이라고 말한다. 이것은 객관성을 무너뜨리려는 또 다른 형태의 문화적 편견에서 나온 말이다. 두 체계가 그들 나름의 문화적 한계를 가지고 있다 할지라도, 별들과 행성들은 그 두 체계에 따라 작용하지 않는다는 점을 알아야 한다. 베다 점성학은 서구인에게 매우 정확한 해석을 내리는 데 도움을 줄 수 있으며, 서양 점성학도 인도 사람들에게 매우 훌륭할 수 있다.

베다 점성학은 예언의 장면에 사용하는 것이 좋고 서양 점성학은 심리적이고 영적인 장면에 사용하는 것이 좋다고 말하는 사람들이 있다. 이것은 고정되고 전통적인 문화에서 살아가는 많은 힌두 점성가를 두고 하는 말이다. 그들은 심리적인 사건에 개의치 않고 삶의 외적 사건, 즉 언제 누구와 결혼을 할 것인지, 어떤 종류의 일을 할 것인지를 단지 예언하거나 지시하는 데 점성학을 사용하는 경향이 있기 때문이다. 서구 중세 점성학에서도 이와 같은 모습을 볼 수 있다. 하지만 이것은 베다나 베다 점성학 체계를 사용해 왔던 많은 위대한 요기들을 모르고 하는 말이다. 베다 점성학은 삶에서 영적인 길을 알려 주고 행성의 힘을 신성과 연결시켜 주는 수단을 제공해 준다는 점에서 아주 유용하다. 베다 점성학이 외적인 심리, 즉 우리의 개인적이고 정서적인 문제에 그다지 관심이 없다는 것은 사실이다. 그러나 베다 점성학은 내면의 심리, 즉 우리 삶의 영적인 목적에 관심이 많다. 이러한 점에서 본다면 베다 점성학은 서양 점성학보다 훨씬 더 발달되어 있다. 서양 심리학은, 몇몇 예외는 있겠지만, 자유 혹은 자기실현을 삶의 궁극적인 목적으로 여기지 않거나, 카르마와 재탄생의 패턴을 이해하지 못하고 있다. 베다 점성학의 전체 모습은 우리가 지니고 있는 자유를 얻으려는 열망과 관계하고 있다.

따라서 베다 점성학은 미래의 점성학일 수 있다. 분명히 점성학은 오랜 기간 항성과 회귀선의 체계를 비교하여 사용하여 본 후에 어느 체계가 타당한지 가려낼 것이다. 점성학은 항상 우리 곁에 있을 것이다. 왜냐하면 별들이 우리 주위에 늘 있기 때문이다.

제 5 장

베다의 사회 과학(문화의 영적 토대)

사회적 배경

모든 사회에는 구조가 있기 마련이다. 모든 문화권에는 특정한 시대에 사회 지도자들이 나타나 사회 질서를 확립하며, 이 질서는 다음 번의 엄청난 변화나 변혁이 있기까지 계속된다. 그러한 지도자들은 문화의 위대한 창시자이며 그 문화 내에서는 추앙 받기 마련이다. 이 지도자들이 역사상의 시대를 만든 이들이고, 시대의 구분도 그들을 바탕으로 하는 일이 종종 있다. 특정 문화가 어떻게 발전해 나갈 것인지를 결정하는 것은 이들이 세운 가치관을 따르는 경향이 있다.

인간 존재를 사회라는 관점에서 살펴본다면, 다양한 사람들이 다양한 소질을 가지고 있으며 다양한 유형을 지니고 있음을 발견할 수 있다. 우리는 다양한 가치와 적성을 가지고 있다. 또 모두가 같은 일을 하기를 원하지 않는다. 그와 같은 구분은 연령, 성별, 인종, 종교, 직업 등에 따라 할 수 있다. 일대일의 개별적인 상호 작용 속에서도 서로를 충분히 이해하기란 매우 어렵다. 다양한 인간의 집단 간에 이해를 창출해 낸다는 것은 거의 불가능한 듯하다. 그러므로 어느 사회든 그 사회의 존속을 위해서는 어느 정도의 다양한 견해를 용인하고 받아들이는 것이 요구된다. 게다가 이러한 다양한 집단 모두에게 인정받을 수 있는 뚜렷한 법률이나 가치관, 혹은 그들을 강제할 수 있는 방법을 갖춘 어떤 객관적인 사회 구조를 가지는 것이 필요하다. 개인의 사고방식은 너무나 다양하기 때문에 어떤 객관적 기준이 없이는 장기적인 사회 통합이 유지될 수 없다.

놀랍게 들릴지 모르겠지만, 고대인은 오늘날의 우리보다도 자신의 사회 구조를 더 의식하고 있었다. 그들은 집단의 규모가 더욱 작아서 더 쉽게 문화적 질서를 확립할 수 있었다. 그들은 오늘날 우리가 보기에는 엄격한 방식으로 사회 질서를 설계하였다. 결혼과 사회적 교류는 강력한 통제를 받았다. 남녀 간에 분명한 구분이 있었고, 역할과 계급 간에 종종 선명하고 고정된 어떤 구별이 있었다.

근대 사회는 미국의 독립 혁명과 같은 커다란 정치적 사건이나 혁명 또는 개혁이 있은 후에 재구성되었고, 그것으로 인해 세속적인 질서를 갖추게 되었다. 고대 사회는 모세의 법전이나 모하메드의 율법 같은 종교적 혁신 위에 기초를 두고 있었다. 법을 부여하는 이는 예언자나 현자 혹은 그들과 제휴한 이들이었다. 사회 질서는 현대 사회의 경우에서처럼 역사상의 어느 시점에 인간에 의하여 만들어진 것이 아니라, 신으로부터 즉 영원과의 연결로부터 내려왔다. 그러한 종교적인 문화는 우리에게 미신적 혹은 소망적인 사고에 기초한 것으로 보일 수 있지만, 그러한 문화는 우리의 세속적인 문화보다 분명히 더 오랜 기간 지속될 수 있었다. 어떤 세속적인 문화도 아직까지는 세월을 이겨낼 수 없었다. 그러므로 우리는 지혜를 발휘하여 종교와 영성의 관점으로 문화의 의미를 재점검해 보는 것이 현명할 수도 있을 것이다.

인류의 원시 상태 즉 기술 문명 이전에는 각 개인이나 가족은 삶을 영위하기 위하여 여러 가지 일을 해야 했다. 그들은 스스로 자신의 의, 식, 주, 보호, 교육과 종교적 지침을 마련하기 위하여 일을 해야 하였다. 시간이 지나감에 따라 역할의 다변화가 자연스럽게 일어났다. 한 가지 행위에 전념함으로써 더 많은 것을 이루어 낼 수 있었다. 그래서 어떤 이는 농부가 되었고, 어떤 이는 집을 지었고, 어떤 이는 인간의 지식을 가르쳤으며, 다른 이들은 다른 일을 하였다. 이런 다양한 역할이 보다 전문화됨으로써, 사회는 모든 인간에게 더 풍요로운 생활을 제공할 수 있었다. 그러나 이 과정에서 독립성과 자립이 감소되었다. 개인은 자신의 기본적인 욕구를 충족시키는 데 있어 사회에 더욱더 의존하게 되었다. 각각의 역할의 상대적 가치와 중요성을 두고 갈등이 일어났다. 대개 노동직은 성직자와 같이 마음을 다루는 직보다 열등한 것으로 간주되었다. 사회나 종교와 같이 폭이 넓은 삶을 다루는 직업은 개인이나 가정의 필요에 한정된 직업보다 더 존경을 받았다. 일례로 지역 사회의 지도자는 일반 노동자보다 더 중요하게 여겨졌다.

계급 구조

지난 수 세기에 이르기까지 서구의 모든 고대와 중세의 문화 그리고 세상의 어딘가에 여전히 존속하고 있는 많은 문화는 같은 일반적 사고에 기반을 두고 있었다. 이것은 기능의 유기적 구분에 따라 사회를 몇 개의 주요 집단으로 나누는 것이었다.

그 집단은 성직자, 귀족 그리고 평민이라는 계급이다. 평민은 나중에 상인과 농민으로 나뉘었다. 이 계급 내에는 대개 예술가나 장인 같은 하위 분류가 보통 있다. 인도의 카스트 제도에서 여전히 그것의 완고한 모습을 발견할 수 있는 이 사상은 고대인의 사고로는 보편적인 것이었다. 고대인의 생각으로는 이것은 자연적 질서이며 자명한 일이었다. 신대륙에서는 마야인, 아즈텍인, 잉카인에게서 이것을 찾아볼 수 있다. 인도와 중국뿐 아니라 고대 이집트, 바빌론, 아시리아, 페르시아에서도 이것을 볼 수 있다. 중세의 기독교 유럽에서조차 그 질서를 따랐다.

우리는 오늘날 이 질서를 사회적 불평등과 정치적 압제라는 식으로 말하고 싶지만, 시간이 지남에 따라 변질되어 버린 형태만 보고서 이 사상을 거부하는 것은 현명치 않다. 만약 이 사상이 그

토록 보편적이었다면, 그것은 그 나름의 의미나 목적을 가지고 있었을 것이다. 그것은 적어도 그 시대에서는 어떤 정당성을 틀림없이 가졌을 것이다.

이 사회 질서는 세상에 대한 그것 나름의 관점과 자연과의 친밀한 연결을 반영하고 있는 제도이다. 민주주의 혹은 공산주의 사회 질서가 개념적인 데 반해, 이 사회 질서는 유기적이라 부를 수 있다. 신체의 각 기관이 기능 면에서 서로 다른 것처럼 모든 인간 존재는 기능의 측면에서 같을 수 없다. 두뇌는 한 기능을 행하고, 위는 다른 기능을 행한다. 두뇌가 하는 일의 절반도 위에게 줄 수 없으며, 위가 하고 있는 일의 절반도 뇌에게 줄 수 없다. 그러한 동등성은 우리를 죽게 할 것이다. 위가 두뇌의 기능을 해서는 안 된다. 올바른 유기적 질서는 사회에 필수적이다. 개념적 질서와 잘못된 유기적 질서를 혼동해서는 안 된다.

우리는 또한 이들 문화적 질서가 처음 시작할 때는 그렇게 엄격하지 않았음을 알아야 한다. 기능상의 차이는 인정되었지만, 각 역할은 제각기 필요하고 신성한 것으로 여겨졌다. 시간이 지남에 따라 유기적 사회 질서가 엄격한 구분으로 나누어졌다. 본래는 농부라고 해서 왕보다 열등한 것은 아니었다. 양자 모두 필수적인 기능으로 여겨졌다. 비록 한쪽이 다른 쪽에 종속되었을 수도 있었지만, 각각은 성스러운 질서 속에서 자신의 주요한 위치를 차지하고 있었다. 새해에 땅을 갈았던 이들은 왕이었다.

우리의 근대 문화에서도 이들과 같은 여러 유형이, 비록 고립

된 질서는 아니었지만, 그들 자신의 여러 사회적 질서를 가지고 있었다. 성직자나 종교인 집단은 수도원이나 교회에서 자신들 나름의 공동체를 형성하는 경향이 있었다. 정치 지도자인 귀족층 역시 사회 내에서 그들 자신의 계층을 가지고 있었으며, 여기에 들어올 수 있으려면 특정한 배경을 요구하였다. 군대는 자신의 영역과 법을 가지고 있는 사회 속의 사회이다. 우리는 노예 제도를 형식적으로는 폐지했지만, 여전히 하인 계층과 빈곤 계급은 남아 있다. 그와 같은 구분은 사람의 제각기 다른 태도와 성향에 따라 일어나는 경향이 있으며, 형식을 갖추었든 갖추지 않았든 간에 그것들은 갈등과 의혹을 일으킬 수 있다. 또한 이러한 구분은 한 사회 집단이 다른 집단을 통제하거나 이용하는 데 활용할 수도 있다.

사회는 다양한 하위문화를 형성하려는 자연적 경향이나 필요가 있다. 이것은 억압의 한 형태가 될 수도 있지만, 우리가 적응해야 할 적절한 형태일 수도 있다. 이러한 구분은 인류의 다양한 잠재력을 활짝 꽃피우기 위해서, 혹은 인간 영혼이 성장하는 데 필요한 경험이 충분히 일어나도록 하는 데 필요할 수도 있다. 우리 모두가 인간성에서 동일한 수준에 있는 것은 아니다. 우리 모두가 같은 인생의 목적을 가지고 있는 것은 아니다. 영혼들이 모두 동일한 발달 단계에 있는 것은 아니다. 학생의 다양한 기질에 따라 과학, 수학, 미술 같은 다른 학습 시간이 학교에 있는 것과 같이, 사회에서도 여러 영혼이 추구하는 다양한 학습 영역이 있을 필요가 있다. 어떤 이들은 유일의 목표로 사업을 추구할 수 있고, 어떤 이들은 정치를, 또 어떤 이들은 지식이나 예술을 추구할수 있다. 보통 인간들보다 더 앞서 나아갔기 때문에, 우리가 안내를 위한 지침으로 삼아야 할 영적 계급도 있을 수 있다.

베다의 사회 질서

인도의 고대 문화는 사람들의 영적 발달에 기초한 다양한 사회 시스템에 바탕을 두고 있었다. 그것은 수천 년 동안 세월의 흐름을 거쳐 오면서 만들어진 것이다. 비록 우리가 오늘날 그 시대에서 멀찌감치 떨어진 채 그것을 바라보고 있을지라도, 깊게 살펴본다면 그것은 그것 나름의 타당성을 여전히 가지고 있다. 그것은 미래를 위한 모델이 될 수도 있을 것이다.

영적 인류의 문화인 고대 힌두 즉 아리안 사회의 창시자는 마누(Manu)인데, 그의 이름에서 'man'이라는 단어가 유래되었다고 한다. 그는 신화에 등장하는 홍수에서 살아남은 위대한 지도자로 베다의 노아에 해당하는 인물이다. 그는 타락한 초기의 물질적 인류로부터 영적 가치로 회귀시키고자 새로운 사회 질서를 만들었다. 그 당시의 사회는 신과 자연의 법칙을 어겨 파멸을 초래케 하였던 사회였다. 그 사회는 오늘날의 사회와 유사한 상태에 있었다.

마누는 인간 존재의 네 가지 주요 목표를 바탕으로 한 네 가지 사회 질서를 인식하고 여기에 기초하여 사회 질서를 세웠다. 이 네 집단은 성직자이자 영적 계층인 브라민, 귀족이자 통치자 계급인 크샤트리아, 상인과 농민층인 바이샤, 그리고 노예 계급인 수드라이다.

인도에서 가장 오래된 경전인 리그 베다에는 세 가지의 기본 계급이 나와 있는데, 브라민, 크샤트리아 혹은 라잔야(Rajanya), 그리고 비슈(Vish)가 그것들이다. 비슈는 문자 그대로 인간을 의미하였다. 그러므로 인류에 하나의 기본 계급이 있었으며, 인간 계급을 안내하기 위한 두 질서가 있었다. 하나는 브라민에 의한 영적 질서이고, 또 하나는 크샤트리아가 인도하는 정치적 질서였다.

이 네 종류의 사회 질서는 바르나(varna)라고 불렸는데, 이것은 두 가지 뜻을 담고 있었다. 첫째는 색깔을, 둘째는 베일을 의미하였다. 색깔은 일부 피상적인 마음을 지닌 학자들이 믿었던 것처럼 사람의 피부색을 가리키는 것이 아니라, 인간 본성의 자질이나 에너지를 가리켰다. 베일이라는 의미에서는 신성한 참나가 인간 존재 속에 가려져 있는 네 가지 다른 방식이다.

인간 존재의 네 가지 에너지는 흰색, 빨간색, 노란색, 검은색으로 나누어진다. 흰색은 사트바(sattva) 즉 순수, 투명, 사랑, 신뢰, 초연함의 속성을 의미한다. 그것은 영적 기질의 인간, 이를테면 참된 지식을 추구하는 이들, 브라민이라는 이름을 받을 만한 이들에게 우세하다. 빨간색은 라자스(rajas)의 속성 즉 행동, 의지, 공격성, 활력, 성취를 위한 충동의 기질이다. 그것은 호전적이고 정치적인 기질의 인간, 이를테면 명예, 명성, 지위와 힘을 구하는 자인 크샤트리아에게 우세하다. 노란색은 라자스의 또 다른 기질 즉 축적, 교류, 교환, 장사, 사업에 대한 충동의 기질이다. 이는 상인 기질의 사람인 바이샤에게 우세하다. 검은색은 타마스 (tamas)의 색으로서 어두움, 무지, 무력, 둔감의 색깔이다. 이는 비천한 기질의 인간, 자신의 동기를 외부 세계에 의존하는 인간에게서 우세하다. 이들이 바로 수드라(Shudra)이다.

이 네 가지 에너지는 인간 존재 내에 있는 대자연의 네 가지 주요 힘이다. 그것들은 인간 내에 있는 우주적 대자연의 움직임이다. 그것들은 모든 시간과 장소에 걸쳐 모든 인간이 행동하는 네 가지 주요 방식이다. 그것을 결정하는 것은 어떤 사회적 관습이나 편의가 아니라, 우리 본성 내에 있는 본성이다. 이것은 삶에 대한 우리의 가치에 의하여, 그리고 우리가 가슴 속에서 정말로 믿고 있는 것에 의하여 드러난다. 그것은 우리의 시간을 무엇에 가장 많이 쏟아 넣는가로 확인될 수 있다. 영적 지식을 추구하는 데 대부분의 관심을 쏟는다면, 우리는 브라민이 될 것이다. 돈을 축적하는 데 주로 관심을 쏟는다면, 우리는 상인 계급에 속할 것이다. 주로 쾌락을 추구한다면, 우리는 노예 계급이 될 것이다.

이것을 결정하는 데 있어서 출생과 가문이 주요한 요인이 될 수 있지만, 그러나 그것 자체로는 이것을 나타내는 데 충분치 않다. 우리는 때때로 영적 기질을 가진 사람이 상인 가문에서 태어나는 것을 본다. 상인 기질을 가진 사람이 성직자 집안에서 태어나는 것을 보기도 한다.

영적 지식의 사람은 이 네 가지 사회 계급을 모두 이해하고, 네 가지 계급 어디에서도 기능을 할 수 있다. 그는 그것들을 자기 본성의 여러 양상들로 본다. 이를테면 노동자는 자신의 다리이고, 상인은 자신의 배이며, 귀족은 자신의 팔이며, 성직자는 자신의 머리이다. 이런 관점에 이를 때까지는 인간 세상에서 환생을 벗어날 수 없다.

고대 인도에서 사회 질서가 유지되고 가정의 다르마 즉 종교적 실천이 계속되는 한, 출생은 사회 질서 내의 개인의 위치를 나타낼 수 있었다. 그러나 바가바드 기타에 따르면, 이 아리안식 가족 제도는 크리슈나 시대 때 이미 붕괴되었다. 그러므로 본성적 기질을 결정하는 이 제도는 이후에는 오로지 그 형식만을 닮은 카스트 제도로 변질되어 버렸다.

인간 사회의 구조

우리가 인생에서 추구할 수 있는 기본적 가치나 목표들은 얼마 되지 않는다. 이것은 삶, 신체, 감각, 마음의 한정된 본성 때문이다. 우리는 추구할 수 있는 많은 목표들이 있다고 생각할지 모르겠지만, 그러한 목표들은 몇 가지 소수의 영역으로 분류될 수 있다. 이른바 쾌락, 부, 권력, 지식이 그것들이다.

가장 기본적인 목표는 삶에서 자신을 즐기는 것, 주로 감각들의 즐거움(kama)을 가져오는 쾌락이다. 어느 정도의 쾌락은 우리의 자연스러운 기능을 위하여, 삶의 조화로운 활동을 위하여 필요하다. 그러나 우리는 보통 이상의 쾌락을 추구한다.

둘째 목표는 부(富)이다. 이것은 우리의 복지(artha)를 위해 필요한 것을 축적하는 것이다. 가장 기본적인 것으로 의식주가 있다. 그러나 우리는 이러한 것들을 더 안락하고 편리하게 하기 위하여 즉 과시하고자 축적한다.

셋째 목표는 권력 혹은 지위이다. 이것은 자신을 위해 인정이나 명성을 얻는 것이다. 우리가 삶에서 무엇인가를 성취하기 위해서는 지위나 명성이 있어야 한다. 명성이나 지위 없이는 아무도 우리가 누구인지, 혹은 우리가 무엇을 할 수 있는지를 모른다. 그러나 이러한 자연스런 필요를 넘어서 우리는 다른 이들에 대해 힘을 행사하고 타인을 희생시켜 자신을 드높이려 한다.

넷째 목표는 자유이다. 이것은 외적 세계와 그 속에 있는 제한적인 장소를 초월하는 능력이다. 외적 세계는 시간에 의해 만들어지며 사라지기 마련이다. 우리 모두는 삶이 지속적인 의미를 지니도록 하기 위하여 영원한 어떤 것 혹은 영속적인 어떤 것을 추구한다. 자유는 지식에 달려 있다. 그러므로 이것은 지식의 목표이기도 하다. 우리는 지식을 통하여 육체와 감각의 한계 너머로 자신을 확장시킬 수 있다. 부나 권력이 제공해 주지 못하는 것을 지식을 통하여 얻을 수 있다.

그러나 지식은 높은 차원과 낮은 차원이 있다. 낮은 차원의 지식 즉 지성의 지식은 우리에게 외적 세계의 통달을 가져다준다. 영의 해방이나 삶의 진정한 목표를 제공해 주는 것은 높은 차원의 지식 즉 참나 지식이다. 한 사회가 '진정한 지식이 무엇인가를 어떻게 정의하는가'가 그 사회의 궁극적 목표와 가치관의 지표이다.

이 네 가지 목표가 인간 존재의 네 계급 혹은 계층을 낳는다. 우리는 이들을 노동자 혹은 노동 계급, 상인 혹은 상업 계급, 정치가 혹은 군사 계급, 그리고 지식인 혹은 영적 계급이라고 부를 수 있다. 오늘날에도 이 계급이 남아 있으며, 공식적인 카스트는 아니지만 이들 사이에는 넘기 어려운 뚜렷한 장벽이 있다.

고대 문화에서는 이러한 모든 역할이 종교적 혹은 영적 목적과 연결되어 있었다. 오늘날에는 순전히 비종교적 혹은 세속적 성격을 지니고 있다. 고대 세계의 종교적 질서에서는 노동자는 자신들뿐만 아니라 성직자와 수도승을 위해서도 음식을 공급함으로써 사회의 영적인 선(善)에 기여하였다. 상인은 자신의 재산 중에서 일정한 몫을 떼어 내어 상위 계급과 하위 계급 사람들에게 제공하였고, 가난한 자에게 주거지를 주거나 교회와 사원을 세웠다. 군인은 사회를 붕괴시키는 외부의 침략으로부터 전체 사회를 보호하는 데 헌신하였다. 성직자는 모두에게 지식을 베풀고 사회를 우주적 질서와 조화되도록 하였다.

실제로 삶의 모든 외적 가치들은 함께 하는 경향이 있다. 그러한 가치들은 모두 외적 추구에 기반을 두고 있으며 우리를 외부의 영향에 의존하게끔 한다. 쾌락, 부, 권력, 외적 지식 이 모두는 욕망에 기반을 두고 있다. 우리는 우리에게 더 많은 쾌락을 주는 부와 권력을 추구한다. 우리는 우리에게 더 많은 부와 권력을 주는 지식을 추구한다. 오직 영적 지식만이 내적 가치를 지니고 있다.

우리의 가치관은 우리 삶의 경험을 결정한다. 가치관은 우리의 지각에 영향을 미치며 우리의 세계관을 결정한다. 상인은 돈이나 상품의 관점에서 세상을 본다. 세상에 대한 그의 지각은 상업적 가치관에 의하여 묶여 있다. 정치적 사람은 정치권력, 국가 정체성, 정당 가입 등의 관점에서 세상을 바라본다. 종교적 사람은 자신의 신앙에 맞춰 세상을 조망하며 이에 따라 사람을 판단한다. 예술가와 같은 하위 계층은 자신의 미학적 가치에 따라 자기의 방식으로 세상을 바라본다.

우리 삶의 주된 목적이 쾌락이라면, 삶에서 우리는 비천한 태도를 발달시키는 셈이다. 쾌락의 추구는 감각의 영향이나 지배를 받게 되는 외적인 것의 추구이다. 이것은 우리를 환경의 통제 아래에 놓이게 하여 쾌락과 고통 즉 보상과 처벌이라는 환경의 영향 아래 놓이게 한다. 우리는 즉각적인 감각과 욕구 충족을 추구하고 있으며, 이것은 우리 자신의 운명의 주인이게 하는 삶의 계획이나 목적을 우리에게서 차례로 앗아간다.

만약 삶의 주요 목적이 부라면, 우리는 상업적 태도를 발달시킨다. 우리는 '얼마나 많은 돈을 벌 수 있을까' 혹은 '얼마나 많은 재산을 축적할 수 있을까'라는 관점으로 사물을 바라보게 된다. 이것은 또한 우리가 더 많은 것을 얻기 위하여 세상과 다른 사람을 조작하게끔 한다.

만약 우리 삶의 주요 목적이 권력이나 지위라면, 우리는 야망을 발달시킨다. 우리는 누군가가 되고 싶고, 인정받고 싶고, 유명해지고 싶어 한다. 우리는 자신의 추종자를 만들어 내고, 타인을 자신의 충동에 복종시키고 싶어 한다.

삶의 주요 목적이 지식이라면, 우리는 지성을 개발할 것이다. 신체나 감각이나 외부 세계를 통하기보다는 마음을 통하여 즐거움, 습득 및 성취를 추구한다. 여러 사상의 축적을 통하여 우리는 다른 사람을 통제하고자 한다.

우리의 삶에서 이것 이외의 다른 가능한 외적 목표는 없다. 우리는 아마도 그것들의 형태를 바꿀지는 모르지만 그 기본적 내용은 그대로 남아 있다. 우리는 보다 새롭고 흥분되는 쾌락의 형태를 발전시킬지 모르나 쾌락의 경험은 본질적으로 동일하다. 다소간의 차이는 있을 수 있으나 그 성질은 달라질 수 없다. 그러나 동일한 쾌락을 경험하기 위하여 우리는 늘 새로운 대상이나 더 강력한 모습을 필요로 한다. 왜냐하면 처음에는 자극적인 것이라도 계속 반복되다 보면 흥분도가 떨어지기 때문이다.

이러한 목표들은 모두 외적인 것이며, 한계가 있고 일시적이다. 그러한 목표들은 사라지기 마련이다. 우리가 삶에서 그러한 목표들로부터 무엇을 얻든지 간에 그것은 우리 존재의 영원한 부분이 되거나 우리의 자각 상태를 향상시킬 수는 없다. 그러한 목표들은 지속적인 행복이나 풍요로움, 활력 혹은 지혜를 줄 수 없다.

온 세상 사람들이 여전히 이 목표들을 추구하고 있다. 우리는 목표의 장을 수평적으로 확장시켰지만 여전히 그것들의 지배 하

114

에 있다. 쾌락 추구를 통하여 우리는 오직 쾌락만을 얻을 수 있다. 감각 그 자체는 한계가 있으며, 감각의 제한된 한계 너머로 쾌락을 추구함으로 쉽게 손상되거나 소진될 수도 있다. 새로운 스테레오가 오래된 스테레오보다 쾌락을 더 주는 것으로 보일 수 있지만, 순수한 마음으로 듣는 새소리의 단순한 경험이 그 어떤 스테레오보다도 훨씬 더 위대하다. 우리가 확장시킨 장은 우리의 조건을 향상시키는 것이 아니라 오로지 복잡하게 만드는 것일 수도 있다.

부를 추구함으로써 우리는 부를 얻을 뿐이다. 부는 우리에게 더 큰 집, 더 좋은 차, 더 많은 보석을 줄 것이지만 참된 행복이나 불멸을 주지는 않을 것이다. 소박한 이는 언덕 위의 아름다운 바위를 보면서, 부자가 최근에 백만 달러를 번 것과 같은 느낌을 가질 수도 있다.

지위의 추구를 통하여 우리는 오직 지위를 얻을 뿐이다. 지위는 우리에게 명성, 인정, 지나친 찬사를 준다. 그러나 그것은 평화, 고결 그리고 참된 자기 가치감을 줄 수는 없다. 유명한 사람이 되어 사회의 인정을 받는 것보다 성실한 삶으로 아내나 동료에 의해 인정받는 것이 더 참될지도 모른다.

이러한 가치의 모습이 바뀔 수는 있지만 그것의 기본적 성질은 같은 채로 있다. 그것들로부터 우리가 경험할 수 있는 삶의 유형은 동일한 것이다. 예를 들어, 고대 이집트에서 상인의 삶과 오늘날 미국에서 상인의 삶은 외적 모습에서는 크게 다르겠지만 기본적 정신 구조나 정서는 동일할 것이다. 그러므로 이러한 가치들을 추구하는 한, 우리는 우리의 사회를 오직 수평적으로 확장시키고 있는 것이다. 우리는 실제로 어떤 상승 혹은 영적 진화를 가져오지 않고 있다.

삶에서 우리가 추구하는 가치들은 우리를 분열시키는 데 기여할 뿐이다. 가치가 갈등상태에 놓일 때 우리는 우리 자신들이 서로 다투는 것을 보게 된다. 우리가 낮은 가치나 개인적인 이익을 추구하는 한 이러한 싸움은 필연적일 것이다. 만약 나의 가치가 상인적인 것이라면, 부라는 것이 항상 한정되어 있기 때문에 다른 이들의 상업적 요구와 갈등 속에 들어가게 될 것이다. 사회는 인간적 차이나 제한된 자원을 넘어서는 종교적 또는 영적인 가치들을 통해서만 진정으로 통합될 수 있다.

민주주의의 한계

고대인은 단순한 민주주의나 인간 간의 평등을 믿지 않았다. 그들은 인간의 영혼 사이에서 평등을 보았지만, 우리 인간의 태도는 매우 다르며 우리의 마음과 가치관도 다르다는 것을 깨달았다. 민주주의에는 낮은 계층을 끌어올리는 면이 있는 한편 높은 가치를 끌어내리는 부정적 측면도 있다. 민주주의는 그 목표를 평균에 두고 있다. 그렇게 하면 평범한 것에 그칠 수 있다.

민주주의는 또한 모든 인간에게 동일한 가치를 부여하고 있다. 이 가치는 민주주의를 뒷받침하고 있는 가치에 의하여 정해진다.

대부분의 민주주의 사회가 가지고 있는 가치는 경제적 자유나 상업적 이해이다. 그러므로 대부분의 민주주의 사회는 당연히 사회 전체에 상업적 가치를 강요하고 있다. 그러므로 그 사회들은 개인으로 하여금 다양한 가치를 추구하도록 허용하지 않을 뿐만 아니라, 공개적 혹은 비공개적으로 사회의 한 계급의 가치 즉 사업가 계층의 가치관을 퍼뜨린다. 이것은 계급으로부터 자유로운 사회라기보다는 한 계급에 의해 한정되고 축소되는 사회라는 것이 맞을 것이다. 이런 일차원적 혹은 선형적 사회와 비교해 볼 때 고대 문화는 복잡하고 다면적이었다.

민주주의 사회는 거짓의 그릇된 위계질서보다 나을지는 모르지만, 이 사회는 진정한 가치의 위계질서에 비하면 열등할 뿐이다. 어쩌면 이 사회는 타락한 고대의 위계질서와 개선된 미래에 도래할 위계질서의 과도기에 지나지 않을 수도 있다. 사회에서 위계질서가 없을 수는 없다. 각각의 사회는 저마다의 기준과 권위가 있다. 우리는 영적 진화에 의해 정해진 진정한 가치 위에 사회를 세울 수 있거나 아니면 부, 권력 및 쾌락 같은 낮은 가치들에 따라 사회를 세울 수 있을 것이다.

삶에서의 외적 목표들은 나름대로 필요하지만 그것들은 피상적인 것일 뿐이다. 그것들은 진정한 목표가 아니다. 이 세상에 온 우리의 목적은 의식 속에서 성장하는 것이다. 제 기능을 하기 위해서 살아가는 것을 허락하는 물건도 필요하다. 우리는 우리가 하는 것에서 어느 정도의 쾌락도 가질 필요가 있다. 우리는 사회에 공헌할 수 있기 위하여 우리의 재능을 인정받을 필요도 있다. 우리는 외적 세계에 대한 지식도 필요하다. 이것은 마치 여행자가 경험을 쌓기 위하여 다양한 곳에서 며칠씩 지내는 것과 같다. 거기에 머물러 있는 동안에 그는 자신에게 필요한 것을 마련할 수 있어야 한다. 그러나 자신의 진정한 집은 다른 곳에 있다. 그는 자신이 오직 여행자일 뿐이라는 사실을, 도정에 있다는 사실을 잊을 수는 없다. 그는 집으로 돌아가야 한다는 자신의 일차적 목표를 추구해야만 한다.

그러므로 우리는 마누의 베다의 사회 과학 체계가 보편적임을 알게 된다. 이것은 인류의 여러 태도를 의식적으로 조직한 것이다. 이것은 모든 문화에 적용될 수 있을 것이다. 우리는 이 네 가지 바르나(varna) 중 어느 하나에 속해 있다. 이 네 가지 바르나 중 어느 바르나에 힘이나 우선순위가 부여되느냐에 따라 다양한 문화가 일어난다. 비록 우리가 외적 권력이나 지식이라는 점에서는 앞섰을지는 몰라도, 우리는 영적 목표의 타당성을 전혀 알아차리지 못하는 사회를 만들어 냈다. 우리는 종교를 인정하지만, 인간의 진정한 목표로서 영의 해방이라는 진정한 목표를 인정하지 않는다. 그러므로 우리의 사회 질서는 영적으로 고지식하며, 삶의 참된 목적에 대한 인식의 부족으로 조만간에 스스로 불행을 자초하게 되어 있다.

마누 즉 참인간의 원칙을 따라서 우리가 영성에 대한 존중과 참나 지식을 지주로 삼는 사회로 돌아가지 않는 한, 우리가 살고 있는 세상은 갈등과 모순에 에워싸이게 되어 있다. 그래서 어떤 진정한 혹은 영속적인 행복에 이른 사람은 극소수에 그칠 것이다.

그러나 고귀한 이는 모든 인류와 자신의 일치를 깨달은 자이고, 사회의 모든 수준의 가치와 욕구를 이해하는 자이다. 그는 각 개인이 삶에서 그들의 적절한 길을 추구하도록 도울 뿐, 모든 이에게 단일한 기준을 확립하려고 시도하지 않는다. 그는 광범위한 경험의 장을 제공하며, 그 속에서 각자는 그들 나름의 방법을 찾아 성장할 수 있도록 하였다. 고대 베다나 아리안 사회의 지도자들은 그런 이들이었다.

삶의 네 단계

네 가지 사회 질서의 구분 이외에도 삶의 네 단계(ashrama)에 따른 베다적인 구분이 있었다. 이는 마치 우리가 기질에서 서로 다르듯이 연령에서도 다르다는 것이다. 인간 삶에도 자연과 마찬가지로 다른 계절이 있다는 것이다. 봄에 자라는 것은 가을에는 자라지 않을 것이다. 봄에 적절한 행위는 가을에는 맞지 않을 것이다.

이런 식으로 보통의 인간 삶을 21년씩의 네 시기로 구성되는 84년으로 보았다. 최초의 21년간은 브라마차리야 아쉬람(Brahmacharya ashram)으로 불리며 젊음 혹은 배움의 시기이다. 이 시기는 특정한 훈련, 안내 및 활짝 꽃피우기 위한 순수함이 요구되는 시기이다.

21세부터 42세까지 계속되는 둘째 21년간은 그리하스타 아쉬람(Grihastha ashram)이라고 불리며 가정의 단계이다. 이 단계는 주로 사회에 대한 의무를 이행하고 아이를 낳고 가족을 부양하는 시기이다.

셋째 21년간은 42세부터 63세까지이며 바나프라스타(Vanaprastha) 즉 은둔의 단계이다. 이 단계는 묵상으로 돌아가는 시기이며 또한 거리를 두고 사회를 안내하는 시기이다.

63세부터 84세까지의 넷째이자 마지막 21년간은 산야사(Sannyasa) 즉 포기의 단계이다. 이제 지혜로 충만한 노인인 이 사람은 삶의 모든 외적인 목표를 포기하는 것을 목표로 삼는다. 그는 영적 지식의 스승이 되고 사회나 정치적 관심사에 관여하지 않는다.

이 질서는 일반적인 규칙을 보여 주고 있다. 많이 향상된 영혼은 바로 포기의 단계로 나아갈 수 있다. 덜 진보된 영혼은 첫째 단계에 있을 자격조차도 가질 수 없을 것이다. 이들은 브라마차리야 단계의 순수함, 정직함, 인간성을 발전시키지 못할 수도 있다.

여기서 우리는 오로지 한 시기인 21년만이 삶의 외적 의무에 배당되어 있음을 보게 된다. 나머지 4분의 3의 삶은 주로 영적인 탐구에 바쳐지고 있다.

진정한 사회는 삶의 이 네 가지 단계마다 적절한 경험을 제공할 것이다. 현재의 우리 사회는 주로 청년기적 가치에 기반을 두고 있다. 노인일지라도 젊은이들처럼 성, 스포츠, 돈을 추구하는 행동을 할 것을 요구받는다. 그러한 문화는 일면적이며 불균형적이다. 옛 시대에 꽃을 피웠던 영혼의 잠재력은 거부된다. 만년의 무집착과 명상으로 향한 영혼의 자연스러운 움직임은 억압된다.

노인이 자연적으로 외적 삶의 목표에 흥미를 잃어 가기 시작하면, 우리는 그들이 병이 든 것이라면서 계속해서 세속적인 삶을 살기를 조장한다. 따라서 노인은 지혜를 키울 수 없고 진정한 원로나 교사들이 될 수도 없다. 우리는 그들을 젊은이의 웃음거리로 만든다. 우리는 그들을 존경하지 않고, 그들은 우리에게서 버림받았다고 느낀다. 우리가 더욱 오래 살아가고 우리 문화권에서 평균 수명이 늘어날수록 이 문제는 더 심각해질 것이다.

삶의 단계를 인식하지 못하는 사회는, 마치 농부가 한 계절에만 자랄 수 있는 식물만을 알고 있을 때 성공할 수 없는 것처럼, 오랫동안 번성할 수 없다. 마찬가지로, 자신에게 더 이상 적합하지 않은 삶의 단계의 욕구를 따른다면 어느 누구도 행복해질 수 없다. 그러므로 삶의 단계에 대한 이 고대의 베다 체계에 대한 이해를 다시 가져와야 할 것이다.

사회는 2차원적 그림이 아니다. 사회는 보이지 않는 영적 성장의 차원을 가지고 있다. 이것을 인식하지 못한다면, 우리는 우리 존재에 대한 왜곡된 시각을 가지게 된다. 베다적 가치는 우리 개인 존재는 물론이고 사회에 대하여 이 내적 차원을 회복시키도록 도울 것이다. 인간 삶에 진정한 의미를 부여하고 우리 존재의 여러 수준과 단계를 알게 해 주는 것은 그 영감의 힘이다.

❦

제 6 장

산스크리트(만트라의 힘)

산스크리트는 베다의 언어이다. 산스크리트는 베다의 현자들인 리쉬(rishi)로부터 기원한다. 현자들은 신성한 말의 힘을 통하여 산스크리트가 처음으로 그들의 마음에 떠올랐다고 한다. 산스크리트는 인간의 소리, 신들의 언어 그리고 위대한 우주적 진동으로부터 나왔다고 전해진다. 우주적 창조의 진동은 모든 소리들을 그 안에 포함하고 있는 신성한 낱말 옴(Om)으로부터 나온다.

산스크리트의 모든 근본적인 뿌리와 형태들은 베다 중 가장 오래된 베다인 리그 베다에 있다. 베다의 산스크리트로부터 힌두교, 불교와 자이나교 문헌의 토대였던 고전적 산스크리트가 발전하였다. 산스크리트는 주로 영적 지식의 언어이며, 우주적 마음의 진리가 드러난 것이다. 더욱이 영적 가르침이나 다양한 영적 개념과 경험은 어떤 다른 언어보다도 산스크리트에서 발견될 수 있다. 과거에 산스크리트는 영적 과학의 토대였다. 오늘날에도 산스크리트는 영성의 세계적 언어, 앞으로 도래할 영적 과학의 언어가 될 수 있을 것이다. 산스크리트는 다음과 같은 중요하고도 독특한 가치들을 지니고 있다.

첫째, 산스크리트는 언어들의 가장 오래된 모습이다. 그리고 세상에서 가장 많은 사람들 즉 인도유럽어족에 의하여 사용되고 있는 언어의 뿌리이다. 이 언어에는 유럽과 북인도의 주요 언어들, 이란이나 중동 지역(페르시아어, 쿠르드어 혹은 아르메니아어와 같은)의 언어들을 포함하고 있다. 문법적 형태는 다르다 할지라도 산스크리트는 이집트어나 수메르어와 같은 다른 중요한 고대 언어들과 많은 공통점을 지니고 있다. 동양에서는 멀리 하와이어에 이르기까지 산스크리트의 많은 뿌리들을 찾을 수 있다. 중앙아시아의 스키타이어 같은 고대의 많은 언어들 또한 원래는 인도-이란어에서 유래되었다.

둘째, 산스크리트는 세상에서 가장 오랫동안 사용되고 있는 언어이다. 그러므로 인간 언어의 가장 오래되고 근원적인 형태를 지니고 있다. 산스크리트는 기원전 1500년이나 기원전 6000년부터 사용되기 시작했다고 한다. 고대 산스크리트는 붓다와 동시대 인물로 추정되는 파니니(Panini)에 의해 동일한 기본 패턴을 가지게 되었다고 한다.

셋째, 산스크리트는 세상의 어떤 언어보다도 폭넓은 문헌을 가지고 있다. 세계의 두 위대한 종교인 힌두교와 불교의 성스러운 문헌은 영성, 은유, 신화에 관한 수많은 작품을 가지고 있다. 비록 시간이 지나면서 많은 부분들이 소실되기는 하였지만 시, 드라마, 철학에 관해서도 방대한 문헌을 가지고 있다.

넷째, 산스크리트는 가장 과학적인 언어이다. 산스크리트는 소리가 입 안에서 만들어지는 모습을 바탕으로 하여 만들어진 언어이다. 이러한 이유 때문에 현대 언어학은 19세기에 산스크리트를 대상으로 하여 일어났다고 한다. 문법, 언어학, 어원학은 어떤 언어보다도 산스크리트에서 더 발달되어 있을 것이다. 대부분의 언어들은 여러 가지 언어나 사투리로 변화된 반면에 산스크리트는 아마도 가장 일관적이고 동질성을 지니고 있는 언어일 것이다.

따라서 산스크리트는 다가올 세계 문화에서 새로운 시대의 언어가 될 수도 있을 것이다. 몇 세기가 될지는 모르겠지만 미래의 인류는 산스크리트로 되돌아갈지도 모른다. 적어도 영적 언어에서는 말이다.

산스크리트는 어떤 언어보다도 신성에 대한 낱말이 많고, 의식과 명상 경험에 대한 정확한 언어들을 가지고 있다. 산스크리트는 우리에게 높은 마음의 법칙과 진동의 구조에 접근하게 한다. 산스크리트는 신들의 언어, 마음의 보다 높은 수준의 언어이다. 그러므로 산스크리트는 우리를 이러한 영역의 힘에 접근할 수 있게 하는 언어이다.

산스크리트의 형태

산스크리트는 다섯 개의 기본 소리로 되어 있다. 이들은 모음인 a, i, u,와 반모음 r, l이다. 각각은 독특한 의미와 효력을 지니고 있다.

a   (영어 관사 a처럼 발음된다.) 순수한 존재, 실존의 소리이다. 그것은 창조 너머에, 창조 뒤에 있는 무한과 절대이다. 그것의 내용은 개방, 확장, 편안, 긍정이다.

i   (영어 it의 i처럼 발음된다.) 의지와 의식의 소리이다. 그것은 무한소, 원자, 빈두(bindu)이며, 창조가 확장되는 순수한 집중의 지점이다. 빈두의 행위는 수축, 지시, 갈망, 안내이다.

u   (영어 put의 u처럼 발음된다.) 에너지와 힘의 소리이다. 그것은 강함, 힘을 준다. 간혹 폭력을 주기도 한다. 그것은 모체, 힘의 장, 창조 뒤에 있는 진동의 구조이다. 그것은 사물을 안으로 모으고 지키는 힘이며 또 보호해 주는 힘이기도 하다.

®   (영어 true의 r처럼 부드럽거나 모음처럼 소리가 난다.) 질서와 구조의 소리이다. 그것은 법과 안정성, 사물의 올바른 움직임이 있게 한다. 그것은 우주의 법이며 지성의 토대이다.

ㄱ   (부드러운 모음의 소리) 형태와 안정성의 소리이다. 그것은 기
     쁨, 조화, 만족, 이완을 가져다준다.

   이 다섯 개의 기본 소리는 자신의 의미를 반영하고 확장시키는
다섯 개의 자음을 만들어 낸다. 모음 a는 연구개음인 k, kh, g,
gh, n(ng)을 만들어 낸다. 모음 i는 구개음인 c, ch, h, j, jh, ñ(ny 또
는 gy)을 만들어 낸다. 모음 u는 순음인 p, ph, b, bh, m을 만들어
낸다. r 소리는 (혀를 입천장 뒤로 구부려 소리 내는)설배음인 †, †h,
∂, ∂h, ^을 만들어 낸다. ㄱ 소리는 (이빨 뒤에서 혀로 소리를 내는)치
음인 t, th, d, dh, n을 만들어 낸다. 이것들이 산스크리트의 스물
다섯 개 자음이다.
   산스크리트에는 열여섯 개의 모음이 있다. 모음 a, i, u는 짧고
긴 두 가지 형태를 가지고 있다. å의 긴 형태는 father와 같이 발
음되고, ¥의 긴 형태는 sheet에서와 같이 발음되며, ū의 긴 형태
는 boot에서와 같이 발음된다. 조합된 형태나 이중 모음으로는 e,
ai, o, au가 있다. 모음 e는 rate에서와 같이 장모음 a로 발음된다.
모음 ai는 site에서처럼 장모음 i로 발음된다. 모음 o는 home과
같이 발음되며 모음 au는 ouch와 같이 발음된다. 실제로는 거의
쓰이지 않지만, 반모음 •과 ㄱ의 긴 형태가 있다. 모음 소리의 기
음은 ˙로 들리며, 모음 소리의 비음은 ṁ으로 들린다.
   모음과 자음 사이의 중간에는 아홉 개의 반모음과 기음이 있
다. 이것들로는 구개음인 y, r, l, v, s, ß, 설배음인 ∑, 그리스어 x

에 해당되는 k∑가 있다

이러한 오십 개의 철자들이, 말의 힘이라 불리는 여신 쿤달리니(Kundalini)가 된다. 이 철자들은 미묘한 몸의 여러 차크라(chakra)에 놓여 있다.

우파니샤드에서는 일련의 모음은 영 즉 의식(Indra)을 나타낸다. 자음은 물질이나 죽음을 나타낸다. 왜냐하면 자음은 한계를 바탕으로 하기 때문이다. 자음은 모음 없이는 발음이 될 수 없다. 반모음이나 기음과 같은 중간의 것들은 영혼이 물질(Prajapati)이 되는 창조적 힘을 나타낸다.

영적 길에서 언어와 말

베다의 요가는 말이나 찬양의 힘을 강조한다. 말의 힘은 여신 박(Vak), 바니(Vani) 혹은 사라스와티로 나타난다. 박은 명령의 힘을 가진 말이다. 사라스와티는 지혜를 끊임없이 지상으로 흘러내리게 하는 여신이다.

소리와 요가의 여러 모습이 산스크리트 문헌에 보인다. 요가나 상키야 체계에 따르면, 소리는 모든 감각적 잠재력들의 뿌리이다. 소리는 감각의 특성을 지니고 있다. 소리는 근원의 원소인 에테르에 속한다. 그러므로 소리를 통하여 모든 원소들을 통제할 수 있다. 마음은 소리로 만들어져 있다. 마음 패턴은 우리가 하는 말과 생각의 여운이다. 따라서 의식을 놓치지 않은 채 소리를 사용하면 마음이 정화되고 마음을 다스릴 수 있다. 소리의 요가 가운데 가장 중요한 것은 바르트리하리(Bhartrihari)의 샵다 브라마 만트라 요가(Shabda Brahma Mantra Yoga)일 것이다. 이 요가에서 그는 신성으로 가는 가장 직접적인 길을 소리로 기술하고 있다.

소리의 요가들은 거칠게 발성되는 소리에만 관심이 있는 것이 아니다. 소리의 네 가지 수준은 베다와 푸라나(Purana) 문헌에서 보인다. 리그 베다(164.45)에 "소리에는 네 가지 수준이 있다. 비밀 속에 숨겨진 세 가지 수준은 다룰 수 없다. 인간은 단지 넷째 수준으로만 말을 할 수 있다."라는 글이 있다. 이 네 가지 수준은 바이카리(Vaikhari), 마디야마(Madhyama), 파슈얀티(Pashyanti), 파라(Para)이다. 바이카리는 목구멍에 있으며 우리의 말하는 소리이다. 마디야마는 심장에 있으며 소리 이면에 있는 심리적 패턴 혹은 생각이다. 파슈얀티는 보는 것을 의미하며 태양신경총에 있다. 그것은 소리 뒤에 있는 본질적인 의미, 즉 소리의 원형적 내용이다. 파라는 초월을 의미한다. 그것은 모든 소리의 에센스이다. 그것은 뿌리 차크라에 있다. 주의할 것은 소리의 힘이 점차적으로 낮은 차크라로 내려간다는 것이다. 이것은 소리의 힘이 점차적으로 낮아진다는 것이 아니라, 우리 본성의 더 깊고 더욱 어려운 부분을 점차적으로 지배한다는 의미이다.

따라서 소리의 요가는 거친 소리로부터 그 소리로 대표되는 생각으로, 그 다음에는 그 생각 뒤에 있는 순수한 존재에게로 우리를 데려가고자 하는 데 목적이 있다. 소리의 요가는 소리를 반복하거나 낱말을 생각하는 과정이 아니라, 명상의 힘으로 소리의 근원을 추적하고 우리를 자각으로 되돌아가게 하려는 것이다.

산스크리트는 영적인 힘을 가진 소리인 만트라의 언어이다. 만트라의 사용은 마음을 의식과 만트라의 힘으로 돌아가게 한다. 만트라는 소리와 관련이 있는 것이 아니라 소리의 의미와 관련이 있다. 소리 요가의 관점에 따르면, 삶에는 의미 있는 것이 오직 하나가 있는데, 그것은 신 즉 우리의 참나이다. 궁극적으로 각 사물은 모든 사물의 의미를 지니고 있다. 각 대상은 우주의 상징이다. 말은 부서지고 조각나고 나누어진 우주이다. 어떤 개별적 대상을 인식하기 위해서는 먼저 그 존재의 바탕 즉 신성을 인식해야 한다. 우리는 이것을 알지 못하고 있다. 왜냐하면 신성은 즉시적인 것이며, 우리의 사고와 선택 활동 이전의 것이기 때문이다. 만약 우리가 대상들을 바라볼 때 이 의미를 유지할 수 있다면, 모든 사물은 무한으로 들어가는 문이 될 것이다.

일반적인 언어는 정확하고 차별적인 의미를 추구하는 반면, 영적 언어는 하나가 전부가 되고 전부가 하나가 되기까지 확장되고 통합되기를 바란다. 영적 언어는 언어가 지니고 있는 제한과 독단적인 의미에서 벗어나게 하는 데 그 목표가 있다. 실제로 모든 사물들은 그들 스스로는 의미를 지니고 있지 않다. 그러나 매 사물은 전체 우주의 의미를 지니고 있다. 의미 속으로의 이러한 탐구가 소리 요가의 핵심이다. 소리 요가는 특정한 소리와 이름의 횡포로부터 마음을 자유롭게 하고자 하는 것이다.

탄트라의 체계도 중요한 소리 요가를 가지고 있다. 소리 요가는 서기 1100년경의 인물인 아비나와굽타(Abhinavagupta)의 케쉬미르 쉐이비즘(Kashmiri Shaiva)에 잘 기술되어 있다. 소리는 여신의 몸이다. 여신은 요가 샥티(Shakti) 즉 요가의 힘이다. 소리는 우리를 무한으로 들어올리는 힘을 가지고 있다.

만트라의 중요성

만트라는 서양에도 잘 알려져 있다. 그러나 만트라는 기계적으로 반복하면 황홀경 속으로 들어가게 해 주는 의미 없는 소리라고 잘못 알려져 있다. 실제로는 전혀 다르다.

모든 학습에는 마음이 우선 활성화되어야 한다. 어떤 것을 알게 되는 것은 주의의 힘, 즉 마음의 집중에 의해서이다. 마음이 산란해지거나 방황하는 한, 우리는 어떤 것을 실제로 볼 수 없다. 따라서 학습의 진정한 목적은 특별히 어떤 것을 배우는 것이 아니라, 주의의 힘을 통해 마음을 정복하는 것이다. 그러면 우리는 모든 사물에서 진리를 발견할 수 있게 된다.

마음의 활성화가 만트라의 진정한 목적이며 의미이다. 삶에서 깊은 통찰이나 심오한 깨달음을 가질 때마다 그 생각은 특별한 힘을 가지게 된다. 그 힘이 실린 생각이 만트라이다. 사물을 더 깊이 생각하고 탐구할수록 그 생각은 더욱더 만트라적이게 된다. 관찰의 힘이 크면 클수록 더 강한 만트라의 힘이 마음속으로 들어온다.

요가 수행에서 요가를 촉진시키는 특별한 힘인 요가 샥티가 요구되듯이, 만트라 수행도 만트라를 효율적이게 만드는 특별한 힘인 만트라 샥티가 요구된다. 그 샥티는 만트라와 만트라의 의미를 의식적으로, 창조적으로 자각하게 하는 활력이다. 그것은 시와 일반적인 언어와의 차이 같은 것이다. 만트라가 작용하려면, 만트라는 적어도 좋은 시만큼의 창조적인 능력을 지녀야 한다. 이 능력을 가져오게 하기 위해서는 마음의 특별한 집중이 요구된다. 그 집중은 아마도 스승의 은총에 의하여, 입문의 힘에 의하여 도움을 얻을 수도 있을 것이다. 그것은 통찰의 힘, 열망, 내면의 안내자와의 연결을 통해 우리의 내면으로부터 올 수도 있다. 만트라 뒤의 이 창조적 비전을 볼 수 없다면, 만트라는 자기 최면에 불과할 것이다.

말의 이러한 활성화가 일어날 때, 우리는 몇 가지 간단한 소리에서 심오한 의미를 발견하기 시작한다. 소리는 의미가 된다. 마음의 소리를 이해하는 데는 개념이 필요치 않다. 옴(Om)과 같은 근원적인 소리들이 의미의 전체 장(場) 즉 스펙트럼을 일어나게 한다. 근원적인 소리들은 언어의 장벽을 무너뜨리고 우리를 침묵과 평화인 우주적 의사소통의 상태로 데려간다.

힌두교와 불교의 주요 만트라 모두는 산스크리트로부터 나온 것이다. 만트라가 산스크리트일 필요는 없지만, 산스크리트는 다른 언어보다 만트라적 접근을 쉽게 한다. 그 까닭은 산스크리트가 만트라로부터 나왔기 때문이다. 다른 언어들은 만트라의 에너지를 촉진시키기 위한 노력이 필요할 것이다.

만트라에는 두 가지 형태가 있다. 즉, 짧은 씨앗 음절과 긴 찬가이다. 알려진 대부분의 만트라는 옴과 같은 짧은 씨앗 즉 비자(bija) 만트라이다. 이 비자 만트라는 옴(Om), 훔(Hum), 슈림(Shrim)과 같은 다양한 근원의 소리로 되어 있다. 이 근원의 소리로부터 전체 산스크리트가 전개되어 나왔다가 그것 속으로 소멸될 것이다. 이 근원의 소리로부터 명사와 동사가 발달하여 나온다. 예를 들어 '뻗는다'는 의미를 지니고 있는 'ta'라는 어근으로부터 '손바닥'이라는 의미의 'tala'라는 명사와 '내밀다'는 뜻의 'tanoti'라는 동사가 발달하여 나왔다.

더 긴 만트라는 베다를 노래하는 것인 찬가이다. 그중 가야트리(Gayatri) 만트라가 가장 유명하다. 긴 만트라는 기도문에 가까우며 잘 발달된 언어로 되어 있다. 짧은 어근 만트라는 우주적인 의미를 더 지니고 있다. 만트라가 발달하여 나온 그 언어를 이해하지 못한다 할지라도 그 언어의 에너지를 활용할 수 있다.

긴 찬가는 그 찬가의 의미와 의도에 더 의존하고 있다. 긴 찬가는 "모든 존재들이 행복하소서."와 같은 인류 평화를 위한 기도문과 같을 것이다.

근원적 만트라

옴(Om)

옴은 모든 만트라의 에센스이고 모든 만트라 중 최고이다. 신성한 말이라는 의미인 삽다 브라만(Shabda Brahman) 그 자체이다.

옴은 베다의 에센스라고 말한다. 그렇다고 베다를 알거나 공부할 필요는 없다. 옴을 그냥 찬송하면 된다. 옴은 무한의 소리이다. 옴은 모든 만트라에 힘을 준다. 그러므로 모든 만트라는 옴으로 시작되고 옴으로 끝난다. 옴이 없는 만트라는 힘이 없다고 한다. 옴은 명상할 수 있도록 마음을 정화시킨다.

옴은 모음 a와 u 그리고 비음 m이라는 세 자모로 되어 있다. 따라서 옴은 때때로 Aum으로 쓰기도 한다. 아랍어에서는 l이 자음 앞에 올 때 u로 종종 발음되기 때문에, 코란의 시작 부분에는 Alm이라는 글자가 보인다.

Aum의 세 부분은 깨어 있음, 꿈, 깊은 수면과 연관이 있다. 그리고 라자스(rajas), 사트바(sattva), 타마스(tamas)라는 세 구나(guna)와도 연관이 있다. 세 구나는 우주의 창조자, 유지자, 파괴자라는 세 역할을 맡고 있는 신들인 브라마(Brahma), 비슈누(Vishnu), 쉬바(Shiva)에 의하여 지배를 받는다.

베다에서 옴은 태양의 소리이자 빛의 소리이다. 옴은 허락의 소리이며, 마치 신성한 독수리나 매의 소리처럼 영혼을 위로 들어올리는 상승의 소리이다.

훔(Hum)

영어의 'whom'처럼 발음되는 훔은 신의 노여움의 소리이다. 훔은 부정한 것을 파괴한다. 훔은 쉬바의 소리이고, 신성한 불인 아그니(Agni)의 소리이다. 이 소리를 통하여 다른 신 혹은 신성한 힘을 부른다. 옴이 개인이 무한 속으로 용해되는 소리라면, 훔은 개인에게 무한이 나타나게 하는 소리이다. 훔은 티베트 불교에서 중요하며, 후(Hu)로서 수피교도에게도 중요하다.

람(Ram)

영어의 father에서와 같이 긴 a소리로 발음되는 람은 성스러운 빛, 은총과 보호의 소리이다. 람은 힘, 평화, 자비를 준다. 람은 화신 라마(Rama)와 관련이 있다.

슈림(Shrim)

'shreem' 으로 발음되는 슈림은 아름다움, 은총, 번영, 풍요의 만트라이며 여신과 관련이 있다. 슈림은 높거나 낮은 모든 희망의 성취를 가져온다.

아임(Aim)

'aym' 으로 발음되는 아임은 지혜의 소리이며, 지식의 여신인 사라스와티와 관련이 있다. 아임은 주의, 집중, 이성, 묵상의 힘을 증가시킨다. 또한 아임은 구루 즉 영적 스승의 소리이다. 그러므로 더욱 높은 마음을 이해할 수 있는 능력이 오도록 한다.

마(Ma)

마는 모든 소리의 첫째이며 어머니의 이름이다. 이 소리를 통하여 신성한 어머니의 힘과 은총 그리고 그녀의 사랑, 만족과 에너지를 주는 자양분에 연결된다.

소함(So' ham)

소함은 호흡할 때 자연스럽게 일어나는 소리이다. 소(so)는 들숨이고 함(ham)은 날숨이다. 깊이 호흡하면서 호흡 소리를 듣는다면 이 소리를 듣게 된다. 산스크리트에서 'so'의 어근인 'sa'는 '쥐다, 힘을 가지다, 존재하다'라는 의미를 가지고 있다. '소'는 영감과 힘을 준다. '함'은 '떠나다, 버리다, 던지다'를 의미한다. 따라서 '방출하다 혹은 내쉬다'라는 의미를 지니고 있다.

만약 소함에서 자음을 빼면 옴(Om)만이 남는다. '소'는 샥티(Shakti)이며, '함'은 쉬바(Shiva)이다. 그것을 통하여 우리는 우리 자신 안에서 신과 여신의 조화를 얻는다. 소함 프라나야마는 이 만트라의 소리에 집중을 하면서 자연스럽게 깊은 호흡을 하는 것이다.

가야트리 만트라(Gayatri mantra)

만트라 옴으로부터 더욱 긴 만트라인 "Om Bhur Bhuva Svaha Tat Savitur Varenyam Bhargo Devasya Dheemahi Dhi Yo Yonah Prachodayat"라는 찬가가 발달하여 나왔다. 가야트리 만트라의 의미는 다음과 같다.

"옴, 우리는 물질과 별과 천상의 존재의 근원인 지고의 신성한 실재이신 사비투르(Savitur)의 광휘를 명상합니다. 우리가 진정한 진리를 깨달을 수 있도록, 지고의 신성한 실재시여, 부디 우리의 지성을 밝혀 주소서."

창조주 태양신은 신성한 아버지이며, 삶의 요가 움직임의 안내자인 사비투르이다. 그분은 비슈누의 한 형태이다. 가야트리 만트라는, 해가 떠오르고 질 때, 의식의 합일이라는 진리 속에서 다시 태어나고자 하는 사람이 찬송한다. 이 만트라는 내외적으로 신성한 빛의 기적을 축하하기 위하여, 그리고 우리의 지성을 본성 속에 내재하고 있는 진화의 힘과 연결하기 위하여 사용한다.

만트라의 활용

만트라는 마음을 정화하고 맑게 하는 가장 중요한 도구일 수 있다. 만트라는 과거의 조건화의 결과로 굴레를 쓰고 있는 무의식적, 잠재적 의식과 욕망의 패턴을 깨뜨리는 것을 도와줄 것이다. 자신을 살펴본다면 하루 종일 마음 안에서 지껄이고 있는 무엇인가가 있음을 볼 수 있다. 그것은 라디오에서 들었던 노래이거나 방금 겪었던 어떤 경험일 수 있다. 그것은 경험하였던 모욕이나 다툼, 혹은 하고자 하는 것에 대한 생각일 수 있다. 배경에 항상 이러한 시끄러움이 계속되고 있다. 그것은 생각의 영역을 이루며 집중력의 에너지를 흩어지게 한다.

보통의 경우에 마음을 곧바로 고요하게 하는 것은 불가능하다. 마음은 너무나 많은 갈래로 나누어져 있으며, 너무나 많은 해결되지 않는 갈등들을 가지고 있다. 그러나 만트라를 찬송할 수 있는 힘은 항상 우리 안에 있다. 만트라를 규칙적으로 행한다면, 만트라가 우리의 주된 마음 활동이 된다면, 만트라는 점차적으로 배경에 있는 마음의 시끄러움을 대신하게 될 것이다. 표면적 마음 이면에 늘 울려 퍼지고 있는 옛 노래나 어린 시절의 경험을 듣는 대신에 우리는 이를테면 옴(Om), 람(Ram), 하레 크리슈나(Hare Krishna) 혹은 다른 만트라를 들을 것이다. 우리의 잠재의식은 만트라의 에너지로 재구성되어, 명상을 위한 마음의 의식적인 의도에 저항하는 것을 그만둔다. 이것이 만트라의 바른 활용이다.

바르게 사용된 만트라들은 마음의 부정적인 정서를 깨끗이 하는 데 사용될 수 있다. 예를 들어, 만트라 훔(Hum)은 두려움을 없애 준다. 만트라 람(Ram)은 평화를 가져다준다.

만트라는 요가 심리학의 중요한 부분이다. 만트라는 마음의 탈조건화를 도와주는 주요한 요가 도구이다. 만트라는 실력 있는 심리 분석가를 필요로 하는 것이 아니며 오로지 계속 행하기만 하면 된다. 만트라를 통하여 우리는 우선 심리적 문제들을 존재하게 하는 마음의 구조를 바꿀 수 있다. 만트라를 통하여 우리는 마음을 분석하기보다는 마음의 내용을 변화시킨다. 분석한다고 마음이 근본적으로 변화되는 것은 아니다. 분석은 그러한 힘을 가지고 있지 않다. 생각이 만트라적이지 않는 한, 우리는 삶의 정서적 문제를 가질 수밖에 없다. 정서를 연구하는 것이 아니라 만트라를 하는 것이 그 해결책이다. 마음의 고통을 가져오게 하는 것은 마음에 존재하는 자아이다. 만트라를 통하여 마음을 영적으로 활성화시키는 것이 마음을 해독시킨다.

만트라는 결국 명상과 침묵으로 나아가게 한다. 어떤 소리를 반복하는 것이 만트라가 아니다. 만트라의 반복 후에 남아 있는 마음의 고요함에 가슴을 열고 그것 안에 머무는 방법을 배워야 한다. 그것이 옴 진동이 우리를 안내하는 곳이다. 파도 소리는 우리를 바다의 고요한 깊이로 되돌아가 그것 속에 잠기게 한다.

베다 산스크리트와 고전적 산스크리트

대부분 산스크리트 경전들은 주로 고전적 산스크리트로 되어 있다. 산스크리트의 진정한 힘이 담겨 있는 것은 고전적 산스크리트가 아니라, 고대의 베다 언어 안에 있는 산스크리트이다. 베다의 언어는 신성한 말이다. 본질상 그 내용은 직관으로부터 나온 것이다. 고전적 산스크리트는 대개 매우 지적이며 다른 언어들보다는 훨씬 더 심오할지 몰라도 베다의 풍부함과 창조성은 가지고 있지 않다. 따라서 산스크리트 혹은 만트라의 언어를 정말로 배우기를 원한다면 베다의 언어를 연구하는 것이 중요하다. 베다 언어 안에는 아마도 모든 언어와 신성한 마음 과정에 대한 열쇠가 들어 있을 것이다.

산스크리트의 가장 기본적인 모습은 옴과 같은 씨앗 음절 즉 비자 만트라(bija mantra)들이다. 비자 만트라는 베다의 언어 이면의 원래의 모습에서 볼 수 있을 것이다. 베다 언어에는 비자 만트라들이 여전히 살아 있다. 후기에 이르러 낱말의 의미에 더 큰 역할을 부여하게 되어 비자 만트라들이 배경으로 물러나게 되었던 것이다. 탄트라 원전들에 비자 만트라들이 하나하나 기술되어 있다. 그것은 우리 본성의 각 부분들에 대한 비자 만트라의 영향력을 정확하게 기술하고자 한 것이다. 이러한 씨앗 음절들은 구어라기보다는 마음을 활성화하려는 것이다. 그러므로 비자 만트라들은 우주적인 것이다. 모든 언어들이 궁극적으로는 비자 만트라에서 유래되었다고 할 수 있을 것이다. 산스크리트 언어나 문법을 배우지 않고도 비자 만트라를 배울 수 있다. 이렇게 하는 것이 언어의 복잡성에 휘말리지 않고 만트라의 힘에 나아가게 한다.

제 7 장

카르마와 재탄생의 과학

카르마

카르마라는 말은 널리 알려져 있는 말이다. 그러나 그 의미는
제대로 알려져 있지 않은 베다 개념들 중의 하나이다. 베다에서
는 카르마를 삶에서 행하는 의식(儀式)이라고 말하고 있는데, 여
기에서 이 말이 처음으로 유래되었다. 베다의 관점에서 보면 모
든 삶은 의식이다. 즉, 삶은 미묘하거나 오컬트적인 결과를 낳는
반복된 행위로 되어 있다. 미래의 조건은 물론이려니와 우리가
살고 있는 현 상태는 이 반복의 결과이다. 각각의 행위는 우리가
누구이며 우리가 무엇이 될 것인지를 결정짓는 데 어떤 영향을
미친다. 의도를 가지고 늘 하고 있는 행위, 그리고 우리의 매일의
행위가 영혼의 진화 방향을 결정짓는 영향력의 크기이다. 돈을
벌든지 진리를 추구하든지 그러한 행위는 우리의 숭배 혹은 삶의

에너지를 향하게 하는 방향이다. 그리고 그 행위는 반드시 결과를 가져온다. 카르마와 재탄생에 관한 이 신비스러운 교리가 우파니샤드에서는 이성적이면서 철학적인 용어로 설명되어 있다.

민감한 사람들은 세상에 보이는 많은 부당함을 보고 마음의 상처를 입는다. 대부분의 경우 악한 사람들이 선한 사람들을 이기는 것처럼 보인다. 선한 사람이 가난과 사회의 거부로 고통을 받는 반면에, 악한 사람이나 선과 악이 혼합된 사람들이 돈과 명예와 권력을 누리는 것을 종종 본다. 성자들, 현자들, 화신들은 때로 무시되고, 중상모략을 당하고, 순교를 당하기도 한다. 사람들이 삶 속에서 차지하고 있는 위치는 그들 내면의 자질과 좀처럼 일치하지 않는 것처럼 보인다. 진실로 지도자의 자질을 가지고 있는 사람들이 지도자의 자리에 있는 것을 보기가 어렵다. 진정한 지혜를 가지고 있는 사람들이 교육 기관의 책임자로 있는 것을 찾기 어렵다. 영적 체험이 부족한 사람들이 종교 지도자들이 되고 있다.

악한 자가 선한 자에 의하여 패배하는 경우를 보더라도 우리는 그것을 예외적인 일로 본다. 약한 자와 가난한 자가 빈번히 짓밟히는 불평등이 만연해 있는 세상을 본다. 오늘날 많은 동식물과 더불어 이 지구 자체가 파괴되고 있다. 신이 있다고 해도 신은 이러한 세상을 방관하고 있으며 또 이 세상의 진화 과정에 관여하지 않고 있는 것처럼 보인다.

일반적인 이해에 의하면, 카르마의 가르침은 "뿌린 대로 거둘 것이다."라는 의미이다. 이것을 전제로 하여 많은 사람들은 삶에서 부유하고 풍족한 생활을 하는 사람들은 과거에 행한 선한 행위의 보상으로 부를 거두고 있으며, 현재 빈곤하고 열악한 환경에 처한 사람들은 이전에 자신이 행한 악행을 되돌려 받는다는 의미로 받아들이고 있다.

카르마에 대한 이러한 태도들은 단순한 생각이며 또 잘못된 생각이다. 왜냐하면 카르마는 세상의 외적 이름과 형태가 아니라, 사물의 내적 실재에 기초를 두고 있기 때문이다. 영적 법칙으로서의 카르마는 성공과 실패에 대한 여러 문화적 정의에 맞지 않는다. 생명과 의식은 빙산과 같은 것으로, 빙산의 큰 부분은 보이지 않고 있다. 사물의 보이는 부분만을 보고 판단할 때, 실재에 대하여 많은 잘못된 결론을 내리게 될 것이다. 영적인 법칙으로서의 카르마는 인간의 표면적 마음과 감정의 선입견이나 편견에서가 아니라, 인간의 전체 실재에 적용해야 한다.

내적 관점으로 본다면, 영혼의 행복은 종종 자아의 고통이요, 자아의 행복은 종종 영혼의 고통이다. 이렇게 볼 때 삶에 있어서 행운은 강한 자아의 표시일 수도 있으며, 반면에 고통은 사물의 외적인 형태 이면에 있는 진리를 일깨우기 위해 우리에게 올 수도 있다. 보다 진화된 영혼들은 보다 힘든 화신들을 선택하는 반면에, 그렇지 않은 영혼들은 편안과 안일을 추구할 것이다. 그것은 마치 산을 오르는 등반가에 비유할 수 있다. 초보 등반가는 쉬운 비탈만을 택하는 반면에, 경험이 많은 등반가는 어려운 비탈을 택할 것이다.

우리는 또한 영적인 삶을 선택하는 사람이 사회의 외적 질서에 어긋나는 삶을 추구하는 것을 본다. 그래서 영적인 구도자가 세상으로부터 비난을 받는 것은 흔히 있는 일이다. 고대 신화에 의하면, 모든 신들은 우리가 우리 자신을 발견할 수 있도록 우리를 그냥 내버려둔다고 한다. 우리 자신만이 무지를 상징하는 용을 파괴할 수 있다는 의미일 것이다. 삶에서 받는 압박과 고난은 반드시 나쁜 카르마의 징표라고 할 수 없다. 오히려 대단한 은총일 수 있다. 영적인 삶에서 보면, 나쁜 카르마는 카르마의 속도를 빠르게 진행시켜 카르마를 소멸시키려는 시도라고 볼 수 있다. 이러한 이유로, 영적인 길을 갈 때 부정적인 카르마를 더 많이 경험할 수도 있다. 다시 말해서, 부정적인 카르마는 자신이 지니고 있는 악을 드러내는 것이 아니라 정화 과정의 한 부분일 수 있다.

궁극적으로 우리는 선과 악이라는 모든 카르마를 넘어서야 한다. 우리의 실재를 우리 자신의 진정한 참나에 두어야지, 행위의 결과에 두어서는 안 된다. 우리는 결국에는 모든 행위의 결과들을 포기해야 한다. 그것 속에서만 자유와 초월이 있다. 최상의 선은 동기가 없으며 결과를 추구하지 않는 것이다. 최상의 미덕은 세상의 변화나 우리 자신의 발전을 추구하는 것이 아니라, 지금 현재 존재하고 있는 평화와 조화를 이루며 휴식하는 것이다.

원인과 결과

카르마는 도덕의 법칙이 아니라 자연의 법칙이다. 손을 불 속에 넣어 화상을 입었다면, 그것은 우리가 자연의 법칙을 어기고 있다는 것이다. 우리는 사물이 가지고 있는 고유한 성질에 반대되는 행동을 했던 것이다. 불을 만지지 못하게 하며 또 자신의 명령을 어기면 벌을 주어 화상을 입게 하는 그런 신은 없다. 외부세계에 자연의 법칙이 있듯이, 감정과 사고의 영역에도 자연의 법칙이 있다. 불행하게도 우리는 외부 세계만큼 내부 혹은 심리적 영역을 잘 인식하지 못하고 있다. 자신의 정서적 본성을 어김으로써 우리가 우리 자신을 어떻게 해치는지를 보지 못한다. 나쁘고 사악한 모든 사고와 감정은 먼저 자신을 해침에 틀림없다. 왜냐하면 우리 마음은 그것들이 나타나는 장이기 때문이다. 내가 화를 낸다면 그 화는 먼저 나에게 영향을 미쳐, 감정과 생각을 혼란스럽게 할 뿐만 아니라 신체에도 해를 미칠 것이다. 다른 사람이 화나게 한다고 다른 사람을 비난할 수 있다. 그러나 그보다 먼저 화를 자신 안에서 만들어 자신의 정신 안에 화의 결과를 경험하기 마련이다.

원인과 결과의 관계는 외부에서는 즉각적으로 나타나지만 내부에서는 즉각적으로 나타나지 않을 수 있다. 손을 불 속에 넣으면, 자신이 행한 실수를 바로 느낀다. 그러나 자신을 성냄과 증오같은 격렬한 감정에 내맡길 때는 외부의 사건처럼 감지하지 못할 수도 있다. 더구나 다른 사람을 속인다면, 예를 들어 우정을 악용

한다면, 어떤 사람이 그와 똑같은 일을 스스로 당할 때까지는 그 의미를 모를 것이다. 우리는 그것의 원인과 결과를 전혀 자각하지 못할 수 있다. 그 이유 중 하나는, 그것을 자각할 수 있을 만큼 훈련을 받지 못했기 때문이다. 사실 우리는 그것을 무시하도록 권유받는다. 불공평할 정도로 큰돈을 벌더라도, 합법적인 한 우리는 그것에 죄의식을 느끼지 않을 수 있다. 외부 세계에서는 그것에 대해 아무런 죄의식을 느끼지 않을 수 있을지라도 내부 세계에서는 그렇지 않다. 잘못된 모든 행위의 근본적인 결과, 즉 다른 사람들에게 해를 입히거나 세상에서 거짓과 환상을 부추겼던 모든 행위들은 우리가 마음의 내부 영역으로 들어가는 것을 방해한다. 그러한 행위들은 유일하고 진실하며 영원한 실재로 들어가는 문을 닫아 버린다. 외부 세계에서 무엇인가를 얻을 수 있다 해도, 모든 것을 얻었다 할지라도 우리는 내면의 영역을 잃고 있다. 외부 세계는 단지 그림자나 거품에 불과하다.

따라서 시간 속에서 행동에 의하여 일어나는 원인과 결과의 관계를 아는 것이 중요하다. 즉각적인 결과를 가져다주는 것은 쉽게 알 수 있지만, 더 먼 과거에 행했던 것의 결과를 지금 어떻게 경험하고 있는지를 알기는 어렵다. 나쁜 음식을 먹었다면, 곧 위궤양을 앓을 수 있다. 그러나 감각을 즐겁게 해주는 음식에 대해서는, 그 음식이 가져다주는 즉각적인 맛을 더 느끼기에 그 음식의 결과로 일어나는 질병과 그 음식과의 관계를 연결시키지는 못할 것이다. 결과를 낳는 행동의 근원으로 찾아가지 못하는 한 그리고 시간의 사슬을 알지 못하는 한, 우리는 계속해서 고통을 만들어 낼 것이다. 원인들의 일부는 전생으로부터 온 것이며, 일부는 시간의 경과에 따라 어두운 밤 속에 묻혀 있을 수도 있다. 그러나 원인이 어디엔가 있음에 틀림없다.

카르마의 법칙은 지금 행해진 행위의 결과가 미래에 보상이나 벌로 주어질 것이라는 단순한 의미는 아니다. 카르마 법칙의 결과는 즉각적이다. 카르마 법칙은 우리의 진정한 의식, 우리의 내적인 진정한 행복은 지금 우리가 행하는 행위의 방법에 있다고 말한다. 사악한 인간이 받는 주된 벌은 사악한 행위가 진정한 영혼과 생명의 근원으로부터 그 자신을 차단시키고 있다는 것과 지금 그가 사악한 의식 속에 있어야 한다는 것이다. 선행이 가져다 주는 보상은 자신이 하는 선행이 외적인 상황을 초월하여 있는 영원한 행복과 연결시킨다는 것이다. 이렇게 볼 때 악은 그 자체가 벌이고, 선은 그 자체가 보상이다. 행동은 즉각적으로 만들어 내는 그 의식의 상태에 우리를 머물게 한다. 악행은 악 혹은 비열한 마음의 상태에 머물게 한다. 선행은 평화의 상태에 머물게 하며 평화의 에너지를 더해 준다.

그러나 진정한 선은 미리 의도된 것이 아니라는 점을 기억해야 한다. 선을 선 그 자체로서 행해야지, 선한 카르마라는 보상을 얻기 위하여 행해서는 안 된다. 보상을 추구하는 사람들은 삶의 표면에 있는 함정에 빠진다. 그래서 내적인 가치보다는 외적인 가치를 중시하게 된다. 얻기 위한 의도를 가지고 행해진 행위는 설령 그것이 깨달음을 목표로 하고 행했더라도 이미 악이다.

또 세상에 있는 대부분의 악은 선의 이름으로 행해진다는 점을 기억해야 한다. 대부분의 폭력은 종교나 정치적 이상주의의 이름으로 행해진다. 우리 모두는 선을 행하고자 한다. 선을 추구하는 것은 영혼의 본성이다. 악을 의식적으로 행하는 자는 거의 없을 것이다. 문제는 선의 개념이 제한적이거나 자기 본위에서 나올 수 있다는 것이다. 또 우리는 선을 타인에게 강요할 수 있다는 것이다. 우리에게 선한 것이 타인에게는 선이 아닐 수 있다. 우리가 선하고 진실하다고 생각하는 것을 타인에게 강요하는 것은 사실은 악이다. 그것은 영혼의 자유와 완전함에 위배된다. 광신과 독선은 가장 나쁜 것이다. 이러한 이유로 베다는 개종을 통하여 베다의 가르침을 전하고자 하지 않으며, 또한 어떤 형태의 포교도 권유하지 않는다.

우리가 삶 속에서 저지르는 대부분의 죄와 실수는 선하게 되려 하거나 다른 사람들을 즐겁게 하려는 데서 일어난다. 외적인 기준에 따라 선을 행하려 할 때마다, 우리는 자신의 진정한 참나, 영혼, 신과의 접촉을 잃을 것이다. 외적인 선은 사회적인 관습이지 우리 영혼의 진정한 선은 아니다. 자신의 내부에 있는 진정한 선을 따르려 할 때만 우리는 삶 속에서 유익한 존재가 되며 또 유익한 행위를 할 수 있게 된다. 다른 사람을 즐겁게 하려고 행동하는 한, 우리는 외적 세계의 노예와 외적 영향의 힘 아래에 있게 될 것이다. 이것이야말로 정말로 나쁜 것이다. 따라서 진실한 선을 추구하기 위해서 가족, 친구, 사회적 질서에 어긋나는 위험조차도 감수해야 할 것이다. 이 말은 이러한 영향력과 상반되는 것을 추구해야 된다는 것을 의미하는 것은 아니다. 우리의 행위는 외적 기준이 아니라 우주와 영원한 것에 기초해야 한다는 것을 의미한다.

진정한 법칙은 우리의 영혼에게 선이 아닌 것은 다른 존재들의 영혼에도 선일 수 없다는 것이다. 다른 사람들의 자아의 요구에 응하는 것은 우리에게 좋지 못할 뿐만 아니라 그들에게도 해가 된다.

그러므로 진정한 선은 얼마나 많은 사람들이 우리를 좋아하는가, 얼마나 많은 돈을 우리가 자선 단체에 기부하는가, 혹은 세상 사람들이 우리를 얼마나 선하다고 생각하는가로 평가될 수 없다. 베다에 의하면, 최고의 선은 우리 자신이 되는 것이다. 모든 외적인 영향력과 동기에서 벗어나 우리의 진정한 참나에서 휴식하는 것이다. 이렇게 함으로써 우리는 선과 악이 공존하고 있는 모든 피상적인 현상 너머로 가게 된다. 그렇게 되면 그 존재 안으로 신의 은총이 흘러들어 온다. 위대한 존재들은 이 세상에 존재하는 것만으로도 이 세상에 축복을 가져다준다. 그들은 인류를 고양시키려는 행위를 할 필요가 없다.

그러므로 필요한 것은 선한 카르마를 행하는 것이 아니라, 우리 자신이 우리의 가장 깊은 곳에 있는 참나가 되는 것이다. 금으로 된 사슬과 쇠로 된 사슬 둘 다 사람을 묶을 수 있다. 이와 마찬가지로, 좋은 카르마와 나쁜 카르마 둘 다 영혼을 묶을 수 있다. 일반적으로 선한 카르마로부터 카르마 너머로 가기는 더 쉽다. 젊은 시절에 나쁜 카르마에, 심지어 검은 마법 혹은 범죄 행위에 휘말렸던 위대한 요기들도 있다. 그러므로 어느 누구도 심판하지 않아야 한다. 사악한 영혼이 가던 방향을 바꾸어 진리로 나아갈 수 있다. 독선적인 사람이 문제다. 독선 속에서 사람들은 자신의 결점과 한계를 볼 수 있는 능력을 잃어버리기 때문이다. 그래서 그들은 성장하지 못한다.

베다 체계에서는 악이 없다고 본다. 오직 무지만이 있을 뿐이다. 사악한 사람들이란 거짓 선을 행하고 있거나 잘못된 생각을 하고 있을 뿐이다. 따라서 그들을 미워해서는 안 된다. 그들은 우리가 집단적으로 투사하는 부정적인 생각들의 희생자일 수도 있다. 우리가 해야 할 것은 이 세상에 이해의 분위기를 만드는 것이다.

카르마의 법칙은 타인도 역시 우리라는 것을 의미한다. 우리가 다른 사람에게 행하는 것은 우리가 우리 자신에게 행하는 것이다. 우리의 카르마는 개인적인 카르마뿐만 아니라 집단적인 카르마와도 연결되어 있다. 개인적 카르마를 초월한다 해도 우리는 집단적 카르마나 세상을 바꿀 수는 없다. 각각의 영혼은 스스로 성장해야 하며 자신에게 필요한 경험을 얻는 데 자유로워야 한다.

카르마는 삶에는 그 어떤 것에 의해서도 흔들리지 않는 내적 정의가 있다는 것을 가르쳐주고 있다. 고통과 불행은 더 깊이 보도록, 사물의 진정한 상태를 보도록 가르친다. 그런 것들이 없다면 우리는 내적으로 성장하지 못하고 천박한 삶을 살게 될 것이다. 우리는 고난을 친구나 스승으로 환영해야 한다. 고통은 인류가 영적으로 성장하게 하는 길이다. 고통을 나쁜 카르마로 볼 것이 아니라, 카르마 너머로 데려다 주는 수단으로 여겨야 할 것이다.

행위의 성취에 만족하는 한, 우리는 삶에서 무엇이 진리인지를 알 수 없게 된다. 진리는 행위를 통하여 도달되는 것이 아니다. 존재 그 자체는 행위의 결과물이 아니다. 최고의 행위는 행위에 대한 집착을 포기하고, 오직 내적 존재가 지시하는 것만을 하는 것이다. 선한 카르마를 목적 그 자체로 받아들여서는 안 된다. 선한 카르마와 악한 카르마는 거울 속의 빛이나 그림자와 같은 것이다. 우리의 진정한 본성은 거울이다. 거울에 드리워진 선한 혹은 악한 카르마에 압도될 것이 아니라 거울을 보아야 한다.

재탄생

재탄생 역시 잘 알려져 있는 말이지만 제대로 이해되지 못하고 있는, 베다로부터 나온 용어이다. 이것은 종종 환생이라고도 불리는데 이것 또한 잘못 이해될 수 있는 해석이다. 우리가 알고 경험하는 자아는 다시 태어나지 않는다. 이 개개의 화신의 성격은 그 속에서조차도 안정적이지 않다. 대부분의 우리는 살아가면서 자신이 누구인지에 대한 생각을 수차례 의미 있게 바꾼다. 우리는 이것이 다른 삶에도 계속될 것이라고 기대할 수 없다. 우리 내면의 참나는 영원하기 때문에 태어나지도 죽지도 않는다. 환생하는 실체는 그 속에 자신의 카르마적 인상들이 축적되어 있는 원인의 몸이다.

많은 사람들은, 만약 환생이 사실이라면 어떻게 인구가 계속 불어나는가라고 묻는다. 오늘날은 역사상 그 어느 때보다도 사람들이 많다. 많은 영혼들이 갑자기 어디로부터 왔는가?

내면에 있는 참나도 원인의 몸도 양적인 실체가 아니다. 하나의 영혼, 하나의 원인의 몸에 하나의 육체적 몸이 단순히 대응하고 있는 것이 아니다. 내면에 있는 세계는 외적인 세계의 논리를 따르지 않는다. 깨달음을 얻은 위대한 영혼은 수백 만 명의 사람들보다 더 큰 영적인 힘을 가지고 있을 수 있다. 어떤 영혼은 하나 이상의 존재로 태어날 수 있다. 많은 인구로의 환생은 환생하는 영혼의 질이나 힘을 감소시킬 수도 있다.

죽음의 과정은 잠의 과정의 연장과 같다. 죽을 때 우리는 더욱 깊은 잠 속으로 들어간다. 우리는 꿈의 상태에서 아스트랄 세계에 접촉한다. 죽음은 우선 우리를 광대한 꿈의 상태로 데려간다. 우리는 아스트랄 상태 속으로 직접적이고도 완전하게 들어간다. 거기서 우리는 삶에서 가진 지식과 행위에 따라 긍정적이거나 부정적인 여러 심적 상태들을 경험한다. 살면서 가장 많이 생각했던 친구나 친척들을 볼 수도 있다. 천당과 지옥이라는 개념의 기초가 되는, 긍정적이거나 부정적인 아스트랄 세계로 갈 수도 있다. 이것들은 대개 우리의 종교적 조건화가 반사된 것이다. 왜냐하면 종교적 조건화는 생각의 반사이기 때문이다. 기독교인은 기독교의 천당이나 지옥을 경험하게 되고, 이슬람교도는 이슬람교의 지옥이나 천당을 경험하게 될 것이다. 이 모든 경험은 일시적인 것들이다.

이제 우리의 의식은 아스트랄 상태를 거쳐 점차적으로 원인의 상태로 나아간다. 우리의 의식은 영혼 안으로 들어간다. 그곳에서 휴식을 취하면서 새 환생을 위한 재료들을 모은다.

덜 진화된 영혼들은 환생과 환생 사이에 긴 깊은 잠만을 경험할 것이다. 진보된 영혼들은 깊은 명상적 황홀경으로 들어가서 빨리 환생할 것이다. 중간 정도로 진화된 영혼들은 자기 삶의 경험을 받아들이기 위하여 아스트랄 상태의 여러 수준에서 많은 시간을 보낼 것이다. 원인의 몸에서의 경험은 형상 없는 깊은 명상과 같은 것이다. 그것을 통하여 경험의 에센스를 추출하며, 시간을 초월한 위치로부터 삶의 법칙들을 이해한다.

덜 진화된 영혼들은 대개 지상에서 살던 동일한 위치로 환생하고는 유사한 삶의 경험을 해 나간다. 진화된 영혼들은 아주 다른 삶의 경험을 한다. 태어날 장소도 다른 곳이다. 어떤 특별한 법칙이 있는 것은 아니다. 개인의 필요에 따라 일어난다. 환생을 선택하는 것은 자아가 아니라 영혼이다. 영혼은 이러한 것을 의지나 사고로 하는 것이 아니라, 영혼이 지니고 있는 에너지와 열망으로 한다. 영혼은 이름과 형태를 인식하지 않는다. 영혼은 "나를 중국의 가난한 가정에서 태어나게 하여 의사로서 열심히 살게 해주세요."라고 말하지 않는다. 영혼은 자신이 투사하는 에너지의 흐름을 따라 움직이며, 그 에너지로부터 탄생을 위한 특정한 상황이 일어난다.

여러 책에서 재탄생과 사후에 관한 많은 이야기들을 한다. 그것들은 인간의 상상력에서 나온 것들이다. 이 이야기들을 보면, 영혼은 자신의 과거 행위들을 뒤돌아보고 전체적인 조망에서 미래를 계획하는 것처럼 제시된다. 이러한 이야기들은 평화와 자연스럽고 자발적인 조화의 상태로 우리를 데려가는 것이 아니라, 마음을 교묘히 조작하도록 부추기고 있을 뿐이다. 진정한 영혼은 마음을 초월하여 있다. 사고를 통하여 기능하지는 않는다. 영혼은 사고의 구조가 아니며, 열린 가슴으로 사물들을 그린다.

해방

진화의 과정에서 영혼이 가지고 있는 목표는 내면의 참나와 합일하는 것이다. 이것은 재탄생의 순환인 삼사라(samsara)로부터 자유를 가져다준다. 이것은 모든 것이 성취되는 인간 삶의 최고의 경지이다. 이 경지는 오로지 참나 지식을 통하여 일어난다. 모든 삶은 우리에게 참나 지식을 제공해 주는 경험들이다. 모든 존재 속에서 우리의 참나를 보고, 우리의 참나 속에서 모든 존재를 보는 것이 삶의 진수이다. 모든 것이 됨으로써만 우리는 모든 것을 초월할 수 있다.

어떤 사람들은 위대한 요기들이 그들 자신의 개인적 해방을 얻기 위하여 자비심도 없이 다른 사람들을 뒤에 남겨 둔 채 태어남

이 없는 곳으로 들어갔다고 말한다. 이러한 생각은 이해의 부족에서 나온 말이다. 해방은 오직 모든 존재들의 참나와 합일됨으로써, 모든 것들과 하나 됨으로써만 가능하다. 세상을 뒤에 남겨 두고 떠날 수 있거나 혹은 세상을 돕기 위해 행위를 할 수 있는 어떤 분리된 자기가 없다. 참나 속으로 몰입한다는 것은 신 속으로 몰입한다는 것을 의미한다. 신은 세상에 있는 영혼들을 돕기 위하여 항상 거기에 있다. 마찬가지로, 신 속으로 몰입된 영혼들도 그렇다.

그러므로 세상으로부터의 해방은 세상을 버리는 것이 아니라, 세상과 그 너머의 것이 합쳐져서 모든 것이 되는 것을 말한다. 그것이 우리의 진정한 본성으로 되돌아가는 것이다. 따라서 궁극의 견지로부터 본다면 아무런 태어남도 없고 아무런 죽음도 없으며, 아무런 태어나는 자도 없고 아무런 죽는 자도 없다. 오로지 모든 한계를 초월하여 있으며, 나타남의 모든 힘들을 가진 채 나타나지 않고 있으며 또 완전하고 무한한 모습으로 있는 참나만이 있을 뿐이다.

이 상태를 니르바나(Nirvana), 카이발야(Kaivalya), 묵티(Mukti), 목샤(Moksha) 등으로 부른다. 이것은 몸과 마음의 모든 상태 너머에 있다. 이것은 몸과 마음에 의하여 제한을 받지 않는다. 그것은 모든 것이면서 아무것도 아니며, 모두이면서 아무도 아니다.

베다의 카르마

베다의 모든 분야들은 우리에게 카르마를 통제하라고 가르친다. 카르마의 통제는 카르마를 자각함으로써 가능하다. 어떻게 자신의 운명을 만드는지를 알게 되면, 우리는 우리에게 고통을 주는 요인들을 피하게 될 것이다. 아유르베다는 우리의 체질과 조화를 이루지 못한 행위들이 신체적 존재 속에 어떻게 질병을 가져오는지를 알도록 가르친다. 베다 점성학은 우리의 카르마 뒤에 있는 행성의 에너지를 분별할 수 있는 방법과 그 행성 에너지를 사용하여 카르마로부터 해방되는 방법을 보여 준다. 제례 의식은 개인적·집단적 카르마의 불균형의 영향을 피하도록 도와준다. 요가와 명상은 카르마 너머로 가게 해 주는 최상의 수단이다. 요가와 명상은 더 이상 카르마에 영향을 받지 않게 해 주는 무집착의 방법을 가르쳐 준다. 이것은 카르마의 굴레를 끝내게 하는 수단이다. 무집착을 배우면, 우파니샤드에서도 말하고 있듯이 "온 세상에서 원하는 대로 행동해도 자유롭다."의 상태가 된다.

카르마로부터의 자유는 무능력하게 되는 것이 아니라, 삶의 모든 영역에서 최상의 성취와 가장 위대한 완전함을 이루는 것이다. 그것으로 가는 비결은 추구하지 않는 것이다. 우리 내면의 참 나는 우주의 중심이다. 우리는 행동할 필요가 없다. 자신의 가장 깊은 본성 속에 머무르기만 하면 우주의 모든 것은 그 깊은 본성에 반응하고 그 깊은 본성 주위를 운행하게 되어 있다. 카르마는 욕망에 기초한다. 카르마는 우리 영혼의 자유를 비추고 있다. 욕망이 있는 한, 우리는 욕망을 충족시키기 위하여 몸을 다시 받아야 한다. 욕망은 한계가 있으며 어떤 특정 목표를 가지고 있기 때문에 반드시 종말에 이르며 또 슬픔으로 나아가게 한다. 따라서 모든 것을 갈망하거나 아니면 무(無)를 갈망할 때만 우리는 평화를 발견할 것이다. 요가는 욕망 너머로 가는 것을 목표로 한다. 이것은 우리가 원하는 것을 포기하는 것이 아니라, 외적인 것에 우리의 행복을 의존하는 것은 신성한 존재로서의 우리의 고귀함에 손상이 가게 하는 것이라는 점을 알라는 것이다.

제 8 장

숭배의 일반적인 모습(사원, 푸자, 호마)

고대 선지자와 요기들은 자연을 신이 나타난 모습이라고 보았다. 그러므로 자연 속에 있는 모든 존재들은 그 자체로 숭배의 대상이며 신성한 모습 바로 그 자체이다. 우리는 신비롭고 마술적인 신성 내에 살고 있다. 사물을 세속적이거나 영적 의미가 없는 것으로 만드는 것은 오직 마음이다. 매 사물과 매 순간의 독특함을 놓치게 하는 것은 친숙감에서 일어난다. 매 사물은 그것의 진정한 본질에 있어서 신의 이름과 모습이다. 그것을 신과 다른 것으로 만드는 것은 단지 우리의 실용주의적 생각이다. 이런 이유로 숭배의 최상의 모습은 산책하거나 자연 속으로 물러나는 것이다. 많은 성스러운 장소들이 자연 속에 있으며, 우리는 거기에 늘 접근할 수 있다. 어머니 자연은 신성한 어머니이다. 그녀 속에 머물면 늘 영혼이 고양된다.

고대의 인간 문화를 보면, 원래 신들은 태양, 바람, 불, 물과 같은 자연의 위대한 우주적 힘들이었다. 그 힘은 그냥 물질적인 힘이 아니라, 세상 속에서 작용하고 있는 신성의 힘들이었다. 신성의 힘들은 우리의 몸과 마음, 호흡과 지각의 모습으로 우리 안에도 존재하고 있다. 삶 그 자체는 숭배이다. 즉, 삶은 초월로의 움직임, 보다 위대한 성장과 염원의 추구이다. 나무들은 진리인 천국으로 생명력을 여는 상징이다. 꽃들은 아름다움, 색깔, 향기로 사랑을 활짝 열어 보이고 있다. 하늘은 우주적 마음의 확장을 보여 주고 있다. 바다는 신의 느낌의 깊이를 나타내고 있다. 모든 자연은 신의 언어이고 신성한 말을 하고 있다. 삶 그 자체인 숭배와 연결될 때 우리는 진정으로 기도의 상태에 있다. 그럴 때 우리는 적어도 정말로 살아 있는 것이다.

사원

자연 속에 더 이상 살고 있지 않기에 우리는 이 사회 내에 숭배의 장소를 만들 필요가 있다. 신의 현존이 우리의 공동체로부터 제외되어서는 안 된다. 사원은 중요하다. 왜냐하면 사원이 공동체의 사람들에게 영적 에너지를 충전할 수 있는 신성한 공간을 제공하기 때문이다. 사원은 신의 은총을 세상 속으로 가져오는 통로로 기능한다. 사원은 우리의 집단적 열망을 위한 초점이 된다. 각 사원은 삶에서 우리의 염원을 함께 나눌 수 있는 전체 공동체를 위한 모임 장소가 되어야 한다.

158

더구나 사원은 오직 물질적 자연과만 연결되어 있는 것이 아니다. 사원은 아스트랄 단계의 자연과도 연결되어 있다. 그러므로 사원은 그림, 색깔, 소리, 향 같은 것들을 사용하는데, 이러한 것들을 통하여 미묘한 자연의 힘 속으로 들어가게 된다. 사원은 종교와 영성이라는 미묘한 영역으로 들어가는 문이다.

사원은 세상 내에 오컬트 힘을 만드는 데 기여한다. 사원은 우리의 정신과 집단적 마음을 정화하여 신의 은총을 받게 한다. 사원은 신성한 에너지를 우리의 활동 공간 안으로 가져오는 초점의 역할을 한다. 따라서 사원은 범죄, 전쟁, 전염병 같은 사회적 재난을 예방하는 데 도움을 준다. 하지만 우리는 더 이상 우리를 보호해 줄 진정한 사원을 거의 가지고 있지 않다. 그러므로 우리 사회는 미묘한 수준에서 잠재의식 내에 있는 부정적 힘과, 잘못된 행위의 결과로 발생하는 부정적인 영향 하에 있게 되었다. 우리는 어떤 사회의 수준을 사원이나 교회의 내용으로 판단할 수 있다. 하지만 그것은 사원의 숫자가 아니라, 사원을 통하여 나오는 열망의 질로 판단할 수 있다. 우리에게 가장 가치 있는 것을 신에게 바친다 할지라도, 그것으로 부유하고 풍요로운 사원이 되는 것은 아니다. 더 중요한 것은 우리가 어디서나 신을 보는 것이며, 사회 내의 온 활동 영역으로 사원의 현존을 가져오는 것이며, 각 존재를 신성한 것으로 여기는 것이다.

숭배가 인간 삶의 자연스러운 중심이기에, 각 가정은 사원이 되어야 한다. 그러므로 각 가정에는 중심이 되는 제단, 명상이나

기도의 장소가 있어야 한다. 그 장소에는 신의 형상이나 한 송이 꽃과 같은 자연에 있는 신성한 물건을 놓을 수도 있을 것이다. 또한 각 가정은 매일의 찬송, 기도, 명상 같은 숭배의 주요한 형태를 가져야 한다. 이것이 형식적이거나 엄격할 필요는 없다. 가장 중요한 것은 가슴의 표현이다. 가슴의 표현이 없이는 진정한 가족이 없고, 공통의 영혼이 없다. 그러한 가정은 함께 연결시켜 줄 아무런 성사(聖事)가 없다. 그들은 분리된 인격의 집합으로 그냥 존재하고 있을 뿐이다. 인간 개개인 속에는 너무나 많은 진리와 아름다움이 있다. 그런데도 시간을 외적인 오락으로 보내는 것은 슬프다. 우리는 영혼들을 서로 나누어야 한다. 우리와 더불어 살아가는 어떤 존재도 소중하게 여겨져야 할 신성의 표현이다. 무엇보다도 우리 안에 신이 자리를 잡고 있다. 이 때문에 우리는 홀로 있는 시간을 가져 신과의 개인적 연결이 순수하며 직접적이도록 해야 한다.

사원은 통상적인 개념의 교회와는 다르다. 사원에서 가르침은 주어질 수 있지만 설교는 없어야 한다. 각자 자신의 방법으로 신성을 일깨우도록 격려해야지 그들에게 특별한 패턴을 강요하면 안 된다. 사원은 개인들이 그들 자신 속에 있는 신이나 진리를 찾도록 허용하는 개방된 공간이다. 사원은 특별한 모습으로 표현되고 있는 모든 진리에 열려 있다. 사원은 다른 믿음을 반대하고 어떤 특별한 믿음을 기리는 기념 건물이 아니다. 그러한 개방의 정신이 훼손되면, 사원의 힘도 그렇게 된다.

사원은 자연에 내재하고 있는 신의 잠재력이 모두 표현되도록 가능한 모든 방법을 동원하여 신성이 드러나도록 만들어져야 한다. 인도에서 신은 동물 형상으로 숭배되었지만 동물이 숭배되는 것은 아니다. 그것은 우리로 하여금 동물의 왕국 내에 신의 존재를 보도록 돕는다. 사원은 과거의 위대한 스승들을 숭배하고 있다. 이것은 우리의 공통적인 인간성, 그리고 역사를 통한 인간 염원의 위대한 흐름과 연결시킬 뿐, 과거의 인물들에 집착하게 하는 것은 아니다. 진정한 사원의 토대는 자유이다. 사원은 숭배의 자유로 만들어져야 하며, 오직 하나의 믿음을 보존하기 위하여 헌납되어져서는 안 된다. 인도의 진정한 사원들은 사원에 대해 이와 같은 자유 정신을 가지고 있다.

몸은 의식 그 자체인 신의 주요한 사원이다. 이러한 내적인 사원을 유지하지 못한다면, 외부 사원을 존경하는 것은 가치가 없다. 사원은 드러난 신의 몸이다. 몸 역시 드러난 신의 사원이다.

헌신적인 숭배

푸자(Puja)

베다와 요가의 가르침에서 사용된 숭배의 주요 모습은 사원 숭배이다. 이것은 신이나 여신들에게 드리는 푸자, 즉 의식(儀式)으로 하는 숭배에 참여하는 것이다. 푸자는 짧은 의식으로서, 사원에 모셔 놓은 신상의 모습으로 있는 신에게 찬가, 꽃, 불, 향, 음식, 물 등을 바치는 것이다. 푸자 그 자체는 꽃을 드리는 것을 의미한다. 푸자는 꽃이 자연스럽게 자신의 꽃잎을 펼치듯이 신성을 향하여 가슴을 자연스럽게 여는 것을 상징한다. 푸자는 그와 같은 순수함, 개방성, 수용성과 순결로 행해져야 한다.

선지자들은 이 꽃 봉헌에서 숭배의 자연스런 모습을, 자연이 신의 사랑에 대해 드리는 최고의 표현을 보았다. 그래서 그들은 인간의 삶 안으로 꽃 봉헌을 가져오고자 하였다. 꽃은 식물 왕국의 헌신의 표본이다. 그러므로 꽃은 자연 그 자체의 열망, 즉 자연의 창조적 놀이에서 신이 신을 찾는 장에 우리를 연결시킨다.

푸자는 규칙적으로 하루에 여러 번 행해진다. 푸자는 다른 의식에 비해 형식을 따지지 않으며, 푸자를 지켜보는 데는 별로 시간이 걸리지 않는다. 푸자는 자신의 집에서도 행할 수 있다. 많은 푸자들은 스스로 할 수 있을 만큼 간단하다. 복잡한 푸자는 숙련된 사제가 필요할 수도 있지만, 베다의 다르마에 의하면, 우리 스스로 행하는 것이 다른 사람이 우리를 위하여 행하는 것보다 더 낫다고 한다. 신성은 다름 아닌 참나이기 때문이다. 푸자는 신 앞에 기름 등불을 밝히는 것일 수도 있다. 이것은 대체로 개인적 숭배이며 불완전하지만, 내면의 신성을 향해 가슴을 열게 하므로 최고이다.

푸자는 명상과 보통 결합된다. 왜냐하면 명상은 내적 숭배의 주요한 방법이기 때문이다. 푸자는 우리의 환경, 감각, 정서를 정화시켜 마음 내에 더욱 깊은 명상이 일어나도록 해 준다. 그러므로 푸자를 한 후 잠시라도 앉아서 명상을 하는 것이 좋다.

불의 봉헌

호마(Homa)

또 다른 중요한 수행은 호마 즉 불의 봉헌이다. 호마는 푸자보다 더 오래 되었다. 불이 삶에서 주된 자원으로 사용되고 있던 베다 시대에 호마가 출현하였다. 집들은 불을 중심으로 지어졌다. 각 공동체는 중심 혹은 공동의 불을 가지고 있었다. 그런 불들은 여러 세대를 거치는 동안에도 꺼지지 않았다. 수천 년 전에 처음 점화된 어떤 불은 오늘날까지도 타오르고 있다. 불에 대한 이런 숭배를 베다의 가르침뿐만 아니라 페르시아에서도 볼 수 있다. 인도와 이란에 있는 근대 조로아스터교도들도 그들의 고대 불을 여전히 가지고 있다. 대부분의 고대 유럽 사람들이 그랬던 것처럼 고대 로마에서도 순결한 처녀들에 의해 운반되어 온 불을 예배하였다. 이러한 불은 여러 공동체와 가족을 공통의 열망으로 연결시키는 데 기여하였다. 불은 이전에 왔던 사람의 영혼과 앞으로 오게 될 사람의 영혼을 연결시켜 주었다.

불은 물질세계에서 신의 현존이자 빛의 현존이다. 신을 위한 상징으로 이것보다 더 좋은 것은 찾을 수 없다. 나무 속에 불이 내재되어 있듯이 모든 물질 속에는 영혼이 숨겨져 있다. 그러므로 불은 신에 대한 가장 손쉬운 상징이며 신을 향한 우리의 열망이다. 호마 의식에서 우리는 신에게 우리의 생각과 감정을 바친다. 자각의 불로 있는 신에게 우리는 우리 성향의 저급하고 순수하지 못한 면을 바친다. 삶에서 실패한 것이나 고치기 바라는 어떤 것을 글로 기록하여 신성한 불 속에 바칠 수도 있다. 이러한 의식은 고치고자 하는 우리의 성향과 영혼의 힘을 일치시켜 줄 것이다. 혹은 우리가 바라는 높은 목표와 축복을 불 속으로 던져 바칠 수도 있을 것이다. 이것은 그러한 목표와 축복을 활성화시키는 데 기여할 것이다. 불은 신의 메신저이다. 불에다 무엇을 바치든지 간에 그것은 신에게로 전해지며, 불은 신성한 에너지를 가지고 우리에게로 되돌아온다.

불을 성스럽게 만드는 것은 의식(儀式)이라기보다는 우리가 불 속에 투사하고 능력이 있게 하는 성스러움에 대한 자각이나 의식이다.

푸자는 형상을 지니고 있는 신을 숭배하는 것인 반면, 호마는 형상을 지니고 있지 않은 신을 숭배하는 것이다. 불은 형상 없는 신의 상징이다. 푸자는 가슴을 열게 하는 데 그 목적이 있지만, 호마는 마음과 의식을 일깨우는 데 그 목적이 있다. 푸자가 여성적인 숭배의 모습이라면, 호마는 남성적인 숭배의 모습이다.

푸자와 호마에서 다양한 봉헌물은 신에게만 주어지는 것이 아니며, 우주의 평화와 안녕을 위하여 다양한 모습으로 있는 모든 생명에게도 주어진다. 가장 기본적인 기도는 우주의 평화와 행복을 기원하는 기도이다. 모든 존재들이 행복해지기를, 모든 존재들이 평화를 발견하기를 바라는 것이 최고의 기도이다. 이와 같은 바람이나 축복의 말을 전하는 것은 모든 의식의 시작과 끝에서 빠뜨릴 수 없는 부분이다. 기도는 모든 것이 신성이며 참나가 신성이라는 것을 의미하는 '옴'과 함께 시작한다. 그러한 숭배는 관습이나 종교적 편견이 아니라 우주적 진리의 표현, 우주적 법칙의 실현이며 신성을 향하는 모든 생명의 움직임과의 조화이다. 그러한 의식은 사람들의 본성에 따라 행해져야 한다. 의식은 진정한 인간 문화의 본질이며, 이러한 의식이 현대적이지 않거나 재미없다는 이유로 거부될 필요는 없다. 의식 행위는 인간의 진정한 존재인 우주적 존재의 창조적 놀이이다. 우리가 진정으로 인간이 되는 것은 우리가 우주적으로 되고 우주와 조화 속에서 살아갈 때이다.

오늘날의 우리 사회에 이런 모습의 숭배가 여전히 필요하다. 우리는 그러한 모습의 숭배를 각색할 수 있지만, 그러나 숭배의 행위는 모든 인류의 삶에 필수적인 부분이다. 우리는 숭배가 없으면 인간 존재로서 실패한다. 우리는 숭배의 집단적인 형태 없이는 인간 사회로서 실패한다. 힌두교의 다양한 숭배의 형태를 통해 우리는 숭배의 양상에 보편성을 가져올 수 있다. 보편성이 없다면 우리의 종교들은 오직 우리를 분열시키는 데 기여할 것이다. 숭배는 우리 본성의 확장이다. 숭배는 인간 본성의 에센스이다. 숭배는 사랑만큼이나 자연스러운 것이다. 본성과 신 사이의 구분은 진리에서 만들어진 것이 아니라, 한정되고 왜곡된 낡은 마음에서 만들어진 것이다. 본성과 교회 사이의 이 구분이 제거되면, 우리는 놀이만큼 쉬운 열망을 발견할 것이다. 이것은 영성을 미숙한 모습의 본성으로 감소시키는 것을 의미하는 것이 아니다. 이것은 우리 자신을 본성, 그리고 가장 깊은 본성 속에 내재하고 있는 영적 열망과 조율하는 것이다.

이미지의 사용

동양 종교에서는 숭배 때 많은 이미지, 상(stature), 신상(idol)이 사용된다. 이러한 것들은 서양 종교로부터 우상 숭배라는 비난을 받게 만들었다. 이슬람교, 유태교, 개신교는 이미지의 사용을 거부하며, 그것들을 사용하는 사람을 종교적으로 원시적이라고 생각한다.

그러나 힌두교에서 이미지들의 사용은 많은 형태의 숭배 중 하나이다. 힌두교는 또한 서양 종교보다 더 강력하게 형상 없는 혹은 인격을 갖지 않은 신성을 강조하고 있다. 거친 모습의 신이나 이미지 이외에도 미묘한 기하학적 도형, 소리 및 빛과 같은 형태들도 사용한다. 거친 모습을 하고 있는 신의 모습은 마음을 내면으로 향하게 하려는 것이며, 그뿐만 아니라 여러 생명의 모습에서 신성을 보도록 도우려는 데 있다. 다르마의 전통 내에 있는 많은 사람들은 어떤 종류의 이미지도 사용하지 않는다. 힌두교가 다른 모든 방법과 더불어 신성에 대하여 이미지적, 자연적인 접근을 허락한다는 이유로 우상 숭배로 여겨져서는 안 된다.

이미지들은 예술, 회화 그리고 조각의 모습으로 나타나 있다. 그것들은 예술가적 마음을 신성에게로 끌어당겨 우리의 창조적이고 영적인 본성과 연결되도록 한다. 그것들은 우리의 심리적,

정서적 에너지를 신성에게 집중하도록 돕는다. 신성에 이러한 창조적인 접근법의 사용을 거부하는 종교는 불완전하다. 그러한 종교들은 자연과 신을, 신과 인간을, 인간과 인간을 분리시킨다. 그러한 종교들은 세상의 성화(聖化)와 인간의 신성 실현을 허락하지 않는다. 신성을 찬양하거나 접근하기 위한 예술의 모든 형태를 활용하지 않는 문화는 성숙한 문화가 아니다.

　정신의 더욱 깊은 힘과 잠재력을 끌어내기 위하여 이미지를 과학적으로 사용하는 방법이 있다. 우리는 인간 모습 속에 내재하고 있는 신을 보도록 배운다. 우리 모두가 깊은 신성한 의식의 이미지 혹은 모습이라는 것을 보도록 배울 수 있다. 비록 이미지가 내적인 잠재력을 발달시키는 유일한 방법은 아니라 할지라도 이미지를 바르게 사용함으로써 영적인 성장에 이로움을 가져올 수 있다.

❦ ❦

제 9 장

베다의 우주론(다차원적 우주)

비존재의 가지가 눈에 보일 때, 사람들은 그것을 지고의 존재로 여긴다.

−아타르바 베다 X.7.21.

현대 과학은 우주에 대한 우리의 지평을 넓혔다. 최근까지 서
구 문화는 우주를 이 지구에 주로 국한하여 생각해 왔으며, 지구
의 역사가 6,000년 이하인 것으로 생각하였다. 그러나 베다와 푸
라나의 가르침에 의하면, 우리의 우주는 현대 과학이 알고 있는
것보다 훨씬 더 오래된 수십 억 년 이상이라고 한다. 베다와 푸라
나의 가르침에 따르면, 지금의 우주는 일련의 창조들 중의 하나
이며 각각의 창조 사이에 동일한 기간의, 아무런 창조가 일어나
지 않는 해체 상태의 기간인 프라라야(pralaya)가 있다고 본다.

요가의 우주론에 따르면, 우리가 가지고 있는 우주에 대한 견

해는 여전히 매우 제한적인 것처럼 보인다. 우리는 존재의 오직 한 면만을 자각하고 있다. 비록 우리가 존재를 계속해서 상세히 탐구한다고 할지라도, 그 과정에서 우리는 실재의 더욱 큰 부분, 특히 우리 자신의 더욱 깊은 의식에 존재하고 있는 실재를 무시하거나 놓치고 있다. 존재의 여러 층들, 물질적 영역과는 많이 다른 여러 유형의 세계들이 존재하고 있는 다른 차원들이 있다.

베다를 포함한 고대의 많은 가르침들에 따르면, 우주는 일곱 개의 층 혹은 단계들로 이루어져 있으며, 우리는 그 단계들 중에서 가장 낮은 첫째 차원만을 주로 인식하고 있다는 것이다. 이 층들은 거친 물질에서부터 순수한 영에 이르기까지 농도를 달리하는 여러 실재들이다. 그 실재들은 아래와 같다.

우주의 일곱 층

1. 안나(Anna)   음식, 물질적 세계와 육체적 몸
2. 프라나(Prana)   호흡이나 생명력, 생명력의 세계 혹은 덮개
3. 마나스(Manas)   마음, 마음의 세계 혹은 마음의 덮개
4. 비갸나(Vijnana)   지성, 지성의 세계 혹은 지성의 덮개
5. 아난다(Ananda)   희열, 희열의 세계 혹은 희열의 덮개
6. 치트(Cit)   참의식
7. 사트(Sat)   참존재

참존재와 참의식, 즉 치트와 사트는 아무런 덮개나 세계가 없

다. 왜냐하면 그것들은 비물질적이며 나타남을 초월하기 때문이다. 그러므로 일곱 단계가 있지만 사실은 오직 다섯 층만이 있을 뿐이다.

이 일곱 단계는 각각 의식의 여러 상태들이다. 그 단계 모두에 작용하고 있는 것은 의식이다. 의식은 가장 낮은 차원에서 가장 높은 차원으로 그 힘이 점차적으로 펼쳐지고 있다. 의식이 밀도를 달리하면서 나타난다는 말이다. 이 밀도는 우리 존재의 더 깊은 양상들로 우리 내면에만 존재하는 것은 아니다. 각각은 그것 자신의 고유한 세계를 가지고 있다. 여기서도 물론 모든 세계 너머에 있는 최고의 두 원리는 제외된다.

이런 관점에서 볼 때 생명이 물질 안에 이미 내재되어 있으며 물질이 생명으로 발전할 수 있다는 것을 알 수 있다. 생명은 마음으로 진화할 수 있는데, 마음이 씨앗의 모습으로 생명 안에 내재하고 있기 때문이다. 우유를 휘저으면 버터가 되듯, 여러 층들이 하나의 층 안에 내재되어 있다. 그래서 성장의 과정을 통하여 각각은 다른 것으로 출현할 수 있다. 자연은 변형을 위한 그러한 능력들로 가득 차 있다. 이것이 우주 진화의 유기적 과정이다.

세 가지 몸

베다에서는 인간 존재는 세 가지 몸으로 되어 있다고 말한다. 세 가지 몸과 그 몸에 내재하고 있는 의식을 통하여 전체 우주와 전체 우주가 가지고 있는 우주의 일곱 층 모두와 관계할 수 있다고 한다. 모든 우주가 우리 안에 있기 때문에 베다의 우주론은 베다 심리학이기도 하다. 그러나 카르마적으로 세계에 구속되어 있는 영혼만 세계를 경험한다고 한다.

음식과 호흡의 층은 거친 육체의 몸, 스툴라 샤리라(sthula sharira)를 만든다. 호흡, 마음, 지성의 층은 미묘한 아스트랄 몸, 숙슈마 샤리라(sukshma sharira)를 만든다. 지성과 희열의 층은 원인의 몸, 카라나 샤리라(karana sharira)를 만든다.

각 몸 간에는 몸을 공유하는 중간 원리가 있다. 호흡은 육체의 몸과 아스트랄 몸, 이 둘을 연결한다. 진리와 거짓을 구별하는 힘인 지성은 아스트랄 몸과 원인의 몸, 이 둘을 연결하는 위치에 있다. 희열 또한 원인의 몸과 존재-의식-희열로 있는 내면의 참나 둘 다에 있다.

우리의 의식은 세 개의 몸을 통하여 나타나기도 한다. 세 몸은 내적 존재를 감싸고 있는 포장이다. 그런데 우리 대부분은 오직 신체의 몸만을 인식하고 있다. 아스트랄 몸은 신체의 몸과 같은 모습을 가지고 있지만 미세한 물질로 되어 있다. 원인의 몸은 알의 모습을 하고 있는 빛의 몸이다.

세 몸은 의식의 세 상태 중 하나와 연결되어 있다. 신체의 몸은 깨어 있는 상태에서, 아스트랄 몸은 꿈의 상태에서, 원인의 몸은 깊은 수면 상태에서 작용한다. 내면에 있는 참나는 넷째 상태인 투리야(turiya), 즉 늘 깨어 있는 순수 자각의 상태와 일치한다. 더 의식적이 되면 우리는 아스트랄 몸과 원인의 몸에서 자각할 수 있다. 그리고 그 몸의 기능을 신체의 몸만큼 쉽게 사용할 수 있게 된다. 그러나 요가의 많은 가르침은 곧바로 내면의 참나로 들어가게 하며, 미세한 몸의 힘을 발달시키는 데 관심을 가지지 않는다.

이러한 세 몸은 서구 신비주의 전통의 몸, 마음 및 영혼과 대략 일치한다. 신체의 몸과 아스트랄 몸은 매 환생 때마다 새로 만들어진다. 원인의 몸은 환생의 전체 순환 과정 동안 늘 그대로 존재하고 있으며, 모든 카르마 욕구가 담긴 저장고와 같은 것이다. 원인의 몸은 그 스스로 세계를 창조할 수 있는 힘을 가지고 있다. 그 힘을 통하여 우리는 신과의 협조적 창조자가 될 수 있다. 해방에 이를 때 원인의 몸 또한 의식 안으로 용해된다.

일곱 차크라

일곱 차크라는 미묘한 몸 안에 있는 에너지 중심들이다. 차크라들은 우리에게 우주의 여러 수준을 경험할 수 있게 해 준다. 차크라 그 자체는 회전하는 것 즉 바퀴를 뜻한다. 이 중심들은 육체적 몸에 상응하는 지점을 가지고 있다. 그것들은 요가 수행에 의해서만 정말로 일깨워진다. 그것이 일깨워질 때 그것들은 우리에게 여러 가지 오컬트 즉 영적인 힘을 준다. 우리의 일상적인 상태에서도 차크라가 기능하지만, 아주 미미한 수준으로 기능한다. 보석, 소리, 색깔을 활용하는 차크라 작업인 차크라 밸런싱(balancing)은 차크라의 외적인 수준에서 작용한다. 그것은 차크라의 일반적인 기능에만 도움을 준다. 그러나 차크라의 내적 힘은 오직 우리 자신의 요가 수행을 통하여 실제로 일깨워질 수 있다.

지식의 요가는 보통 차크라를 전혀 다루지 않는다. 지식의 요가는 가슴에 거주하고 있는 순수한 참나에게 직접적으로 다가간다. 이때 가슴은 아스트랄 몸의 가슴이 아니라 몸의 오른쪽에 있는 영적 가슴을 뜻한다. 이것은 원인의 몸 뒤에 있다. 이것은 모든 몸을 초월하여 있는 우주적 의식과 접촉하는 지점이다.

헌신의 요가도 차크라에 관심이 없다. 헌신의 요가는 가슴 차크라를 신성한 연인의 자리라 보고 강조한다. 헌신의 요가의 주요 방법은 신성에게 곧바로 복종하는 것이며, 중간에 있는 힘을 발달시키는 데는 관심이 없다.

비록 요가의 모든 체계들이 차크라의 존재와 그것들의 기능을 인정하고 있지만 직접적으로 다루는 요가는 많지 않다. 그러나 기법의 요가는 차크라와 가장 직접적으로 연관을 맺고자 하는 요가이다. 기법의 요가는 차크라를 시각화하고 활성화시키는 많은 수행법을 가지고 있다. 그러나 이 수행법조차도 이 중심들이 자연스럽게 일깨워질 때 그 과정을 촉진시키고자 행한다.

일곱 차크라

1. **물라다라 차크라(Muladhara Chakra)**　　뿌리 센터, 문자대로는 '뿌리가 되는 토대'를 뜻한다. 이 차크라는 흙 원소와 관계하고 있다. 배설 체계, 생존 본능, 두려움의 정서와 관련이 있다.

2. 스와디스타나 차크라(Svadhistana Chakra)   성 센터, 문자대로
는 '쿤달리니가 있는 곳'을 뜻한다. 이 차크라는 물 원소와
관계하고 있다. 비뇨생식기 체계, 성 본능, 욕망의 정서와 관
련이 있다.

3. 마니푸라 차크라(Manipura Chakra)   배꼽 센터, 문자대로는
'보석들로 된 도시'를 뜻한다. 이 차크라는 불의 원소와 관
계하고 있다. 소화기 계통, 자아 충동, 분노의 정서와 관련
이 있다.

4. 아나하타 차크라(Anahata Chakra)   가슴 중심, 미묘한 몸에서
미묘한 소리(nada)들이 퍼져 나오기 때문에 '치지 않는 소리
의 중심'이라 부르기도 한다. 이 차크라는 공기 원소와 관련
이 있다. 순환기 체계, 개별적 영혼, 사랑의 정서와 관련이
있다.

5. 비슈다 차크라(Vishuddha Chakra)   목 센터, 문자로는 '매우
순수한 중심'이다. 이 차크라는 에테르 원소와 관련이 있다.
호흡 체계, 더욱 높은 지성, 의사소통의 힘과 관련이 있다.

6. 아갸나 차크라(Ajna Chakra)   제 3의 눈, 문자대로는 '명령의
중심'을 뜻한다. 이 차크라는 일반적으로 큰마음, 개별적인

참나 및 내적 지각의 힘과 관련이 있다.

7. **사하스라라 차크라(Sahasrara Chakra)** 머리 센터, 문자대로는 '천 개의 연잎'을 뜻한다. 이 차크라는 우주적 참나이며 신성한 실재인 의식 그 자체의 힘과 관련이 있다.

나디(Nadi)

나디는 미세한 몸의 신경이다. 우리 자신 안에 전 우주를 포함하고 있기 때문에 나디 역시 우리를 미묘한 세계들과 연결시킨다. 나디 중 가장 중요한 것은 각각 핑갈라(Pingala)와 이다(Ida)로 불리는 태양 나디와 달 나디이다. 이 두 나디 사이로 중앙 통로라고 불리는 수슘나(Sushumna)가 지나가고 있다. 그것 위에 여러 차크라들이 연꽃처럼 매달려 있다. 수슘나는 육체적 몸의 척추관과 일치한다.

태양 나디는 뜨거움의 성질을 나타내며 달 나디는 차가움의 성질을 나타낸다. 그러므로 교호 호흡은 뜨거움과 차가움의 균형을 이루게 하며 몸의 모든 신진 대사의 과정을 조절한다. 오른쪽 콧구멍으로 숨을 마시고 난 뒤 왼쪽 콧구멍으로 숨을 내쉬는 것은 몸의 열을 증가시키며 차가움을 없앤다. 왼쪽 콧구멍으로 숨을 마시고 난 뒤 오른쪽 콧구멍으로 내쉬는 것은 몸의 차가움을 증가시키고 열을 감소시킨다.

의식의 힘인 쿤달리니를 각성하기 위해서는 이 두 나디가 반드시 정화되어야 하며 그리고 두 나디의 에너지가 조화를 이루어야 한다. 이것은 의식이 진화됨에 따라 자연적으로 일어나지만 특별한 호흡법이나 만트라 수행법을 통하여 촉진될 수 있다.

제 10 장

❧

다르마의 철학(진리 이론)

고대 시대 말 이른바 고대 그리스 시대 이후로 철학은 인간 마음의 가장 위대하고 고결한 노력 중 하나가 되어 오고 있었다. 인간은 세계와 실재에 대하여 진정한 관점을 창조해 내고 또 우주 질서를 합리적으로 이해하려고 노력해 왔다. 철학적 사고는 서구 세계에만 있었던 것은 아니다. 인도는 다른 어느 나라들보다도 더욱 다양한 철학을 탄생시키고 있었다. 그렇지만 인도 철학은 영적인 삶 즉 요가의 수행을 바탕으로 하고 있었으며, 점점 요가 속으로 포함되었다. 인도 철학은 철학 그 자체에 목적을 두고 있지 않았을 뿐만 아니라, 마음을 최고의 목표로 두지도 않았다. 철학은 마음을 훈련하는 하나의 징검돌로 생각하였다. 서구 철학은 점차 과학에 종속되어 가고 있다. 그래서 순수 철학은 퇴보를 거듭하면서 사라져 가고 있다. 하지만 진정한 철학, 이른바 삶의 의미에 대한 탐구는 늘 변함없이 영적인 삶으로 들어가는 주요 방법들 중의 하나였다. 비록 철학이 이성적으로 다른 언어를 사용하고 있었을지라도 철학은 모든 문화에 내재하고 있었다.

인도의 고대 경전인 베다는 상징적이며 만트라의 언어로 기록되어 있다. 따라서 베다는 어떤 제한적인 철학이나 세계관을 내놓지 않는다. 베다는 어떤 것을 체계화하려고 하기보다는 영적 경험 내용을 기술하려고 하였다. 베다는 직관적인 차원을 바탕으로 하고 있었으며, 인간의 사고가 지성적 수준에 있을 때 하나의 책의 모습으로 나왔다. 그러므로 베다는 마음에 의해 여러 방법으로 해석될 수 있다.

후기 고대 경전인 우파니샤드와 바가바드 기타도 폭 넓은 완전한 가르침을 주고 있다. 수많은 철학적 체계가 우파니샤드나 바가바드 기타로부터 나올 수 있다. 하지만 어떤 철학 체계도 우파니샤드와 바가바드 기타를 유일하게 대표한다고 주장할 수 없다. 푸라나와 탄트라조차도 수준과 정도를 달리한 많은 가르침들을 가지고 있다. 그러나 푸라나와 탄트라는 특별한 체계를 설명하려 하기보다는 다양한 기질을 지닌 개인들이 진리에 접근할 수 있도록 하려는 데 강조점을 두고 있는 듯 하다.

이러한 광범위한 가르침들로부터 더 구체적인 다양한 철학들이 생겨났다. 그와 같은 철학과 다양한 견해들은 요가에서는 늘 그리 중요하게 여겨지지 않는다. 왜냐하면 요가에서는 저서의 말보다는, 심지어 위대한 성자의 말보다는 직접적인 지각과 개인적인 경험을 강조하기 때문이다. 각 문화와 각 시대가 그러하듯 각 개인은 그 자신만의 특정한 사고방식을 지니고 있다. 어떤 사람이나 집단에게 합리적인 것이 다른 사람이나 집단에게는 비합리적으로 보일 수 있다. 그러므로 모든 이가 동의할 수 있는 궁극적 철학이란 결코 있을 수 없다. 모든 이가 동의하는 철학은 분화 지향의 경향이 있는 마음과 언어의 본질에 반대되는 것이다. 일치의 주장은 마음의 창조적인 피어남을 부인하게 되므로 도움이 되지 않는다.

그러나 철학은 합리적인 마음을 발달시키는 데, 그리고 이성을 영적 탐구에 맞추도록 하는 데 도움을 줄 수도 있다. 철학은 마음을 유연하게 만들 수 있는 심리적 연습의 장의 기능을 해 왔다. 인도 철학도 주요 교의들을 증명하기 위하여 자체의 명상 수행법을 가지고 있다. 인도 철학은 명상적인 수행이 없이 개념적이거나 이성적인 수준만으로는 이해될 수 있는 것이 아니다. 인도의 모든 주요 철학은 이성은 조직할 수 있으나 진리는 조직할 수 없다는 입장을 취하고 있다. 이런 이유 때문에 모든 심리적 선입견을 넘어서는 직접적 지각이 요구된다.

인도 철학의 기본적인 모든 개념들은 마치 숨겨진 씨앗처럼, 리그 베다 같은 고대 가르침들 속에서 만트라, 상징, 제례 의식과 이야기 속에 존재하고 있다.

비정통파의 불교, 자이나교와 시크교의 가르침을 포함한 모든 인도 철학은 아래와 같은 공통점을 지니고 있다.

우주적인, 무한한 그리고 영원한 진리가 존재하고 있는데 그것은 바로 의식이다.

인간은 그 진리에 대한 무지로 재탄생이나 환생의 순환 안에 묶여 있다. 이러한 속박은 자아와 욕망에 기초하고 있으며 그 결과가 고통이다. 오직 자아의 소멸과 욕망을 포기함으로써 속박에서 벗어날 수 있다. 그렇게 하지 않는다면 모든 욕망이 버려질 때까지 계속 태어나게 될 것이다.

해방이라는 이 목표에 이르기 위해서는 진리, 비폭력, 정직, 순수, 단순 같은 바른 가치를 따라야 한다.

이것에 이르기 위하여 요가와 명상을 수행해야만 한다. 이 상태에 이르렀던 많은 위대한 현인들은 각각의 개인이 따라야 할 많은 가르침들을 남겨 놓았다.

이 각각의 가르침들은 나름의 철학적 견해를 가지고 있다. 그 각각의 가르침은 다른 철학의 정당성을 논박하였고 자체 내에서도 다른 체계를 논박하였다. 중세 인도의 토론 모습은 철학자 자신의 관점에서 다른 모든 견해들을 논박하고 난 뒤에 자기 관점의 독특한 합리성을 만들어 내야 하는 논박의 방식을 채택하고 있었다.

우리가 알아야 할 또 한 가지가 있는데, 그것은 초기 시대의 의사소통은 오늘날처럼 분명할 수 없었다는 점이다. 따라서 의사소통을 잘못 하기가 쉬웠다. 오늘날 우리가 이들의 많은 논쟁을 보면 사소하거나 의미론적인 것이 대부분이다. 그리고 이 영적 철학의 체계들 사이에 깊은 유사성과 상보성을 지니고 있음을 볼 수 있다.

이 모든 가르침은 진리가 개념적 사고를 초월한 곳에 있다는 것이다. 우리가 마음의 편견, 견해, 선입관으로부터 자유로울 때만 이 진리가 실현될 수 있다고 주장하고 있다. 유럽과 중동에서는 성스러움을 두고 전쟁터에서 전쟁을 하였다. 그러나 인도에서는 더 관용적이고 지성적인 논쟁을 철학적 장면에서 한 것 같다.

베다 철학에는 여섯 흐름이 있다. 1) 상키야(Sankhya), 2) 요가(Yoga), 3) 베단타(Vedanta), 4) 미맘사(Mimamsa), 5) 니야야(Nyaya), 6) 바이세쉬카(Vaisheshika)가 그것들이다. 각 학파는 창시자와 주 경전을 가지고 있다. 상키야는 성자 카필라(Kapila)로부터 비롯되었다. 카필라의 원전이 남아 있지는 않다. 그래서 상키야는 이슈와라 크리슈나(Ishwara Krishna) (바가바드 기타의 크리슈나와는 다른 인물임)의 상키야 카리카(Sankhya Karika)에 바탕을 두고 있다. 요가는 파탄잘리의 요가 수트라에 바탕을 두고 있다. 베단타는 바다라야나(Badarayana)의 브라마 수트라(Brahma surta)에 바탕을 두고 있다. 미맘사는 자이미니(Jaimini)의 미맘사 수트라(Mimamsa sutra)를 바탕으로 하고 있다.

이들의 초기 경전 즉 수트라는 아주 간결한 언어로 쓰였기 때문에 주석이 없이는 이해할 수가 없다. 따라서 각각의 경전에는 주석들이 있다. 예를 들면, 비야사(Vyasa)는 요가 수트라에 대한 주석서를 남겼다. 샹카라와 라마누자(Ramanuja)는 브라마 수트라에 대한 주석서를 남겼다. 한 주석에 모두가 동의하는 것은 아니다. 주석가들 사이에도 의견을 달리하는 경우가 있다.

상키야는 고전 요가 체계의 바탕이 되는 기본 철학이므로 상키야와 요가는 대체적으로 조화를 이룬다. 미맘사가 베다 의식의 해석이며 베단타가 베다의 지식 혹은 영적 해석이므로 베단타와 미맘사는 조화를 이룬다. 니야야와 바이세쉬카는 심리적이거나 지적인 체계이므로 서로 조화를 이룬다.

불교 철학으로는 사우트란티카(Sautrantika), 비갸나바다(Vijnana-vada)와 수니야바다(Shunyavada)가 있다. 나가르주나(Nagarjuna)의 작업에 바탕을 둔 수니야바다 체계는 모든 실재의 공(空)을 설파하고 있다. 바수반두(Vasubandhu)에 바탕을 둔 비갸나바다(Vijnanavada) 체계는 실재의 본성을 순수 의식으로 가르친다. 사우트란티카(Sautrantika) 체계는 모든 현상의 덧없음을 가르친다.

힌두교와 불교를 결합하고 종합하려는 노력이 있었다. 이 현상은 중세 때 주로 인도네시아와 인도차이나에서 있었다. 아마 중앙아시아에서도 일어났을 것이다. 오늘날에도 이러한 노력이 네팔에서 일어나고 있다. 네팔에서는 힌두교와 불교의 신들이나 요기들이 동시에 숭배되고 있다.

상키야

인도의 가장 기본이 되는 철학은 상키야 체계이다. 다른 모든 정통파와 비정통파의 철학들은 상키야로부터 영향을 받았다. 원리가 상키야와 일치하지 않는다 할지라도, 그 철학들은 상키야의 구조와 논리를 따랐다. 상키야는 카필라(Kapila)에게로 거슬러 올라가야 한다. 카필라는 리그 베다 시대의 인물이다. 그는 오랜 세월 영향을 끼친 인도의 유명한 성자였다. 그의 명성은 크리슈나나 붓다와 맞먹을 정도였다. 그의 이름은 지혜 그 자체와 동일시되고 있었다. 그러나 상키야의 대부분의 가르침은 일부 원문을 제외하고는 세월이 지나면서 소멸되었다.

크리슈나의 시대와 바가바드 기타 속에서는 상키야, 요가 그리고 베단타는 하나였다. 크리슈나는 세 가지 모두를 같은 진리의 양상들로 보고 가르쳤다. 이 가르침이 아주 사소한 개념적 차이로 대립되게 된 것은 붓다 시대 이후의 철학 영역에서였다. 그래도 그 철학들 모두는 같은 기본 체계와 용어를 가지고 있었다. 또한 그들의 철학들에 영감과 권위를 얻기 위하여 모두 베다와 우파니샤드를 사용한다.

상키야는 글자 그대로 열거의 과학이다. 상키야는 우주적 존재의 기본 원리를 열거하고 있다. 그 원리는 24개이다. 그것들은 1) 최초의 물질(Prakriti), 2) 우주적 마음(Mahat), 3) 자아(ahamkara), 4) 마음(manas), 5-9) 최초의 속성인 다섯 탄마트라(tanmatra) 즉 시각, 후각, 청각, 미각, 촉각의 근원적인 원리, 10-14) 다섯 가지 감각 기관인 눈, 코, 귀, 혀, 피부, 15-19) 다섯 행위 기관인 입, 손, 발, 생식기와 항문, 그리고 20-24) 에테르, 공기, 불, 물, 흙 이라는 다섯 가지 거친 원소로 이루어져 있다.

푸루샤(Purusha) 즉 순수 의식은 이 24개의 원리 중에서 첫째일 것이다. 그러나 엄격히 말한다면 푸루샤는 드러나 있는 것들 너머에 존재하고 있다.

상키야와 다른 모든 체계들도 신체 기관과 원소에 바탕을 둔 비슷한 원리를 가지고 있다. 이 원리를 36가지로 확장하여 설명하는 탄트라 체계도 있다.

상키야는 두 가지 궁극적 원리가 있다고 가르친다. 즉, 푸루샤로 불리는 의식 혹은 보는 자의 원리와 프라크리티로 불리는 나타난 것 혹은 보여지는 것의 원리이다. 푸루샤는 의식이다. 프라크리티는 경험의 재료이다. 요가의 목적은 보여지는 것과의 동일시를 벗어나 영원히 자유롭고 희열이고 무한한 것인 보는 자의 순수 의식으로 돌아가는 것이다.

세 구나

최초의 자연인 프라크리티는 구나(guna) 혹은 밧줄로 불리는 세 성질로 이루어져 있다고 한다. 왜냐하면 세 가지 성질이 굴레의 원인이기 때문이다. 선과 덕을 의미하며 빛과 밝음의 원리인 사트바(sattva), 글자 뜻 그대로는 폭풍을 의미하며 에너지와 움직임의 원리인 라자스(rajas) 그리고 활발하지 못한 무거움의 원리인

타마스(tamas)가 그것들이다.

사트바는 흰 빛이며, 하늘과 관련되며, 베다 체계에서 낮에 상응한다. 라자스는 붉은 빛이며, 대기와 관련되며, 베다 체계에서 새벽에 상응한다. 타마스는 검은 빛이며, 땅과 관련되며, 베다 체계에서는 밤에 상응한다.

자연 내에 있는 모든 사물들은 이 세 구나의 조합이다. 사물에서 보는 특성, 이를테면 딱딱함, 부드러움, 무거움, 가벼움, 뜨거움, 차가움 같은 모든 특성은 이 세 구나로부터 나왔다. 모든 사물은 다름 아닌 구나들의 조합일 뿐이다. 따라서 그것 자체로 본다면 의식만이 존재하고 있다. 집에서 지붕, 바닥 및 벽을 떼 내어 버리면 무엇이 남겠는가? 집은 단지 마음속의 경험일 뿐이다.

사트바는 마음의 자연스러운 성질이며, 라자스는 생명력의 성질이며, 타마스는 육체적 몸의 성질이다. 라자스가 마음 내에 일어날 때 혼란과 욕망이 있게 된다. 타마스가 마음 내에 일어날 때 무지와 둔함이 있게 된다. 모든 요가는 마음을 순수한 사트바 상태로 가져오기 위하여 마음으로부터 라자스와 타마스 상태를 감소시키려 한다. 순수한 사트바 즉 자연스런 상태의 마음은 진리를 지각하고, 보는 자 즉 푸루샤를 담을 수 있는 힘을 가지고 있다.

세 가지 구나들은 우리에게 사물의 특성 혹은 영적 가치를 이해할 수 있는 체계를 준다. 구나는 우리 삶의 모든 것, 이를테면 음식, 생각, 감정, 인상, 우리의 신념 및 열망을 분류하는 데 사용된다.

그러므로 요가에서 말하는 식이 요법은 주로 사트바적인 음식을 먹고, 사트바적인 환경에서 살고, 사트바적인 사람과 어울리며, 사트바적인 생활양식을 가지는 것을 목적으로 하고 있다. 사트바적인 음식은 우선 신선해야 하고, 유기농법으로 만들어진 것이어야 하며 또 사랑으로 조리된 채식을 말한다. 사트바적 환경은 자연스럽고, 순수하고, 고요하고, 조화로운 것을 의미한다. 사트바적 사람은 사랑, 믿음, 헌신, 정직과 진솔함의 소유자들이다.

요가

요가 체계는 상키야 철학을 받아들이고 있다. 요가는 상키야 철학에 하나를 부가하고 있는데, 그것은 인격신인 이슈와라(Ishwara)이다. 그러나 요가에서의 이슈와라는 세상의 창조주가 아니라 신성한 스승 혹은 우주적 구루와 같은 존재이다. 상키야 철학은 조물주 혹은 우주적 신을 인정하기는 하지만 모든 현현 너머에 있는 순수 의식을 진정한 신성이라고 강조한다.

요가는 상키야 체계에다 여덟 단계(ashtanga)라는 수행 체계를 가지고 있다. 이 여덟 단계는 올바른 태도(yama), 올바른 준수(niyama), 자세(asana), 호흡통제(pranayama), 감각의 통제(pratyahara), 집중(dharana), 명상(dhyana)과 사마디(samadhi)이다. 이것들은 실천적 원리이지 철학적 원리가 아니다. 다른 모든 체계들도 이러한 여덟 단계의 수행체계를 받아들이고 있다.

베단타

베단타는 우주의 창조주, 유지자, 파괴자로서의 우주적 신인 이슈와라를 받아들인다. 많은 베단타 체계도 최초의 자연인 프라크리티를 마야, 즉 궁극적으로는 존재하지 않고 있는 환영의 힘이라 여긴다. 마야를 환영으로 가르치는 체계는 비이원론에 속한다. 그들은 실재는 오로지 하나이며, 신도 궁극적으로는 존재하지 않는다고 한다. 모든 사물을 오직 하나인 진리의 드러남으로 보는 현실적인 비이원론도 있다.

이원론적 베단타 체계도 있다. 이들은 본질적으로 유신론적 입장을 취하고 있다. 그렇지만 이 이원론적 체계도 진리의 한 모습으로 비이원성을 받아들인다. 이러한 점으로 미루어 보았을 때 이 체계는 일원론의 경험이나 개인 영혼과 초월적인 신과의 동일시를 인정하지 않는 유대-기독교 및 이슬람 종교의 이원론적 체계보다 훨씬 더 복잡하다.

베단타의 기본 개념

아트만(Atman)　　내면에 존재하고 있는 더욱 높은 나로서의 참나. 개별적인 나(jivatman)와 지고의 절대적인 참나(paramatman)가 있다. 우주의 공간과 항아리 안의 공간이 하나이듯, 이 둘은 본질적으로 하나이다.

브라만(Brahman)　　절대적인 또는 지고의 실재. 태어나지도 창조되지도 않는 초월적 존재.

이슈와라(Ishvara)　　인격 신. 창조에 가담하고 있는 브라만.

불교의 체계

불교 철학은 어떤 이슈와라도, 우주적 신도 인정하지 않는다. 대승 불교도 자연을 마야, 환영 또는 공으로 여긴다. 이 철학 또한 비이원론을 가르친다. 그러므로 이 철학은 마야바다(Mayavada), 즉 아드바이타 베단타 가르침에 대한 불교의 모습이다. 하지만 이 불교 체계는 순수 의식을 아트만이나 내면의 참나로 보지 않고 아무런 자기라는 느낌이 없는 것으로 여긴다. 비갸나바다(Vijnanavada)와 같은 일부 불교 체계는 프라갸나트만(Prajnatman), 즉 지혜의 참나라는 용어를 사용하고 있다. 그 체계들은 베단타 관점과 아주 가깝다.

자이니즘(Jainism)

자이나교는 행위의 길을 강조한다. 그러므로 자이니즘이 그들 나름의 철학을 가지고 있었지만 높은 수준의 철학을 발달시키지는 못하였다. 그들은 사고를 통해 배우는 것보다는 행동을 통해 배우는 것이 더 중요하다고 여겼다.

종합

비록 이러한 철학들이 세부적인 면에서는 견해를 서로 달리 하고 있지만, 각 철학은 다른 철학들에 의해 인정되고 있는 중요한 진리 또는 통찰의 측면을 가지고 있다. 그것들을 요약하면 다음과 같다.

상키야　상키야의 근본 통찰은 영과 물질, 내부와 외부, 의식과 형태 사이의 변별이다. 상키야는 모든 영적 가르침의 출발점이다. 상키야는 또한 각 단계에 적합한 경험을 위하여, 우리의 본성과 능력에 따른 우주적 원리의 목록을 제시하고 있다. 지각 과정과 의식의 본질에 대한 이 관점은 모든 체계들이 따르고 있다.

요가　요가의 근본 통찰은 실천의 필요성을 바탕으로 한 여덟 단계의 통합적인 요가의 길을 제시하고 있다는 것이다. 모든 체계는 요가의 이 여덟 단계 중 일부분을 사용하고 있다. 어떤 체계들은 요가 자세를 사용하고, 또 다른 체계들은 호흡이나 명상을 가르친다.

베단타　베단타의 근본 통찰은 참나 즉 내면의 의식이 유일한 실재라는 것이다. 베단타는 또한 모든 삶의 절대적 합일의 진리를 강조한다. 이원론적 베단타는 헌신과 신 숭배를 강조한다.

미맘사　미맘사의 근본적 통찰은 자신과 사회를 우주의 제례 의식적인 질서와 조화시키기 위하여 외부 생활에서도 의식을 사용할 필요가 있다는 것이다. 모든 체계들은 자신의 가르침을 향상시키거나 보존하기 위하여 여러 가지 의식들을 사용하고 있다.

사우트란티카　이 철학의 근본 통찰은 모든 사물의 본성은 일시적이며 덧없다는 것이다. 영적인 삶은 항상 덧없는 것에서 영원한 것으로 옮겨가는 것이다.

비갸나바다　이 철학의 근본 통찰은 실재는 순수 의식으로 되어 있다는 것이다. 여러 체계가 의식에 대해 다르게 정의하고 있지만, 의식은 궁극적으로 정의내릴 수 없다는 데 모두 동의한다.

슈니야바다　이 철학의 근본 통찰은 진리는 마음의 모든 개념을 초월한다는 것이다. 상키야와 요가가 그러한 것처럼 베단타도 역시 이 관점을 받아들인다. 네티(neti)-네티(neti), 즉 우파니샤드에서 가르치고 있는 위대한 부정의 방법을 사용하고 있다.

새로운 시대의 철학

각 철학들의 의미론적 차이에 대하여 개의치 않는다면, 우리는 이 체계들 내에 필연적 모순이 없음을 알 수 있을 것이다. 오늘날 우리는 통합과 화해의 시대에 살고 있다. 우리는 지성을 날카롭게 하기보다는 이해를 증대시키고 지성을 뛰어넘기 위해 노력하고 있다. 이러한 점에서 볼 때 철학은 새로운 방향을 모색해야 할 것이다. 이제 철학의 시대는 끝나 가고 있다. 오늘날 우리가 필요로 하는 것은 개방과 자유의 태도이다. 마음에 담고 있는 이름이나 형태에 대한 고집을 버려야 할 때이다. 이를 바탕으로 영적 영역에서 새로운 실천적 실험이 요구되는 시대이다.

활동하고 있는 마음은 영적 지식의 도구가 아니다. 진리 지각은 마음의 수동성을 요구한다. 우리가 먼저 해야 할 것은 바로 마음의 수동성이다. 영적 철학이 우리의 마음을 훈련시키는 데 도움을 줄 수 있고, 우리가 이르러야 할 것에 대한 생각은 줄 수 있다. 그러나 우리는 기꺼이 그러한 철학들을 내려놓고, 긍정적이든 부정적이든 어떤 말로도 설명할 수 없는 진정한 진리에게로 가야 한다.

제 11 장

✿

요가의 길

밝게 빛나는 선지자들은 요가로 그들의 지성과 마음을 통제하고 있다. 지혜로 가는 모든 길을 알고 있는 그들은 신들에게 드리는 기도문을 만든다. 태양과 같은 신의 의지에 대한 믿음이 확고한 자는 위대하다.

－리그 베다, Ⅴ . 81. 1.

요가

베다 가르침에 있어서 베다의 어떤 내용을 단지 이론적으로 혹은 개념적으로 아는 것은 충분하지 않다. 지성은 진정한 지식의 도구가 아니다. 우리가 무엇을 배우든 그것을 우리의 일상생활 속에서 몸으로, 말로, 마음으로, 온전한 자각으로 실천해야만 한다. 우리가 배우는 것이 우리 본성의 일부분이 되고, 또 그 배움을 통해서 우리가 누구인지를 알고 나서 변화되고, 그것에 의하

192

여 우리의 더욱 높은 본성으로 되돌아갈 때만이 참으로 알았고 완성되었다고 말할 수 있다. 베다 가르침의 이 실천적 적용이 요가이다. 요가와 베다는 서로 분리될 수 없지만, 실천은 이론보다 더 중요하기에 요가는 베다보다 더 중요하다.

요가라는 용어 자체는 결합, 조정, 조화, 통합, 활용을 뜻한다. 그것은 변형 혹은 해방을 향한 에너지의 최대한의 조정을 의미한다. 이 모든 의미들이 요가의 어원 '유즈'(yuj)에 나타나 있다. 이 단어는 'yu'라는 더 단순한 어원에 기초를 두고 있다. 'yu'는 의지, 방향, 속도, 명령, 집중을 뜻하는 모음 'i'로부터 나왔다. 'yu' 그 자체는 합일과 분리, 즉 실재와 합일하고 비실재와 분리함을 의미한다. 거기에 에너지, 창조성, 방향성을 강조하는 자음 'j'가 결합되었다. 그래서 요가라는 말에는 통합, 식별 그리고 훈련이라는 의미가 담겨 있다. 산스크리트나 다른 언어에 요가의 동의어들이 있다. 그것은 종종 방법, 길, 일로도 불린다.

일로서의 요가는 우리 자신을 위하여 무엇인가를 얻기 위해서, 또는 무엇인가가 되기 위하여 하는 일반적인 의미의 일이 아니다. 그것은 달성이나 성취 혹은 습득의 형태가 아니다. 일로서의 요가는 우리의 이기적 충동을 우주적 의지 속으로 녹이려는 영적 작업이다. 그러므로 일로서의 요가는 밖으로 뻗어 나가려는 보통의 방향과 반대로 내면의 활동이나 비활동(非活動)으로 나아가는 길이다. 요가는 명상, 끈기, 인내, 침묵, 은거 및 평화와 같은 내용을 갖고 있다. 요가를 비유적으로 말하자면, 그것은 한 조각의 땅에 물을 대기 위해서 강으로부터 관개수로를 만드는 것과 같다. 그 작업은 물을 만드는 것이 아니라 단지 물이 흐르게 하기 위하여 그 땅에 통로를 만드는 것이다. 그러므로 요가는 진리라는 내적인 물과의 접촉이라는 목적 이외의 아무런 다른 목적을 가질 수 없다. 요가는 고대의 기록에서는 희생, 복종, 공물과 봉헌을 뜻하는 '야그나'(yajna)라고 불렸다. 그러므로 요가의 작업은 내적이고 높은 것의 길이 나타나도록 하기 위하여 외적이고 낮은 것을 희생하는 것이다.

요가는 특별한 은총이나 힘으로 나아간다. 이 은총을 요가 샥티(shakti) 즉 요가의 힘이라 한다. 실제로 일을 하는 것은 우리의 개인적 의지가 아니라 요가 샥티이다. 이 요가 샥티는 내면에 있는 여신, 신비스러운 에너지, 진화를 불러일으키는 어머니 자연의 지성이다. 요가의 일을 지시하고 계획하는 것은 자연의 힘 그 자체인 요가 샥티의 자연스러운 지성이지 우리 자신의 개인적 정신력이 아니다. 우리는 샥티의 일을 도울 수 있다. 즉, 그 일에 우리가 동의함으로써 우리는 우리 안에 요가 샥티의 힘이 작용하도록 허락할 수 있다. 그러나 우리는 우리 스스로 그 일을 할 수는 없다. 죽게 마련이고 유한하고 제한적인 것은 불멸하고 무한하고 한계가 없는 것이 될 수 없다. 그러나 만약 우리가 우리의 유한한 본성을 더욱 높은 열망에 복종한다면, 우리는 불멸의 힘 스스로가 나타날 수 있는 공간, 장 그리고 기반을 만들 수 있다.

요가에는 많은 길과 모습이 있다. 그러나 그것 모두는 다음 다섯 가지 영역 아래에 들어올 수 있다. 그것들은 지식의 길, 헌신의 길, 기법의 길, 봉사의 길 그리고 앞의 넷 모두를 포함하고 있는 통합의 길이다.

모든 영적이며 종교적인 가르침들은 그 나름의 수행 방법 즉 요가를 가지고 있다. 그러나 우리가 그러한 접근 방법들 중에서 가장 큰 다양성과 자유를 발견하는 것은 히말라야에서 온 영원한 가르침인 사나타나 다르마에서이다. 개인이 반드시 하나의 길을 따라야 한다는 법칙은 없다. 어떤 특정한 수행 방법 안에서조차도 개인이 특정한 방법을 반드시 따라야 한다는 주장은 없다. 필수적인 것은 우리의 내적 본성이나 진정한 가슴에 가장 와 닿는 길 중 하나를 따르고 그 길에 우리의 모든 주의와 헌신을 바치는 것이다. 이것도 개인적 노력이나 분투로써 일어나야 하는 것이 아니라, 우리의 삶과 존재의 풍부함의 표현으로 그리고 초월하고자 하는 우리의 욕구에 의해서 일어나야 한다. 베다에서는 보편적인 것으로서, 중요한 것은 수행 방법에 대한 태도와 집중이지 그것이 어떤 것인가가 아니다.

인도의 고전 요가 체계는 파탄잘리의 요가 수트라에 요약되어 있는 라자 요가(raja yoga)이다. 그것은 기원전 3세기경으로 거슬러 올라간다. 하지만 요가라는 용어는 바가바드 기타와 여러 우파니샤드에 이미 보인다. 주요 베다인 리그 베다와 야주르 베다에도 이 용어가 보인다. 희생을 뜻하는 야그나라는 용어를 앞에서 이미 언급하였는데, 베다에서는 요가라는 말 대신에 이 말을 쓰고 있다.

가장 의미 있는 요가의 고대 모습은 만트라 요가 즉 신성한 말의 요가이다. 만트라 요가는 모든 고대의 경전들에 스며들어 있다. 따라서 요가는 인간이나 인간의 언어만큼이나 오래 되었다. 언어 그 자체는 처음에는 인간이 신, 신의 우주적 힘 및 현존과 소통하기 위한 노력으로 그리고 인간이 우주와 재통합하기 위한 수단으로 만들어졌다.

삶 그 자체가 요가이다. 삶 속에는 성장, 진화 그리고 변형을 향하여 나아가려는 의지가 있다. 삶 속에 내재된 요가를 향한 이 의지는 영감을 주는 베다의 태양신인 사비타르이다. 사비타르는 모든 신들 뒤에 있다. 어떤 특정한 결과를 얻기 위하여 앞으로 나아가려고 노력한다는 점에서 삶 역시 요가이다. 우리가 무엇을 하든 어떤 특정한 목적을 이루기 위하여 행위를 하기 때문에 그 일들이 일종의 요가이다. 일반적으로 우리는 삶의 외적 목표를 달성하기 위하여, 우리의 외적 힘을 발달시키기 위하여 여러 가지 노력을 한다. 그런 의미에서 우리는 무의식적으로 어떤 형태의 요가를 행하고 있는 셈이다. 반면에, 진정한 의미의 요가에서 우리는 해방이라는 내적 목표를 얻기 위하여 우리의 에너지를 내면으로 보내는 것을 배운다. 이것을 위해 요가는 우리가 우주의 지성과 제휴할 수 있는 방법 그리고 우주의 힘을 활용할 수 있는 방법을 우리에게 보여 주고 있다. 요가는 우리의 개인적 에너지를 사용할 때보다 더 큰 행위와 변형의 힘을 우리에게 일으킨다.

그러므로 우리가 따르고 있는 요가의 길에 이 거대한 신성의 힘과의 제휴가 나타나야 한다.

지식의 요가

갸나 요가(Jnana Yoga)

베다에서 지식이란 고차원적인 것과 저차원적인 것, 우수한 것과 열등한 것, 즉 파라(para)와 아파라(apara)라는 둘로 나누어진다. 저차원 또는 열등한 지식이란 외부 세상에 대한 지식을 말한다. 그것은 이름과 형상을 가지고 있으며 측정할 수 있는 것들이다. 이 지식을 통하여 우리는 세상의 대상을 인식하며 그 대상을 사용하는 방법을 배운다. 모든 과학은 저차원적 지식의 한 모습이다. 그 이유는 과학은 측정과 수리와 오감을 통하여 우리에게 오는 정보를 바탕으로 하기 때문이다. 측정 가능한 것을 제외시킨다면 과학에 무엇이 남을 것인가? 이름을 버린다면 사물에 대해 우리가 실제로 아는 것이 무엇일까?

저차원적 지식은 한계가 있으며 피상적이라는 것을 우리는 알 수 있다. 그와 같은 지식은 외적 사물을 다루는 방법을 우리에게 주기는 하지만 사물이 지닌 본질을 알게 해 주지는 못한다. 예를 든다면, 과학은 우리에게 별의 화학적 성분에 대해서는 말해 줄 수 있지만 별의 존재, 별의 영혼, 별이 탄생한 목적 등에 대해서는 말해 줄 수 없다. 후자의 내용은 과학의 범주 너머에 있다. 저차원적 지식은 그 나름의 영역을 가지고 있다. 그러한 지식은 삶의 외적 영역을 다루는 데 도와주지만 절대적 진리나 실재를 위한 지식으로는 충분하지 않다. 대다수의 과학자들도 이러한 인식을 지니고 있으며, 그들도 자신들의 접근 방식의 본질적인 한계를 알고 있다.

영적 가르침의 개념적 혹은 이론적 지식조차도 외적 지식이다. 모든 이차적 지식은 외적 지식에 속한다. 이차적 지식은 한계가 있다. 이차적 지식은 존재하고 있는 것을 변화시킬 수 있는 아무런 힘을 가지지 못하는 단어나 기억으로 이루어져 있을 뿐이다.

모든 지식에 정통해 있으면서도 그 지식을 통하여 그 어떤 진정한 확신이나 평화 혹은 행복을 얻지 못한 파우스트의 독백을 우리는 기억하고 있다. 우파니샤드에 보면, 나라다(Narada)가 세상의 스승이자 영원한 아이인, 순결한 마음을 지닌 사나트 쿠마라(Sanat Kumara)에게 다가간다. 사나트 쿠마라는 나라다에게 무엇을 알고 있는지를 묻는다. 나라다는 모든 베다와 점성술에서 궁술에 이르기까지 자신이 살고 있던 그 시대의 모든 예술과 학문을 열거하였다. 이 말을 듣고 사나트 쿠마라는 이 모든 지식이 단지 이름에 불과하다고 말한다. 슬픔 너머로 가기 위해서는 자기 자신을 알아야 한다. 외적 지식이 아무리 매혹적이라 할지라도, 또 아무리 많은 외적 지배력을 가져다준다 할지라도 그 지식은 우리가 진정 누구인지에 대한 이해를 줄 수 없다. 외적 지식은 더욱 많은 외적 에너지를 만들어 낸다. 따라서 우리는 우리가 가져야 할 내적 지혜를 일어나게 하기 위한 에너지를 덜 가지게 된다. 이것이 인류가 가지고 있는 현재 위기의 뿌리이다.

고차원의 지식이란 측정할 수 없고, 이름이 없고, 형상도 없는 절대적인 실재에 대한 지식이다. 그것은 어떤 특별한 개념적 내용을 가지고 있지 않다. 그것은 어떤 이론이나 정보의 문제도 아니다. 그것은 의식 그 자체에 관한 지식이다. 저차원의 지식은 외적 사물에 대한 관찰에 근거하고 있다. 대상은 감각을 통하여 우리에게 제시된다. 고차원의 지식은 자기 관찰에 근거하고 있다. 저차원의 지식이 마음을 통하여 작용하고 마음의 기본적 패턴을 받아들이는 반면에, 고차원의 지식은 마음 그 자체의 관찰에 근거하며 마음의 타고난 한계를 안다. 저차원의 지식이 마음의 활동을 통하여 나아가는 반면에, 고차원의 지식은 마음의 수동성을 통하여 온다.

마음은 언제나 시간, 공간, 원인과 결과 안에서 생각해야 한다. 이 네 가지가 마음의 중요한 범주들이다. 그것들은 어떤 철학적 원리들이 아니라, 초점이 외부를 향해 있는 마음의 타고난 구조이다. 마음은 생각에 바탕을 두고 있다. 생각은 이름, 형상 그리고 자아상이다. 마음을 관찰함으로써, 우리는 마음의 구조와 마음의 본질적 한계 너머로 가는 능력을 얻는다. 우리는 시간, 장소, 사람에 대한 집착과 한계로부터 자유로워지면서 점차 영원, 무한과 절대에 대하여 알게 된다. 마음을 통하여 사물을 바라보는 것은 곧 그 사물에 관한 개념, 판단이나 견해에 사로잡히게 만든다. 사물을 직시한다는 것은 모든 것 속에서 하나를, 하나 속에서 모든 것을 발견하는 것이다.

지식 요가의 목표인 해방은 마음에 의한 생각과 관찰자 의식, 즉 생각 너머에 있는 보는 상태, 이 둘 사이를 식별함으로써 온다고 정의한다. 지식 요가인 갸나 요가는 보통 요가의 길 중 가장 고차원적이고 궁극적인 길이라고 간주되고 있다. 파탄잘리의 요가에 대한 고전적 정의는 '마음의 사고 패턴을 고요하게 하는 것'(citta vrtti nirodha, Yoga Sutras I. 2)이다. 이것은 지식이나 지혜에 대한 정의이다.

* * *

지식의 요가는 이론적 혹은 실천적 정보를 얻기 위한 것이 아니다. 지식의 요가는 비록 삶의 중요한 질문인 '나는 누구인가?', '신, 진리, 실재가 무엇인가?'를 깊이 고찰하는 것으로부터 출발하지만, 그것은 생각하는 마음의 수행은 아니다. 그것은 마음을 판단을 배제한 관찰의 상태에 둔 명상 수행이다. 그러므로 고전적 의미의 갸니(Jnani), 즉 영적 지식의 사람은 미묘한 관념에 매달려 있는 철학자와는 아주 다르다. 갸니는 고요하고 비개인적이며 비활동적인 모습으로 있다. 갸니는 노자의 자연스러운 현자와 유사하다. 요기의 지식은 각성 그 자체의 상태이다. 어떠한 목표를 가지거나 목적을 추구하는 것이 아니다. 요가의 지식은 아무런 책에도 의존하지 않으며 순간순간의 삶이 주는 메시지를 읽는 것이다.

　따라서 지식의 요가에는 이론이 거의 없다. 지식의 요가가 던지는 주된 말은 간단하다. 즉 "너 자신을 알라."이다. 일반적으로 지식의 요가는 '세상은 어떻게 시작되었는가', '창조의 질서는 무엇인가'와 같은 질문을 포함한 일체의 형이상학적 이론과 논의를 하지 않는다. 또 어떤 지식 요가의 가르침은 신이나 구루 혹은 종교적 신념에 대한 믿음을 요구하지도 않으며, 형식이나 의식에서 벗어나 있다. 사물에 대한 모든 설명은 마음에 속하는 것이라고 그들은 말한다. 진리는 모든 이론 너머에 있으며 모든 믿음의 밖에 있으므로 말로 표현할 수 없는 것이다. 진리는 오직 봄의 상태에서 체험되어야 하는데, 여기서 봄은 선택 없는 관찰을 통해서만 배울 수 있다. 따라서 갸나 요가는 비록 하기는 매우 힘들지만, 우리의 마음과 습관적인 사고 과정 너머로 곧바로 가는 것을 요구하기 때문에 매우 단순하다.

참나 탐구

　지식 요가의 가장 기본적 수행이 참나 탐구 즉 아트마 비차라(Atma vichara)이다. 참나 탐구는 자기 또는 '나' 생각을 그것의 근원까지 추적하는 것이다. 우리의 마음을 주의 깊게 관찰하면 모든 생각이 '나라는 생각'에 바탕을 두고 있음을 알게 된다. 우리는 먼저 자기 자신에 대한 생각을 가지지 않고는 다른 것에 대하여 생각할 수 없다. 그런데 깊이 들어가 보면, 우리는 '나' 그 자체가 우리에게 알려지지 않은 무엇이라는 것을 알게 된다.

우리는 "나는 이것이고, 이것은 나의 것이다."라는 식으로 우리의 정체성을 어떤 외적 대상이나 특성에 끊임없이 투사하고 있다. 우리는 이 알려지지 않은 '나'를 어떤 알려진 것과 항상 뒤섞고 있다. "나는 착하다 혹은 나쁘다.", "나는 현명하다 혹은 어리석다.", "나는 행복하다 혹은 슬프다.", "나는 힌두교도나 불교도 혹은 기독교도다.", "나는 미국인이다 혹은 러시아인이다.", "나는 흑인, 백인 혹은 황인종이다."라고 말한다. 이와 같은 모든 말들은 '나'를 나와 전혀 관계가 없는 대상에 연결시키는 생각들이다. '나'가 그 자체로 무엇인지를 우리는 알지 못하고 있다. 또 우리가 '나'를 어떤 사물에 투사시키는 한 우리는 우리의 진정한 나를 알 수 없다.

우리의 가장 기본적인 투사는 우리의 자아상이다. 자아상은 "나는 몸이다."라는 생각이다. 우리는 우리의 몸이 자라고 늙어가는 것을 지켜볼 수 있다. 우리는 몸이 우리가 사용하는 도구나 수단이지 진정한 자신이 아니라는 것을 알 수 있다. 만약 우리가 통찰력이 있다면, 우리는 우리의 근본 의식 즉 보는 상태는 모든 외적 변화 너머에 영원히 순수한 채로 있다는 것을 깨달을 수 있다. 우리의 몸에 노화가 찾아오고 생각이 변할 수 있지만, 우리의 보는 상태는 영원하다. 그것을 몸 혹은 어떤 외적 대상과 동일시하는 한 고통을 겪어야 한다. 왜냐하면 모든 외적 대상은 일시적인 것이며, 반면에 우리는 궁극적이고 영원한 행복을 갈망하기 때문이다. 이 영원한 행복에 대한 갈망 자체가 의식의 본질이 희열이고 순수하다는 증거이다.

이것은 우리의 몸이 나쁘고 죄로 물들어 있어서 거부되어야 한다는 것을 의미하는 것은 아니다. 몸은 자연이 제공할 수 있는 최상의 도구이다. 그러나 그것은 단지 도구일 뿐이다. 우리의 차가 우리가 아닌 것과 마찬가지로 몸은 우리가 아니다. 더 이상 몸과 동일시하지 않을 때, 비로소 우리는 몸을 제대로 다룰 수 있으며 개인적 만족을 위해 몸을 남용하지 않게 된다.

지식의 요가와 관련한 가르침

지식의 요가와 관련한 가르침이 많이 있다. 인도의 고전적 가르침 대부분이 베단타의 길이다. 이 길은 여러 우파니샤드(특히 케나 우파니샤드)와 바가바드 기타에 나와 있다. 상키야와 요가 수트라에 있는 가르침 또한 지식의 요가의 최초의 변형들이다. 지식의 요가는 아슈타바크라 상히타(Ashtavakra Samhitha)나 아바두타 기타(Avadhut Gita)와 같은 아드바이타 베탄타의 저서들에 잘 나타나 있다. 더 학문적 견지에서 본다면, 지식의 요가는 샹카라와 그의 추종자들, 그리고 아드바이타 베탄타 학파의 저서들에 보인다. 그 외 지식의 요가와 관련한 다른 학파들로는 케슈미리 쉐이비즘(Kashmiri Shavism), 남인도의 쉐이바 시단타(Shaiva Siddhanta) 등이다.

지식의 요가는 불교 전통에서 아주 두드러지는데, 불교의 지식 요가는 다른 요가보다 지식을 더 강조한다. 티베트의 마하무드라(Mahamudra)와 족첸(Dzog Chen)의 수행, 중국의 찬(Chan), 일본의 젠(Zen), 남부의 비파사나 전통은 모두 인도로부터 불교를 매개로 하여 전달된 지식 요가의 모습이다.

라마나 마하리쉬, 스와미 비베카난다와 스와미 라마 티르타와 같은 오늘날 많은 지식 요가의 스승들이 있다. 지두 크리슈나무르티 역시 모든 전통적이고 문화적 형식으로부터 자유로운, 매우 순수하면서도 현대적인 지식의 요가 방법을 제시하고 있다.

헌신의 요가

박티 요가(Bhakti Yoga)

사랑은 모든 삶의 토대이다. 우리는 사랑 없이 살아갈 수 없다. 신은 종종 사랑으로 정의된다. 우리 삶의 대부분은 사랑을 찾는 데 쓰이고 있다. 그런데 우리는 사랑이 무엇인지를 정말로 아는가? 우리의 사랑 추구는 진리에 바탕을 두고 있는가, 아니면 환영에 바탕을 두고 있는가? 우리의 사랑 추구는 우리에게 진정한 사랑을 가져다줄 것인가, 아니면 실망과 슬픔을 가져다줄 것인가?

지식의 경우와 마찬가지로 사랑도 고차원의 사랑과 저차원의 사랑으로 분류할 수 있다. 여기서 저차원의 사랑이란 성적인 열망, 우리 자신을 외부 대상에 집착시키는 사랑이다. 이때의 사랑은 사랑받으려는 요구이다. 고차원의 사랑은 헌신, 신에 대한 사랑, 진리에 대한 사랑, 생명에 대한 사랑이다. 그것은 기꺼이 주려는 사랑이다. 저차원의 사랑은 바깥으로부터, 어떤 사람으로부터 혹은 어떤 몸으로부터 사랑을 구한다. 고차원의 사랑은 내면에 있는 사랑의 근원으로 가며, 우리 스스로가 모든 것을 위해 기꺼이 그 사랑의 근원이 되고자 한다. 우리는 사랑이 우리의 본성이므로 사랑을 추구해야 한다. 우리 스스로를 연계시키고자 하는 사랑이 고차원의 것인가 혹은 저차원의 것인가는 우리에게 달려있다.

헌신 즉 신성한 사랑은 요가의 길에서 둘째로 중요한 길이다. 헌신은 신성한 참사랑에 대한 경배를 바탕으로 하고 있다. 경배는 인간에 의하여 선택된 신(Ishta devata)들이나 신의 화신들을 통하여 행해질 수 있다. 가끔은 스승이나 구루가 경배의 대상이 될 수도 있다. 이것은 그들의 외적 성격을 경배한다는 의미가 아니라, 그들 안에 있는 신성한 스승에게 경배를 드리는 것이다.

인간의 모습을 한 신성이 헌신에 도움을 주기 위하여 사용되곤 한다. 결국 우리 모두는 우리의 헌신을 수많은 일생 동안 우리의 인간 모습과 같은 어떤 형상이나 인격에 자연스럽게 투사한다. 그러나 형상은 형상 없음으로 가기 위한 수단, 마음의 집중을 돕는 상징에 불과하다. 헌신의 길을 따라 움직이고 있을 때, 우리는 모든 곳, 모든 사물 내에서 신을, 신성에 대한 우리의 모습을 찾기 시작한다. 우리는 신성의 외적인 모습, 즉 인간 모습의 신으로부터 말씀인 내적 모습에게로, 존재 그 자체인 진정한 성품에게로 나아간다. 결국 우리는 우리의 참사랑이 우리 자신의 가슴 속에 존재하는 신성한 현존, 우리 자신의 내적 혹은 진정한 참나라는 것을 깨닫는 데 이르러야 한다.

헌신의 수행은 의식(puja), 노래(kirtan), 신 이름의 암송(japa), 신의 모습에 대한 명상(upasana)으로 이루어져 있다.

여성은 쉬바, 크리슈나, 라마와 같이 남성의 형상을 한 신을 경배할 수 있다. 남성은 여성의 여러 형상으로 있는 여신(Devi)을 경배할 수 있다. 이것은 우리가 자신과 반대되는 성에서 사랑을 찾고자 하는 본질적 충동을 나타내고 있는 것이다. 그러한 신들은 요가의 길에서 시적 영감이나 내면의 안내자가 된다. 우리는 또한 우리와 친밀한 형상을 하고 있는 신을 경배할 수도 있다. 예를 들면, 고행을 하는 요기는 쉬바를 경배하고 여성 요기는 자신이 환생하고자 하는 성모의 형상을 경배할 수도 있다. 여러 모습의 신들이 가능하며, 그들 각각의 신은 그들 나름의 아름다움과 창조에서 그들 나름의 목적을 가지고 있다.

인도인은 늘 경배의 자유를 가르쳐 왔다. 가르침 속에서 그토록 많은 신과 여신들이 등장하는 진정한 이유는 바로 이 자유에서이다. 이처럼 많은 신과 여신들은 비록 미숙한 영혼들에게는 원시적 다신주의로 이용될 수도 있겠지만, 실제로는 어떤 원시적 다신주의가 아니라 인간 개개인에게 맞는 신의 형상의 길을 제공하기 위한 아주 창조적인 개방성이다. 이미 언급한 바 있는 영원한 종교인 사나타나 다르마는 우리 각자가 자신만의 종교를 가져야 한다고 주장한다. 우리는 각자 자신만의 신과 경전을 창조해야만 한다. 궁극적으로는 전 우주가 바로 우리의 창조물이다.

우리 각자는 우리 가슴이 찾고자 하는 형상이 그 무엇이든지 간에 그 형상으로의 신성을 경배할 수 있는 권리가 있다. 그 유형은 돌이 될 수 있고 나무나 구름이 될 수도 있으며, 더 나아가 예수나 크리슈나, 남성의 모습이나 여성의 모습이 될 수 있으며, 가장 고귀한 이상이나 위대한 개념이 될 수도 있다. 그것은 아무런 문제가 되지 않는다. 중요한 것은 우리가 진실로 우리 가슴을 신성에게 바치는가이다. 형상은 조력과 촉매이며, 결국 우리는 우주의 주신(Godhead) 속으로 녹아들어야 한다.

박티 요가는 일반적으로 신에 대한 봉사와 인류에 대한 봉사를 포함하는 것으로 알려져 있는 카르마 요가와 종종 연관되어진다. 헌신이 신을 향한 영혼의 적절한 자세라면, 자비는 다른 창조물에 대한 신과 깨달은 영혼의 적절한 자세이다. 진정한 자비는 신의 특질이며 오직 신과의 내적 연결로부터 올 수 있다. 자비가 타인들에 대한 경시를 담고 있는 동정과 혼동되지 않아야 한다. 자비는 각자 속에 있는 신성의 힘과 지성을 존중하고 그것이 꽃피워지도록 도움을 찾는 일치의 힘이다.

기독교는 헌신의 요가의 가르침이 주를 이룬다. 헌신의 요가의 모든 수행들은 예수, 성모 마리아 혹은 기독교적 전통의 여러 성인들에게 적용될 수 있다. 이슬람교도 헌신이 주를 이루고 있다. 비록 코란이 성경처럼 무수한 시적 은유, 마음의 이미지를 사용하였다 할지라도 일체의 이미지 사용을 금지하는, 형상이 없는 헌신을 가르치고 있다. 힌두교는 이와 유사한 헌신의 접근을 가지고 있지만, 그 범위가 더 광범위하며 또 다른 모든 요가의 길과 연결되어 있다.

헌신은 또한 예술적 심성에도 호소한다. 시적 영감은 신성한 사랑에 대한 낮은 차원의 모습에 불과하다. 이미지, 성상, 의식 그리고 찬가의 사용은 헌신을 통하여 신성에게로 직접 나아가게 하는 예술과 시의 미묘한 모습이다. 예술은 그 참된 모습에서는 헌신의 길이다. 그래서 예술은 마음과 감각으로 하여금 영원한 것을 포착하게 만든다.

헌신의 요가와 관련한 현대의 위대한 스승들로는 라마크리슈나, 파라마한사 요가난다, 아난다마이 마, 슈리 오로빈도와 마더 등이 있다. 헌신이 아마도 힌두교의 본질이기에 목록에 오를 스승의 수는 훨씬 더 많을 것이다. 헌신의 요가와 관련한 고전 문헌으로는 나라다의 박티 수트라(Bhakti Sutras)가 있다. 라마누자와 마다바(Madhva)의 베단타적 접근 또한 헌신의 철학들로 되어 있다. 이러한 철학들은 궁극의 실재로서 유신론을 들고 있으며 신성의 인격화에 초점을 맞추고 있다. 그러나 그러한 철학들은 인격화된 신성의 유희의 바탕인 주신과의 합일을 알고 있었다.

신과 여신들의 형상

쉬바(Shiva), 비슈누(Vishnu), 데비(Devi), 가네샤(Ganesh)와 수리야(Surya)는 인도의 중요한 다섯 신이다. 이중 코끼리의 얼굴을

208

한 신인 가네샤는 쉬바의 아들이기 때문에, 그의 경배는 쉬바에 대한 경배 속에 포함된다. 태양신 수리야는 일반적으로 비슈누의 형상을 띠므로, 그의 경배는 비슈누의 경배에 포함될 수 있다. 중세 인도에서 붓다는 경배의 여섯 번째 모습이었다. 각 신은 비슈누와 락슈미처럼, 자신의 배우자 즉 여신을 가지고 있었다. 그러나 여신의 경우도 독립적으로 경배된다. 여신의 주된 형상은 쉬바의 아내이다. 그래서 쉬바의 아내는 칼리(Kali), 두루가(Durga), 파르바티(Parvati), 우마(Uma), 사티(Sati), 마헤슈와리(Maheshwari) 등 많은 이름과 형상을 가지고 있다. 헌신적 경배를 위한 주요 형식과 수행은 모든 신들에게 똑같이 적용되지만, 각각은 그것 나름의 특별한 접근법들을 가지고 있다.

삼위일체(Trinity)

힌두교의 삼위일체는 브라마, 비슈누, 쉬바이다. 그들 각각은 삼라만상의 창조자, 유지자, 파괴자이다. 이들은 또한 초월적 주신을 쉬바로, 우주의 주재자를 비슈누로, 그리고 우주적 마음을 브라마로도 볼 수 있다. 이 점에서 그들 세 신은 삿(Sat)-탓(Tat)-옴(Aum), 즉 존재(Being), 그것 혹은 내재성(Thatness or immanence) 그리고 말씀 혹은 성령으로도 불리어진다. 이와 같은 힌두교의 삼위일체는 성부, 성자, 성령이라는 기독교의 삼위일체와 매우 유사하다. 삼위일체는 세 가지 성격과 기능을 지니고 있는 신성을 나타내며, 각각은 다른 것들을 포용하고 포함한다.

삼위일체의 각 신은 자신의 아내가 있는데, 브라마에게는 지식의 여신인 사라스와티가 있다. 비슈누에게는 사랑, 미와 기쁨의 여신인 락슈미가 있다. 쉬바에게는 힘, 파괴와 변형의 여신인 칼리가 있다. 브라마, 비슈누, 쉬바가 신의 세 가지 중요한 형상을 띠는 것처럼 여신들도 여신의 세 가지 중요한 형상을 지니고 있다. 세 여신들은 그들의 배우자에 대한 경배와 마찬가지로 독립적으로도 경배된다.

신

쉬바

쉬바는 위대한 신 즉 마하데바(Mahadeva)이다. 쉬바는 창조의 차원 너머에 있는 순수 존재 혹은 신성한 의지이다. 그러므로 쉬바는 요기의 신이며, 지식의 요가를 추구하는 갸니의 신이다. 쉬바는 많은 이름을 가지고 있다. 그것들을 들자면 샹카라(Shankara), 샴부(Shambhu), 사다쉬바(Sadashiva), 루드라(Rudra), 바바(Bhava), 샤르바(Sharva), 파슈파티(Pashupati), 아고라(Aghora), 바이라바(Bhairava) 등이다. 쉬바 그 자체는 자애나 경사로움을 뜻한다. 쉬바의 형상 중 쉬바와 샹카라는 자애로운 모습을 하고 있다. 루드라와 바이라바는 끔찍한 모습을 하고 있다. 하지만 그 같은 끔찍스러운 모습은 우리의 영적 생활로부터 부정적 양상을 제거하는 데 유용하다. 그러므로 그들은 우리의 수호자들이 된다.

네팔, 인도네시아, 인도차이나 지역에서는 쉬바와 붓다의 위대한 종교적 형상을 연관시켜 이 둘의 특징을 결합한 종파가 있다.

나타라자(Nataraj)

우주적 춤을 추는 신으로서의 쉬바인 쉬바 나타라자는 쉬바의 중요한 형상 중 하나이다. 그는 우주를 파괴하는 파괴의 춤인 강력한 탄다바(tandava)를 추고 있다. 이것은 또한 우리를 비실재에서 실재로, 무지에서 지식으로, 자아에서 참나로 데려가는 지식의 춤이기도 하다.

가네샤(Ganesh)

코끼리 형상을 하고 있는 신인 가네샤는 쉬바와 파르바티의 첫째 아들이다. 가네샤는 지혜와 부의 신이다. 가네샤는 모든 장애물을 없애며 행위의 결실을 우리에게 허락한다. 따라서 삶에서 어떤 중요한 과제를 앞두고 그를 부른다. 가네샤 사원은 수없이 많으며, 특히 남인도에 많이 있다.

가네샤는 바로 카파(Kapha, 물)의 신이며 사랑과 기쁨으로 충만해 있다. 그는 온 우주를 자신의 배 속에 담고 있다. 그는 중국인이 그리고 있는 웃고 있는 붓다와 조금 닮았다. 가네샤는 불교 사원과 자이나교 사원에서도 그 모습을 찾아볼 수 있다. 또한 모든 신 중에서 가장 널리 숭배되고 있는 신의 모습이 되고 있다. 가네샤는 가나파티(Ganapati)로도 불려진다. 두 이름은 모든 신의 무리를 관장한다는 뜻인 신들의 주인을 의미한다.

스칸다(Skanda)

스칸다는 쉬바와 파르바티의 둘째 아들이다. 그는 로마 신화에 나오는 전쟁의 신 마르스(Mars)나 아레스(Ares)와 같은 힌두의 전쟁의 신이다. 스칸다는 천상의 신들을 인도하여 악마들을 멸하기 위하여 창조되었다. 그는 모든 신들 중에서 가장 용맹스럽고 사납다. 그는 불인 아그니(Agni)이며, 그 성질은 피타(Pitta, 불)이다. 가네샤가 모든 장애물을 제거하는 반면에, 스칸다는 모든 영적인 힘, 특히 지식의 힘을 준다.

스칸다의 또 다른 이름으로는 카르티케야(Karttikeya), 구하(Guha), 샤단나나(Shadannana) 그리고 여섯 개의 얼굴을 하고 있다는 의미의 샨무캬(Shanmukha)라는 이름이 있다. 그는 또한 영원불멸의 아이인 사나타 쿠마라(Sanat Kumara)로 불리기도 한다.

비슈누

비슈누는 나라야나(Narayana), 즉 죽음을 피할 수 없는 인간 존재 속으로 들어간 우주적 인간이자 신성한 존재이다. 비슈누는 태양이나 태양의 상징인 수리야이자 사비타르이다. 비슈누는 모든 창조물에 퍼져 있는 신성의 현존이다. 비슈누는 세상에 질서를 주고 그의 세 발걸음으로 창조물을 측정하는, 내재하는 신성한 의식이기에 문자대로는 '퍼져 있는 존재'를 뜻한다.

화신

여러 푸라나에서는 10명의 화신을 인정하고 있다. 모든 화신은 비슈누로부터 온다. 왜냐하면 비슈누는 내재하고 있는 안내자인 우주적 신이고 지성이기 때문이다. 그는 우주적 구루이다.

화신으로는 물고기(matsya), 거북(kurma), 수퇘지(varaha), 반인 반수(narasimha), 난쟁이(vamana), 파라슈라마(Parashurama), 라마, 크리슈나, 붓다, 그리고 칼키가 있다. 이 중 파라슈라마는 힘을 지닌 인간의 모습을, 라마는 신성한 전사이자 보호자의 모습을, 크리슈나는 신성한 연인의 모습을, 붓다는 신성한 현자의 모습을, 칼키는 완성자이자 구원자의 모습을 보여 주고 있다. 이상과 같은 계보에서 우리는 영혼이 동물적인 영역에서 완전한 영적 지식의 영역으로 진보해 가는 것을 알 수 있다.

메시아 사상은 고대 페르시아의 조로아스터교로부터 서양 종교인 유대교, 기독교, 이슬람교로 들어왔다. 조로아스터교는 10명의 인드라(Vrithragna)의 화신을 가지고 있다. 그러므로 이 점에서 힌두교의 화신 사상과 연계되어 있다고 볼 수 있다.

라마

람(Ram)이라고도 불리는 라마는 고대의 위대한 신들 중 하나이다. 우리는 람이 인도에서 힌두교와 불교의 기록 모두에 등장하고 있음을 발견한다. 람은 아리안의 다르마를 인도 남부와 더 나아가 바다 멀리까지 전파한 것으로 알려져 있다. 그는 또한 인도네시아와 인도차이나 지역에서도 경배되고 있다. 람은 태양신의 형상, 특히 악마들을 물리치고 우리로 하여금 암흑의 바다를 건너게 하는 밤의 태양으로, 이집트의 아몬 레(Amon Re: Om Ram)와 관련이 있다.

라마의 아내 시타는 대지의 여신이다. 시타는 포용의 마음과 순수한 헌신의 힘이다. 우리가 우리의 시타를 잃어버릴 때, 우리는 모든 것을 잃어버린다. 왜냐하면 우리가 우리에게 성장을 허락하는 겸손을 잃었기 때문이다. 라마야나에 보면, 브라민으로 위장한 악마 라바나가 시타를 속여 라마로부터 그녀를 빼앗아 가는 이야기가 나와 있다.

라마의 가장 중요한 조력자로서 바람의 신이자 원숭이 모습의 신인 하누만(Hanuman) 혹은 마루티(Maruti)가 있다. 그러므로 라마, 하누만과 시타는 각각 태양과 바람과 대지, 즉 베다의 세 가지 세상과 그 세상 각각의 힘을 나타낸다.

라마는 신화 속의 모습인 동시에 역사적 인물이기도 하였다. 라마는 은의 시대인 트레타 유가(Treta Yuga)의 후반기인 기원전 4000년에 인도 북부의 아요디야를 다스렸던 인물로 알려져 있다.

크리슈나

크리슈나는 화신 중에서 으뜸이며, 신성한 사랑과 기쁨의 구현이다. 우리는 온 세상에서 피리 부는 신성한 모습의 연주자를 발견한다. 크리슈나는 수피의 시에서 자주 등장하며, 인간의 마음에 있는 신성의 주요한 원형들 중 하나로서, 유럽과 고대 아메리카 지역에서도 찾아볼 수 있다.

한편 크리슈나는 실제로 역사적인 인물이기도 하였다. 그는 델리의 남쪽에 있는 마투라(Mathura)에서 태어났으며 말년에 구자라트(Gujarat) 주의 드와라카(Dwaraka)를 통치하였다. 크리슈나는 125세의 나이로 죽었다.

크리슈나도 다양한 모습을 가지고 있다. 아기 크리슈나, 소년 크리슈나, 젊은 연인 크리슈나, 무사 크리슈나, 왕 크리슈나, 현자 크리슈나가 있다.

크리슈나의 중요한 두 배우자로 라다(Radha)와 럭미니(Rukmini)가 있다. 이 중 라다는 크리슈나의 젊은 연인이며, 럭미니는 크리슈나의 왕비이다. 크리슈나는 또한 고피들(Gopis)과 같은 무수한 배우자를 가지고 있었다. 크리슈나는 그들 각각을 위하여 다른 모습을 취하였다. 하지만 실제로 모든 영혼은 신성의 연인인 크리슈나의 배우자이다.

붓다

붓다는 힌두교와 불교를 통합시키기 위한 시도의 일환으로 후기에 화신의 계보에 포함되었다. 붓다의 이야기들이 푸라나와 같은 유사한 서사적 양식을 따르고 있지만, 붓다 그 자신의 가르침은 화신의 문헌 가운데 포함되어 있거나 연구된 적이 없었다. 붓다는 인간의 마음속에 있는 주요한 원형적 상이며 명상에 잠긴 현자로, 세상에 인도의 영성을 가장 잘 대변하는 인간적 모습이 되었다.

칼키

칼키는 힌두의 메시아이다. 그는 암흑시대 말기에 사악한 자들을 멸하고 지상에 진리의 법칙을 세우기 위하여 올 것이다. 혹자에 따르면 칼키는 이미 세상에 태어났으며 인류를 위하여 새로운 영성의 시대를 열 것으로 본다. 확실히 칼키의 에너지는 오늘날 절실히 요구된다. 칼키는 백마를 타고 있다. 그는 라마나 크리슈나처럼 흔하게 언급되지는 않는다.

여신

사라스와티

박(Vak)

사라스와티는 연구나 학문과 관련하여 경배되고 있다. 사라스와티에 대한 찬가는 베다 수업의 시작과 마지막에 자주 바쳐진다. 사라스와티는 말(Word)의 여신이다. 사라스와티는 순수 그 자체이며 항상 흰옷을 입고 있다. 그녀는 비나(vina), 책과 염주를 들고 있다. 그녀의 신성한 음절은 아임(Aim)이다. 그녀는 지혜의 흐름, 순수 의식에 대한 지식의 자유로운 흐름을 나타낸다.

그녀는 베다에서 가장 많이 언급되고 있는 여신이다. 사라스와티는 베다마타(Vedamata), 즉 베다의 어머니이며 지식의 어머니이다. 또한 그녀는 불교의 도화(圖畵) 속에서 지혜의 신인 만주슈

216

리(Manjushri)의 배우자로 나타나기도 한다

강가(Ganga)

모든 강은 여신의 모습이다. 모든 강은 지혜의 강을 나타낸다. 갠지스 강의 여신인 강가는 사라스와티와 매우 유사하다. 사라스와티 강이 고대에 말라 버린 후, 문화의 중심이 점차 동양으로 이동함에 따라 사라스와티에게 드렸던 많은 경배가 갠지스 강으로 전환되었다.

락슈미
슈리(Shri)

락슈미는 여신 중에서 가장 널리 경배되고 있다. 그녀의 형상은 인도 전역에서 발견되고 있다. 락슈미는 심지어 인도네시아에 있는 회교도에 의해서 데위 슈리(Dewi Shri)로 폭넓게 경배되고 있다. 락슈미는 부, 행복, 행운, 아름다움, 다산의 여신이다. 이러한 것들은 삶 속에서 추구하는 주요 목표들이므로, 자연적으로 이 여신의 형상은 인간의 마음에 늘 큰 매력으로 다가왔다.

하지만 락슈미는 신성한 사랑과 아름다움, 헌신의 힘과 같은 더 높은 모습을 가지고 있다. 그녀의 만트라는 슈림(Shrim, shreem)이다.

파르바티

우마(Uma)

쉬바의 아내로 알려진 여신은 산 혹은 산맥의 여신인 파르바티이다. 파르바티는 '산에서 태어난 자'라는 의미인 기리자(Girija)라고도 불린다. 파르바티는 명상의 산인 신비한 히말라야에서 태어난 순수 의식이다. 파르바티는 의식의 힘의 형상이다.

'지식을 주는 자'로의 파르바티는 우마이다. 우마는 보호하는 여신이다. 지식의 불꽃 속에 바쳐진 순수 존재로서 파르바티는 사티(Sati)라 불린다.

칼리

칼리는 죽음과 변형의 여신이다. 칼리는 유령 같은 모습을 하고 있으며 어둡고 검은 색조를 띠고 있다. 칼리는 시체로 있는 쉬바의 가슴으로부터 일어난다. 칼리는 매우 끔찍한 형상을 하고 있는 여신이다. 칼리를 통하여 우리는 모든 집착을 뿌리치고 세상의 모든 환영과 고통 너머로 간다. 칼리는 죽음을 초월하여 지속되는 사랑이며 그 사랑으로 우리를 죽음 너머로 데려간다. 칼리의 만트라는 크림(Klim, kleem)이다.

두르가

두르가는 악마를 쓸어버리는 여신이다. 두르가는 사자를 타고 있다. 두르가의 본질 역시 매우 격렬하다(Pitta). 두르가는 모든 부

218

정성과 환영을 파괴한다. 두르가의 또 다른 이름은 사나움을 뜻
하는 차문다(Chamunda)이다. 두르가는 우리를 구하여 삶의 모
든 어려움을 건너게 해 준다. 그러므로 위험한 상황에서는 그녀
에게 빈다. 두르가의 만트라는 둠(Dum, doom)이다.

라리타(Lalita)
트리푸라순다리(Tripurasundari)

쉬바의 배우자 라리타는 힘과 죽음의 여신일 뿐만 아니라 아름
다움과 기쁨의 여신이다. 세 가지 세상의 아름다움을 뜻하는 트
리푸라순다리로서, 그녀는 자연의 세상 즉 신의 영광 혹은 순수
의식 안에 있는 온 우주의 아름다움을 나타낸다. 라리타는 기쁨
의 여신으로서 지식을 통하여 우리에게 오는 희열이다. 라리타의
천 개의 이름들은 여신 경배의 주된 모습이다. 라리타의 만트라
는 흐림(Hrim, hreem)이다.

타라(Tara)

타라는 중요한 힌두 여신일 뿐만 아니라 불교의 주 여신이기도
하다. 힌두교의 경우에 타라는 우리를 모든 위험과 어둠 너머로
건네주는(tarati) 힘으로서 두르가와 관련이 있다. 불교의 경우, 타
라는 우리를 무지 너머로 건네주는 지혜이자 붓다의 어머니이다.
타라는 흰색, 초록 등과 같은 많은 형상을 지니고 있다. 타라는 티
베트와 중국에서는 관음의 모습으로 보편적으로 경배되고 있다.

일부 학자들은 불교의 경우 타라 여신이 지혜(prajna)를, 힌두의 경우 힘(shakti)을 상징한다고 주장하면서 불교의 여신과 힌두의 여신을 분리시키려 했다. 하지만 우리는 베다에서 여신이 세 가지 측면, 즉 지혜(Sarawati)와 사랑(Lakshmi), 힘(Kali)을 가지고 있음을 알 수 있다. 이 세 가지는 항상 함께 존재하며 상호 간에 배타성을 지니지 않는다. 진정한 힘은 사랑인 지혜를 통하여 온다. 그러므로 힌두교 여신에서 경배되고 있는 힘은 언제나 의식 혹은 지혜의 힘(Chit-Shakti)인 것이다.

봉사의 요가

카르마 요가

모든 영적 가르침은 우리가 세상을 도와서 인류를 고양시킬 필요가 있다고 말하고 있다. 그러므로 대부분의 요가 수행자들은 인류에게 봉사하는 어떤 일, 산스크리트로 세바(seva)를 하도록 요구 받는다. 이 봉사는 가난하고 곤궁한 자에게 음식이나 옷을 주고, 학교나 병원에서 일하고, 책과 가르침을 나누어주는 것이 될 수도 있다.

카르마 요가에 관한 책은 거의 찾아보기 어려우며 다른 요가의 길처럼 특정한 수트라도 없다. 그럼에도 불구하고 카르마 요가는 요가와 관련한 모든 접근에서, 그 중에서도 특히 헌신의 요가에서 강조를 하고 있다. 마하트마 간디는 카르마 요가를 훌륭하게 대변하는 현대적 인물이었다.

일반적으로 말한다면, 요가의 가르침은 비정치적이고 내면 지향적이기 때문에 봉사와 자선을 기독교만큼은 강조하지 않는다. 또한 많은 기독교 집단과는 달리 타인을 개종시키는 것이 타인에 대한 진정한 봉사라고 생각하지 않는다. 진정한 봉사는 그들에게 새로운 사상을 부여하는 것이 아니라, 그들로 하여금 스스로 짐을 벗도록 도움으로써 그들이 스스로 돕도록 하는 데 있다. 타인에게 음식, 피난처, 교육 등을 제공하는 것은 훌륭한 일이기는 하나, 그 과정에서 그들에게 우리를 선전함으로써 그들을 개종시키려는 데 목적이 있을 경우 그것은 곧 독약이 된다. 그 같은 일은 어린이를 우리의 힘 아래 두기 위하여 사탕을 주는 것과 같다.

요가에서는 세상을 위하여 할 수 있는 최상의 봉사는 우리 자신의 자기실현이라는 점을 인정하고 있다. 우리가 자신의 내면에 있는 어둠을 물리치지 않고는 세상을 실제로 향상시킬 수 없다. 실로 세상에서 발생한 가장 큰 비극이 종교적, 정치적 광신주의에서 비롯되어 왔음을 역사를 통해서 알 수 있다.

요가는 가장 큰 효과가 항상 가장 명백하거나 가장 눈에 잘 띄는 것은 아니라고 말해 준다. 산 속에서 명상하고 있는 요기는 자신의 생각의 힘을 인류를 향하여 보낼 수 있다. 그와 같은 방법으로 그는 무수히 많은 자선 단체보다 더 많은 이익을 만들어 낼 수 있다. 자선 단체가 삶의 표면에 외적으로 영향을 미치는 반면에, 요기는 삶의 근원에 내적으로 작용을 한다. 그러므로 우리는 요기가 혼자 있고 행위를 하지 않는다고 해서 자비가 없다고 해석할 필요는 없다. 이 같은 점은 왕이 하는 일과 같다. 권좌에 앉아 있는 왕은 왕궁을 벗어나지 않고도 나라 일을 할 수 있다. 그와 마찬가지로, 명상에 잠긴 요기도 자신의 명상 장소를 떠나지 않고도 세상에 평화를 가져다줄 수 있다. 따라서 많은 요기들은 정신적 산란함과 많은 사람들로부터 자유로운 공간에서 살기를 선호한다. 이러한 장소는 요기들이 의식의 에너지를 세상에 보낼 수 있도록 하는 데 도움을 준다.

어둠을 물리칠 힘을 가지고 있는 유일한 빛이라는 점에서 지식 그 자체는 최고의 봉사의 모습이다. 삶 속에서 우리의 진정한 봉사는 외적 세상의 이름이나 형상, 수치나 양 등으로 평가될 수 없다. 그것은 우리가 자선 단체에 얼마나 많은 돈을 주었는지, 또 얼마나 많은 학교와 병원을 지었는지에 있는 것이 아니라, 얼마나 많은 신성한 에너지를 우리 자신의 의식을 통하여 삶 속으로 가져오는가에 있다.

요기들은 모든 존재들의 참나 속으로, 신성한 존재인 그 자신 속으로 침잠해 들어간다. 그렇게 함으로써 그들은 내면으로부터 모든 존재들에게 영향을 미칠 수 있는 힘을 얻는다. 일단 이것이 얻어지면 요기들은 세상에 혜택을 주기 위한 특정한 몸을 더 이상 지닐 필요가 없게 된다. 그러한 요기들은 영원한 존재가 되며 삶 전체를 통하여 일하는 것을 배운다. 위대한 스승들은 항상 우리와 함께, 우리의 본성 속에, 그리고 우리의 가슴 안에 존재하고 있다.

기법의 요가

크리야 요가

요가의 길 중에서 셋째는 기법의 요가, 내적 행위의 요가인 크리야 요가(Kriya Yoga)이다. 여기서 크리야는 산스크리트로 '행위', 특히 명상의 과정을 돕기 위하여 몸과 마음에 행해지는 내적 행위를 의미한다. 크리야라는 용어는 요가 수행에 대한 정의로 요가 수트라에 수록되어 있다. 그것은 세 가지 부분으로 되어 있다. 그것들은 자기희생을 뜻하는 타파스(tapas), 참나 연구를 뜻하는 스바디야야(svadhyaya), 스스로 존재하는 힘인 신에게 복종을 뜻하는 이슈와라-프라니다나(Ishwara-pranidhana)이다. 요가 수행의 이 정의는 기법의 요가, 갸나 요가, 박티 요가의 방법 모두를 포함하고 있다.

모든 요가는 그 나름의 수행, 체계 혹은 훈련을 가지고 있다. 하지만 지식과 헌신의 요가에서는 이러한 기법들을 자기 관찰이나 자기 복종이라는 일차적인 기법보다 더 낮은 것으로 본다. 일반적으로 기법은 요가에 있어 항상 이차적인 것이다. 왜냐하면 요가는 형상과 행위 너머에 있는 참나 혹은 영의 실현을 목표로 하고 있기 때문이다. 기법은 자연이나 물질의 영역에만 적용될 수 있다. 순수한 영이나 순수한 의식은 모든 기법 너머에 있다. 기법은 우리의 외적 내용을 균형 잡히게 한다. 그렇게 하여 우리를 내면의 깨달음의 지점에 이르게 한다. 그러나 기법은 스스로의 힘을 가지고 있는 것은 아니다. 즉, 기법은 무대를 만들 수는 있지만 주된 행위는 아닌 것이다. 자각이나 헌신이 없이는 기법은 곧 기계적인 모습으로 떨어진다. 기계적인 모습으로 떨어진 기법은 마음에 또 다른 구속을 만들 뿐이다. 그러므로 기법을 목적 자체로 추구하는 것은 요가의 길과 상반되는 것이다.

요가는 자연 너머로 가기 위하여 기법을 사용한다. 기법의 요가는 여러 방법을 사용하여 본성의 외적 측면들을 조화시킴으로써 우리로 하여금 외적 측면들 너머에 있는, 내면에 있는 진정한 존재에게로 나아가게 한다. 하지만 우리가 내적이라고 여기는 많은 것들, 즉 아스트랄 계와 인과계에 있는 것들은 우리의 평범한 의식과 행동에 비해서는 내적인 것이지만 순수한 자각의 관점에서 본다면 역시 외적인 것들이다. 따라서 기법은 마음의 내적 영역을 열게 하여 그 속에 있는 많은 미묘한 힘과 능력을 발달시키도록 도울 수 있다. 이것이 우리의 내적 성장에 도움이 될 수 있지만, 만약 이 미묘한 힘이나 경험에 집착한다면 또 하나의 장애를 만들 수 있다.

요가는 인위적인 것이 아니라 자연스러운 것을 강조한다. 요가의 기법들은 우리의 자연스러운 본성을 일깨우고자 하며, 따라서 우리 자신을 우리의 원래 상태와 조화시키려는 자연스러운 방법들로 되어 있다. 요가의 기법들은 우리의 몸, 마음, 호흡, 감각들에 혼란을 가져오는 긴장과 억압을 이완시켜 주고자 한다. 그렇게 하면 몸, 마음, 호흡 그리고 감각들은 본래의 상태에 놓이게 된다.

헌신의 요가와 지식의 요가는 종종 다양한 기법과 더불어 행해질 때 도움을 얻을 수도 있다. 위대한 스승이 드물고 명상을 위한 좋은 환경인 아쉬람의 분위기를 접하기 힘든 오늘날에는 특히 그렇다. 비록 미숙한 이들에 의해 지나치게 과장되고 남용될 수도 있지만, 기법 없이 나아가는 것은 유용한 도움이 될 수도 있는 것을 간과해 버리는 것일 수도 있다.

우리가 곧바로 신성으로 가기는 어렵지만, 우리의 조건을 개선하고 향상시키기 위하여 몸이나 마음에 행위를 가하는 것은 할 수 있다. 마음을 곧바로 침묵하게 하거나 신에게 바로 복종할 수는 없을지라도 찬가, 아사나나 프라나야마는 언제나 할 수 있다. 순수하거나 무형의 명상을 할 수는 없을지라도 형상이나 개념에 대한 명상은 할 수 있다.

기법의 요가는 아주 다양한 모습을 가지고 있다. 이렇게 된 이유는 항상 차별을 지향하고 있기 때문이다. 기법들은 아주 복잡하지만 그렇게 어렵지는 않다. 기법 중 어떤 것들은 미묘한 사이킥 힘을 일어나게 하기에 위험할 수도 있다. 이 때문에 이 요가는 기법에 통달한 살아 있는 스승의 직접적인 지도가 필요하다.

하타 요가

기법의 요가 중에서 가장 일반적인 모습이 하타 요가이다. 하타 요가를 신체적 몸의 요가라 부를 수 있다. 하타 요가의 주요 수단은 자세와 호흡이다. 하타 요가는 신체적 건강, 원기 및 수명

연장을 주 목적으로 하는 것이지, 영적 깨달음에 목표를 두고 하는 것은 아니다. 하타 요가는 서구에 알려진 가장 대중적인 요가이다. 실제로 대부분의 사람들은 하타 요가가 일련의 낯선 신체 자세에 불과하다는 생각을 하는 경향이 있다. 그러나 우리는 그어떤 고전적 경전도 요가를 자세 즉 아사나라고 묘사하지 않는다는 점을 알아야만 한다. 요가에 대한 주요 고전 경전인 요가 수트라의 이백 개의 수트라 중 단 세 수트라에서만 요가 자세를 언급하고 있다.

그럼에도 불구하고 아사나의 과학은 중요하다. 많은 사람들에게 있어서 아사나는 요가의 길에서 첫째 단계이며 가장 손쉬운 입문 수단이다. 몸을 훈련하면서 요가의 지혜를 배우다 보면 마음의 영역에 있는 요가의 지혜를 배우도록 할 수 있다. 우리가 하타 요가에서 배우는, 올바른 행위와 자각을 놓치지 않고 자세를 취하는 원리들은 우리 존재의 깊은 수준들에도 적용될 수 있다. 몸은 요가의 길에서 출발점이자 종결점이기도 하다. 우리가 신체적 체험을 통해 알게 된 것은 완전히 이해되고 깨달아진다. 따라서 내면의 탐구에 있어서 신체적 몸을 소홀히 하는 것은 바람직하지 못하다.

여러 요가에서는 복잡한 아사나가 필요하지 않다. 지식의 요가나 헌신의 요가에서는 편안하게 앉아 있을 수 있는 능력만 있으면 된다. 이것은 말 그대로 의자에 편안하게 앉아 있으면 된다는 의미이다. 지식의 요가나 헌신의 요가에서는 시다사나(siddhasana)를 할 수 있으면 되고, 연꽃 자세를 꼭 필요로 하지는 않는다.

어떤 이상적인 자세 속으로 자신을 강요하고 속박하는 것은 하타 요가의 옳은 방법이 아니다. 하타 요가의 올바른 방법은 신체를 점차 이완시켜 몸 속에 있는 모든 스트레스와 긴장을 해소하는 것이다. 하타 요가는 무엇인가를 이루려는 스포츠가 아니라, 평화를 지향하는 명상이다. 하타 요가의 목적은 신체를 더욱 의식하게 하는 것이 아니라, 신체적 몸과의 동일시를 덜 하도록 하는 것이다.

프라나 요가

프라나 요가는 마음을 다스리는 방법으로 호흡을 사용하는 체계를 말한다. 프라나 요가는 하타 요가보다 더 미세한 요가이다. 프라나 요가의 더욱 심오한 모습이 쿤달리니 요가이다. 왜냐하면 쿤달리니는 각성된 프라나이기 때문이다.

수행이 깊어지면서, 프라나 즉 생명의 힘이 활동하기 시작한다. 프라나는 몸을 적절한 아사나들로 움직이게 하며 마음을 더욱 높은 의식으로 나아가게 한다. 위대한 요기들은 긴 수행을 통하여 몸의 유연성을 얻었거나 다양한 유형의 아사나로 자신의 몸을 점차 만들어 나갔던 사람들이 아니었다. 그들은 프라나 즉 우주적 생명력에 복종한 사람이었다. 요가 자세들은 프라나가 일깨워질 때 자연스럽게 일어난다. 아사나를 모르고 아사나를 하지 않더라도 마음이 완전히 고요하고 편안해지면 프라나의 힘으로 아사나들이 자연적으로 일어난다. 최근에야 아사나들이 표준화된 문헌으로 나왔다. 특정한 자세로 만듦으로써 몸 상태를 변화시키려 하기보다는 생명력을 일깨우는 것, 즉 우리를 우주의 생명과 연결시키는 것이 더 중요하다.

쿤달리니 요가

쿤달리니 요가는 쿤달리니 또는 뱀의 힘(Serpent Power)이라 불리는 미묘한 몸의 씨앗 에너지와 관계하려는 수행이다. 의식의 모든 힘인 쿤달리니는 뿌리 차크라에 존재하고 있는 것으로 알려져 있다. 쿤달리니라는 용어는 오늘날에는 익숙한 용어가 되었다. 어떤 사람들은 영적 발달은 오직 쿤달리니를 통해서만 가능하다고 생각한다. 그러나 고대와 고전의 수많은 가르침에는 쿤달리니가 중요하게 취급되고 있지 않았으며 항상 언급이 되고 있는 것도 아니라는 사실을 아는 것이 중요하다.

지식의 요가에서는 에너지는 자각에 따라 자연스럽게 온다고 한다. 따라서 강조점은 주의력을 발달시키는 데 있다. 헌신의 요가에서는 에너지가 사랑을 따라온다고 생각한다. 그러므로 쿤달리니는 헌신이나 주의의 강렬한 힘과 별개로 인식되지 않았을 수도 있다. 그래서 지식과 헌신의 요가 그 어디에도 쿤달리니를 일깨우기 위한 특별한 방법이 보이지 않는다. 쿤달리니를 일깨우는 방법들은 지식의 요가와 헌신의 요가를 보완하거나 이 두 요가의 힘이 부족할 때 보충적으로 사용되었을 것이다. 이런 점에서 보면 쿤달리니의 수행이 이 두 요가의 길에서도 중요할 수 있다.

여기서 주목할 점은 쿤달리니는 의지나 힘으로 혹은 이기적인 수행을 통해 인위적으로 일으킬 수 있다는 점이다. 쿤달리니는 약물에 의해서나 극한적인 정서적 반응으로도 자극을 받을 수 있다. 성품이 정화되지 않는다면, 쿤달리니는 오히려 자아를 키울 수도 있다. 쿤달리니는 우리를 확장시키는 경향이 있다. 그러므로 만약 우리의 성품이 아직 신성한 의지에 맞추어져 있지 않으면, 쿤달리니는 우리의 약점을 확장시킬 수도 있다. 그러므로 쿤달리니 수행은 부작용을 줄 수도 있으므로 조심해서 다루어야 한다. 쿤달리니의 올바른 일깨움은 신성한 은총을 통해서이다. 이것은 우리의 노력이 소용없다는 것을 의미하는 것이 아니라, 은총에 맞추도록 우리가 노력해야 한다는 것을 의미한다. 단순히 쿤달리니를 일깨우는 것이 목표가 아니다. 목표는 평화 속으로 더욱 깊이 들어가는 것이다. 힘이 평화의 쪽이 아닐 때, 쿤달리니는 항상 파괴적이 된다. 쿤달리니를 때에 맞지 않게 일깨우면 신경계를 태울 수도 있다. 그렇게 되면 여생 동안 영적 성장에 장애를 초래하거나 영적 성장을 아예 불가능하게 만들 수 있다.

쿤달리니가 에고의 힘을 키우기 위하여 제3의 차크라 즉 태양신경총 차크라에 이를 때까지는 우리가 어떻게 해볼 수 있다. 베다와 푸라나에 따르면, 악마조차도 이 수준에 이르기 위하여 수행을 한다고 말한다. 그들은 그렇게 함으로써 더 많은 힘이 생기기 때문이다. 셋째 차크라의 비판적 마음을 깨달음을 얻은 것으로 생각하는 경우도 있다. 그 마음은 다른 사람을 꿰뚫어 보고 다른 사람을 통제하는 힘을 가지게 된다. 그 마음은 다른 사람의 한계점을 보기도 한다. 하지만 그 마음은 다른 사람 속에 있는 신성은 보지 못하며, 자신의 한계점도 보지 못한다. 가짜 구루들은 대부분 이 수준에 있다.

시각화와 더불어 자세, 호흡, 만트라를 함께 사용함으로써 쿤달리니가 일깨워질 수 있다. 쿤달리니는 우리를 더욱 높은 본성의 신성한 영역으로 안내를 해 주는 최고의 여사제로, 여신으로 여겨진다.

라야 요가(Laya Yoga)

나다 요가(Nada Yoga)

수라트 삽다 요가(Surat Shabda Yoga)

영적 성장의 주요 수단으로서, 소리의 흐름에 대한 명상을 가르치는 요가가 많이 있다. 미묘한 몸이 기능하기 시작함으로써 그 몸으로부터 자연스럽게 오는 소리가 있다. 이 소리는 쿤달리니로부터 오는 것이다. 이것은 미묘한 몸의 가슴 차크라, 즉 진동 없이 나는 소리의 중심이라고 말해진다. 보통, 헌신자들은 눈을 감고 귀를 막은 상태에서 내면에서 울리는 소리에 귀를 기울이거나 제3의 눈으로부터 오는 신성의 빛을 명상한다. 이것은 소리의 흐름으로 오는 상승하는 지식과 은총의 흐름에 일치하게 한다.

통합의 요가

라자 요가(Raja Yoga)

요가의 모든 수행법들이 서로 관련되어 있기 때문에 모든 요가들은 통합되는 경향이 있다. 물론 각각의 길은 한 방향에서 주로 움직이지만, 보통 다른 요가의 길들도 역시 적용된다. 예를 들어, 헌신의 강렬함이 지식을 일어나게 할 수도 있다. 지식이 일깨워짐으로 헌신이 일어날 수도 있다.

몇몇 요가들이 본성을 완전하고 충분히 발달시키기 위하여 매우 의도적으로 요가의 길 모두를 결합시키려 했지만, 지식의 요가 같은 유형들은 더 직접적이고 즉각적인 향상에 목표를 두고 있으며 종합적인 접근에는 관심을 보이지 않는다. 그 모든 내용들은 참나를 깨달으면 자연적으로 온다고 본다.

라자 요가는 요가의 고전 형태이다. 파탄잘리의 요가 수트라에 그 내용이 담겨 있다. 라자 요가는 지식, 헌신 그리고 기법을 포용하고 있다는 점에서 통합 요가의 한 모습이다. 하지만 주된 방식은 지식의 길이다.

라자 요가는 아슈탕가(Ashtanga)라고 하는 여덟 부분 즉 여덟 가지로 되어 있다. 이것들은 올바른 태도(Yama), 올바른 준수(Niyama), 자세(Asana), 호흡 통제(Pranayama), 감각의 통제(Pratyahara), 집중(Dharana), 명상(Dhyana), 사마디(Samadhi)로 되어 있다.

야마와 니야마는 각각 다섯 내용으로 되어 있다. 야마는 비폭력, 진실, 정직, 성 에너지의 통제와 무집착으로 이루어져 있으며, 니야마는 순수, 만족, 자기 훈련, 자기 공부, 신에의 복종으로 이루어져 있다.

아사나는 자세를 의미한다. 아사나는 명상을 하기 위한 편안한 자세를 말한다.

프라나야마는 문자대로는 '생명력의 확장'을 의미한다. 그것은 단순히 호흡을 통제하는 것이 아니며 또한 위험할 수도 있는 호흡의 억제와는 아무런 관계가 없다. 프라나는 항상 움직이고 있다. 호흡을 억제한다면, 프라나는 신경계로 들어가 여러 신경계 장애를 일으킬 것이다. 프라나야마 기법은 우리를 우주적 생명력과 연결시키는 어떤 것이다.

프라티야하라는 감각을 통제하는 것이다. 그것은 혼란으로부터 철수하는 것이다. 이것은 감각을 억제하는 것이 아니다. 눈과 귀를 막는다는 식의 간단한 문제도 아니다. 프라티야하라는 감각에 의하여 움직이지 않는 것, 즉 감각과 그 인상들이 우리의 마음을 지배하지 않도록 하는 것을 의미한다. 그러므로 프라티야하라는 감각 인상에 대한 우리의 반응을 통제하기 위하여 만트라나 시각화와 같은 기법을 사용하기도 한다.

다라나는 집중 또는 주의를 의미한다. 다라나는 주의를 기울이고자 하는 대상에 정신 에너지를 계속적으로 향하게 하는 능력이다. 다라나는 다른 대상에 집중함으로 우리의 자각을 억제하려는 것이 아니다. 흥미와 탐구하려는 에너지, 알고자 하는 열정을 증가시키는 것이다. 그래서 다른 무엇도 그 에너지나 열정을 방해하지 못하도록 하는 것이다.

디야나는 명상을 의미한다. 디야나는 관찰 대상에 마음을 고정시키는 능력이다. 디야나는 우리가 거울과 같은 것이 되어서 사물의 실재를 반사하도록 하려는 것이다. 혹은 고요한 호수처럼 되어서 하늘을 반사할 수 있도록 하려는 것이다. 디야나는 마음 본래의 고요함, 즉 고요한 마음 상태에 있는 것이다.

사마디는 몰입을 의미한다. 사마디는 관찰자와 관찰 대상이 하나가 됨으로써, 보고 있는 대상의 본질을 완전히 이해하는 것이다. 사마디는 신비한 황홀경, 스릴 있는 희열이나 마술 같은 경험이 아니라, 평화로부터 오는 기쁨이다. 그때 대상이 봄의 상태 안으로 들어온다.

위에서 언급한 여덟 가지 중 처음 다섯은 요가의 외적 측면이다. 그것은 예비적인 내용이다. 처음 두 가지인 야마와 니야마는 요가의 길에서 필요한 올바른 태도, 가치, 그리고 삶의 양식에 관한 수행이다. 즉, 요가의 윤리적 토대를 말하고 있다. 다음 셋은 몸, 호흡 그리고 감각과 같은 우리 본질의 외적 면을 통제하는 수단들이다.

나머지 세 가지는 삼야마(Samyama) 즉 통합이라 불리는 것이다. 그것들은 자연적으로 함께 나아간다. 집중은 자연스럽게 명상으로, 명상은 자연적으로 몰입으로 나아간다.

요가의 과정에서 여러 시디(siddhi) 즉 오컬트 힘을 얻을 수도 있다. 그와 같은 힘들은 약물, 강력한 허브, 만트라 혹은 카르마를 통해서도 일어날 수 있다. 그러한 힘들은 일반적으로 요가의 길에 장애로 간주된다. 그러므로 피해야 하는 것으로 여겨진다. 요가에서 얻어지는 성취, 즉 최고의 시디는 보는 자의 상태 안에 머무는 것이다.

요가 수행을 위해서는 두 가지의 주요한 자질이 요구된다. 그 것은 식별(viveka)과 초연(vairagya)이다. 식별은 진실과 거짓, 실재와 비실재, 참나와 참나 아닌 것, 행복과 슬픔, 내적인 것과 외적인 것 간의 차이점을 파악해 내는 능력이다. 초연은 우리의 지각을 물들이게 하는 심리적, 정서적 편견으로부터 마음을 자유롭게 하는 능력이다. 초연은 포기로 나아가게 한다. 포기는 사물을 포기하는 것이 아니라 더 이상 외적 실재를 믿지 않는 것이다. 포기는 궁극적 실재에다 더 이상 이름과 형상을 부여하지 않고 진정한 존재와 사물을 신성한 현존으로 보는 것이다.

요가의 목적은 내면의 참나 또는 신성 즉 푸루샤(Purusha)에게로 돌아오는 것이다. 그렇게 하기 위해서 세상의 외적 과정 즉 프라크리티(Prakriti)로부터 분리되어야만 한다. 우리는 우리 자신을 어떤 외적 상태나 특질과 동일시하는 것을 그만두어야 한다. 궁극적으로 우리는 생각들로부터, 우리의 자기 이미지로부터 떨어져야 한다. 모든 것이 하나이고 하나가 모든 것인 보는 자의 상태로, 순수한 봄의 상태로 되돌아와야 한다. 이것은 세상을 포기하는 것이 아니라 더 이상 세상을 어떤 분리된 실체를 지닌 것으로

보지 않으며, 세상을 영원한 것으로 보기보다는 오히려 의식의
유희로 보는 것이다.

요가에서의 경험

요가는 우리에게 미묘하면서 극적인 많은 체험을 줄 수도 있
다. 특별한 소리를 듣거나 특별한 색깔을 볼 수도 있다. 별의 세
계로 여행하거나 다른 세계를 방문할 수도 있다. 다른 세계의 존
재들을 만날 수도 있으며, 그 존재들이 우리를 통하여 말을 할 수
도 있다. 과거나 미래의 영혼과 연결될 수도 있다. 그러나 요가의
목표는 이런 특별한 체험을 얻는 것이 아니다. 오히려 요가의 목
표는 경험으로부터의 자유이다. 요가는 마음의 탈조건화를 목표
로 한다. 만약 우리가 경험에 집착하거나 거기에 개인적인 에너
지를 쏟으면, 매 경험은 마음을 조건화시키게 된다. 미묘한 체험
은 그것들의 실체를 판단하기가 더욱 어렵기 때문에 보통의 감각
경험보다도 마음을 더 구속할 수 있다.

그러므로 요가를 통하여 체험이 일어날 때, 그 체험을 객관적
으로 바라보아야 한다. 그리고 자각이나 은총의 상태를 유지해야
한다. 요가는 우리를 신성이나 내면의 참나 속으로 몰입하는 것
이지, 이제까지와는 다른 체험을 하도록 하는 것이 아니다. 많은
위대한 요기들은 더 큰 자각이나 사랑 이외에는 아무런 체험을
가지지 않는 경우도 있다. 요가에서 중요한 것은 본질이지 어떤
형상이나 외관이 아니다. 따라서 우리가 요가의 길에서 커다란

체험을 얻지 못하더라도 실망할 필요는 없다.

아스트랄 계

요가에서 얻어지는 가장 미묘한 체험은 대부분 아스트랄 계 즉 상상의 영역을 통하여 온다. 아스트랄 계에서 상상을 하면, 우리는 그 상상을 사실처럼 체험할 수 있다. 그러므로 아스트랄 계는 환영의 영역이다. 신성은 아스트랄 계를 거쳐 이를 수도 있으며, 아스트랄 계를 열지 않고도 이를 수 있다. 아스트랄 계의 위험을 피하기 위하여 곧바로 형상이 없는 영역을 열 수도 있다.

요가, 샤머니즘과 채널링

요가는 자연 속에 있는 오컬트 영역을 탐구하는 수단이기도 하다. 하지만 이것은 요가의 주된 초점인 자연을 넘어서는 것이 아니라 곁길이다. 이 미묘한 영역을 탐구하는 또 다른 수단들이 있는데, 그것들은 마술, 오컬티즘과 샤머니즘이다. 이러한 것들은 과학의 미묘한 모습일 수 있다. 거기서 우리는 세상 뒤에 있는 숨겨져 있는 힘을 발견한다. 마술, 오컬티즘과 샤머니즘을 탐구하는 것이 잘못된 것은 아니다. 그러나 그것들은 여전히 현상적인 것들을 탐구하는 것이다.

샤머니즘의 고차원적인 형태들은 요가의 방향으로 나아가게 한다. 그것들은 외부의 모든 굴레로부터 영을 해방시키는 것, 자각의 발달과 참나 지식을 목표로 한다. 그러나 저차원의 샤머니즘은 우리로 하여금 아스트랄 계의 환영에 사로잡히게 만들 수 있다. 만약 그것들이 약물을 사용한다면, 만약 그것들이 신성에 대한 복종보다는 개인적 힘을 축적하는 데 목표를 둔다면, 만약 그것들이 우리 안에 있는 동물적 힘들을 일깨운다면, 만약 그것들이 가슴 아래에 있는 태양신경총에 초점을 두고 있다면 특히 그렇다. 이 점에서 볼 때 저차원의 샤머니즘은 의심스러운 요가의 길이다. 그러한 요가의 길은 마술의 형태가 될 수 있다.

채널링은 다른 존재나 실체가 우리를 통하여 말하는 것이다. 요가에서는 자기 지식과 우리 자신의 자각의 발달을 강조한다. 요가는 우리가 내적으로든 외적으로든 자신의 자각을 다른 존재나 실체에게 결코 넘겨주어서는 안 된다고 말한다. 우리는 개별적 자각의 완전성을 결코 양도해서는 안 된다. 왜냐하면 그것은 우리 안에 있는 신성한 현존이기 때문이다. 만약 채널링이 의식의 상실 위에 토대를 두고 있다면, 그러한 채널링은 비록 다른 사람들에게 유용할 수 있는 정보를 준다 할지라도 우리의 내적 성장에 방해가 된다. 그러므로 신의 은총의 흐름을 채널링하는 것을 제외하고는 채널링에 대한 내용을 요가 문헌에서 거의 찾아볼 수 없다.

우리가 채널하여야 할 것은 신성, 혹은 우리 자신의 내면의 참나 그리고 사랑, 자비와 같은 고차원적 특성들이어야 한다. 그러나 그렇게 하는 것도 의식의 활동이어야지 다른 존재가 우리를 통하여 활동하도록 해서는 안 된다. 우리 모두는 우리 자신의 신성으로 되돌아오기 위하여 신이나 우주적 힘의 채널이 되어야 한다. 요가는 우리가 신성과 직접적으로 연결될 수 있다고 한다. 신성은 우리 내면의 참나이다. 우리는 어떠한 매개자도 필요치 않다. 구루조차도 매개자일 수가 없다. 매개자는 우리가 신성과 직접 연결하는 것을 방해할 뿐이다. 구루의 역할은 자기 지식을 얻는 과정에 있는 촉진자 혹은 보조자일 뿐이다.

우리가 한 번 더 아스트랄 계와 연결되는 것과 자연 속에 있는 오컬트 힘을 이해하게 되는 것이 하나의 문화로서 필요하지만, 이것은 삶의 영적 본질에 대한 이해를 더 깊게 하는 시작점에 지나지 않는다. 그것은 우리 자신의 가장 가까이에 있는 미묘한 세계에 대한 연결일 뿐이다. 그것은 진리로 가는 것이 아니다. 우리는 모든 창조물의 원천에 곧바로 다가갈 수 있다. 그 원천은 마음 뒤의 빛의 모습으로 우리 가슴 안에 존재하고 있다. 요가의 길은 낮은 수준의 목표에 안주하지 않는다.

하이테크 요가

요가의 새로운 접근 방법이 오늘날과 같은 현대적이며 테크놀로지가 만연하고 있는 세상에 나타나고 있다. 그것이 '하이테크' 요가이다. 하이테크 요가는 요가 수행의 한 부분으로서 기술적 수단을 사용하려는 것이다. 예를 든다면 비디오의 시청, 잠재의식의 테이프를 듣는 것, 뇌나 감각을 자극하는 기계 장치를 사용하는 것 혹은 뇌파를 바꾸려는 것이다.

이러한 것들은 일반적으로 수동적인 모습을 하고 있다. 우리는 어떤 것을 보거나 듣는다. 아니면 어떤 사람이나 기계가 우리의 에너지에 작용하도록 한다. 그렇게 함으로써 그것이 우리에게 상승의 효과를 주거나 혹은 깨달음조차도 가져다줄 수 있다고 여긴다. 그런데 그러한 것들은 우리 본성의 외적 측면을 활성화시키는 데 도움을 줄 수 있을지라도 영적 수행의 영역에서는 한계점을 가지고 있다. 심지어 몸을 치료하는 기계 장치들조차도 유기적이지 않은 에너지를 만들어 내어 생명력 즉 프라나를 혼란시키는 결과를 낳기도 한다. 진정한 요가 수행은 결코 수동적이지 않다. 수동성은 분열과 분리를 낳는다. 통합이란 우리 자신의 직접적 경험과 삶의 창조적 과정을 통해서만 가능하며, 어떤 간접적인 방법으로 얻어지는 것이 아니다.

잠재의식에 영향을 주려는 테이프 메시지는 최면술일 수 있으며 우리의 의식을 방해할 수 있다. 그러한 메시지는 무의식 상태와 바라는 사고를 조장할 수 있다. 우리는 이미 암시와 외적 조건화의 영향, 특히 그 중에서도 대중 매체의 영향에 의하여 너무 최면화되어 있으며 지배를 너무 많이 받고 있다. "당신은 훌륭한 예술가입니다."라는 테이프를 듣는다고 해서 훌륭한 예술가가 될 수는 없다. 결과를 얻고 싶다면 영감을 갈고 노력해야 한다. 잠재의식의 메시지는 미묘한 형태의 폭력일 수 있다. 그것은 바깥으로부터 오는 인위적인 개념으로 우리의 진정한 존재를 덮어 버릴 수 있다. 이 때문에 오로지 의식을 통해서만 오는 우리 내면의 진리와 연결시켜 주지 못할 수도 있다.

메시지가 신이나 진리일 수도 있지만, 만약 매체가 수동적으로 비디오를 시청하거나 잠재의식의 암시나 채널링을 사용하는 것이라면, 우리가 실제로 조장하고 있는 것은 매체에 대해 무의식으로 있는 것 혹은 외부 자극에 대한 의존이다. 요가는 오락도 자기 최면도 아니다. 하이테크 요가가 흥미롭거나 재미있을 수도 있지만, 우리는 외부 자극에 대한 의존의 한계를 자각해야만 한다. 하이테크 요가들이 우리에게 요가 상태의 어떤 그림자를 줄 수는 있지만 진정한 요가 상태를 얻는 수단이 될 수는 없다.

진정한 요가의 수행은 특별한 기술, 최고 수준의 테이프, 서적, 최신 장비를 가지는 것의 문제가 아니다. 요가의 에센스는 단순성 그리고 우리 자신을 자연의 힘과 결합하는 데 있다. 그러므로 요가는 우리의 더욱 높은 열망에 따라 우리 자신의 몸, 마음 그리고 감각을 단련시킴으로써 우리 스스로 이루어야 하는 어떤 것이다. 마치 어느 누가 우리를 위하여 호흡을 대신해 줄 수 없는 것처럼, 어느 누구도 우리를 위하여 요가를 해 줄 수 없으며 외부로부터 요가를 우리에게 주입시킬 수도 없다. 그 대신에 요가는 외부 프로그램화에 대한 의존으로부터 우리 스스로를 자유롭게 하는 것이다.

제 12 장

근원적 가르침(베다, 푸라나, 탄트라)

하나의 진리를 현자들은 여러 이름으로 부른다.

-리그 베다 Ⅰ. 164.

세상에는 진리로 나아가도록 하는 많은 영적 그리고 종교적 가르침들이 있다. 힌두와 베다의 가르침은 그러한 것 모두를 최대한 포함하고 있다.

각 종교는 근원적 가르침을 가지고 있다. 그것을 경전이라 부른다. 유대-기독교의 가르침은 성경에, 이슬람교는 코란에, 불교는 불경에, 도교는 도덕경에, 조로아스터교는 젠드아베스타에 담겨 있다. 성경과 코란은 고대 역사, 이야기 그리고 상징적인 가르침들이 주를 이룬다. 불경은 주로 붓다의 설법과 담화들이며 철학적 내용이 주를 이루고 있다. 불경에는 다른 종교의 경전들보다도 더욱 다양한 갈래들이 있다. 도덕경은 노자의 말이다. 젠드 아베스타는 자라투스트라의 기도들로 되어 있다.

힌두교는 이러한 경전들과는 달리 중심이 되는 가르침을 가지고 있지 않다. 모두가 매일 공부하고 따라야 하는 간단한 바이블도 없다. 고대의 베다는 이론적으로는 경전과 같다고 말할 수 있다. 그러나 베다는 오늘날에는 읽는 사람들도, 그 내용을 이해하고 있는 사람들도 많지 않다. 또한 베다는 수많은 근원과 스승들에 뿌리를 둔 다양한 가르침의 모습으로 존재하고 있다. 오늘날 힌두교의 각 분파는 그들 자신의 경전을 가지고 있다. 이 경전들 대부분은 오래된 베다가 아니라 여러 푸라나(Purana)와 아가마(Agama) 그리고 탄트라(Tantra)의 내용을 가지고 온다. 그런데 푸라나, 아가마, 탄트라는 여전히 베다에 기반을 두고 있으며 그들의 권위를 내세우고자 베다의 내용을 인용하고 있다.

오늘날 위대한 성자, 예언자, 화신의 가르침들을 결합하여 하나의 위대한 경전을 만들어 본다고 상상해 보자. 우리는 그 경전에서 여러 구분, 즉 세상의 모든 위대한 종교, 많은 성자의 이름, 많은 신의 이름, 신에 이르기 위한 다양한 접근법들에 관한 구분을 가지게 될 것이다. 우리는 기독교, 유대교, 회교도, 힌두교, 불교, 도교의 가르침들을 가지게 될 것이다. 좀 더 절충적이고 도량이 넓은 마음을 지녔다면, 일본의 신도(神道), 조로아스터교, 아메리카 인디언, 아프리카인, 폴리네시아인 그리고 아마도 고대 그리스, 이집트, 바빌로니아의 사라져 버린 종교의 가르침들도 포함시킬 것이다.

이제 미래의 어느 시점에 그 책의 기원이나 범위를 알지 못하는 누군가가 그 경전을 발견했다고 하자. 그 책 속의 말의 의미를 분명하게 알지 못한다면, 그는 많은 잘못된 결론을 내리게 될 것이다. 그렇게도 위대한 우주적 경전이 너무나 많은 신의 이름들을 가지고 있어서, 그것을 다신교의 경전이라 할 것이다. 각 가르침을 한정된 지역 문화의 산물이었을 것이라고 가정하고는 신의 다양한 이름을 부족 신들로 축소시킬 것이다. 알라는 한 종족의 신이 되고, 붓다는 다른 종족의 신이 되고, 그리스도는 또 다른 종족의 신이 될 것이다.

이와 똑같은 현상이 베다를 비롯한 많은 고대 가르침들에도 행하여졌다. 일반적이면서도 특별한 의미를 지니고 있는 신에 대한 모든 용어들이 지역 혹은 한정된 신의 이름들이 되어 버렸다. 고대의 여러 신들의 이름은 진정한 의미에서 볼 때 하나의 신에 대한 여러 이름들일 뿐이다.

고대인들이 하나의 신에 그렇게도 다양한 속성을 볼 수 있었다는 것이 믿기 어려울 정도다. 그들의 문화는 우리 문화보다 훨씬 더 제한되어 있었으며 서로 간의 의사소통도 원활하지 못하였다. 물질세계에 대한 이해와 통제 또한 매우 한정되어 있었던 것 같이 보인다. 왜 그들이 무한하고 영원한 것에 대하여 우리보다 더 나은 이해를 가졌던 것일까?

고대인들의 문화는 우리의 문화보다 훨씬 오랫동안 지속되었다. 고대 이집트 같은 문화는 변화하지 않은 채 수천 년 동안이나 지속되었다. 그들의 문화는 우리 문화보다 종교에 훨씬 더 초점을 두고 있었다. 그들 문화의 유적지에는 실용적인 가치를 지닌 물건보다 종교적 가치를 지닌 숭배의 대상물들로 가득 차 있다. 물질세계의 지식이나 기술이 영적 영역의 지식이나 기술에 반드시 필요한 것은 아니다. 물질의 영역에서 발달하지 못하였다는 것이 영적 영역의 지식에서도 그랬다는 것은 아니다. 고대인들은 좁은 지역에 거주하면서도 다양한 종교적, 영적 접근을 할 수 있었다. 아주 좁은 국가였던 고대 그리스 같은 나라에서 일어난 다양한 철학들을 보라. 물질문화가 발달되지 않았다고 해서 생각의 다양성이 일어나지 말라는 법은 없다.

가장 보편적이고 포괄적인 고대의 가르침을 담고 있는 경전은 아마도 인도의 리그 베다일 것이다. 리그 베다가 여러 부분에서 진리는 하나이며 하나의 신이 모든 신들과 하나라는 것을 말하고 있지만, 우리는 베다를 다신교의 경전이라고 보고 있다.

모든 경전은 신이 하신 말씀을 인간의 언어로 표현한 것이다. 서구 문화만이 신의 말씀을 담고 있는 책을 가지고 있는 것이 아니다. 모든 문화가 그러한 책들을 가지고 있으며, 일부 문화에서는 그러한 책들이 매우 많다. 산스크리트로는 신의 말씀을 만트라라 한다. 가장 주요한 만트라 원전은 리그 베다이다.

만트라의 책
베다

베다는 힌두 가르침을 담고 있는 고대 경전이자 계시서(Shruti)다. 베다에는 신의 말씀이 인간의 언어로 표현되어 있다. 베다는 우리를 창조하고 다스리고 있는 신들의 언어와 신성의 힘들이 인간의 언어라는 모습으로 나타난 것이다.

네 베다가 있으며, 각 베다는 네 부분으로 되어 있다. 첫 부분은 만트라 즉 찬가의 부분(samhita)이며, 다음은 제례 의식과 관련한 가르침(brahmana)의 부분, 신학(aranyak) 부분, 마지막은 철학(upanishads)의 부분이다.

찬가의 부분은 가장 오래된 것이다. 다른 부분들은 후기에 첨가된 것으로서, 찬가의 어떤 측면을 설명하고 있거나 찬가를 한 줄씩 해석하고 있다. 베다는 크리슈나 시대인 기원전 1500년경에 편집되었다. 그 당시에도 그 내용을 이해하는 사람들은 거의 없었다. 고대 세계의 여러 신비적 가르침과 마찬가지로 베다도 최근에 이르러서야 그것이 지니고 있는 영적 중요성이 재발견되어 바르게 인식되기 시작하고 있다. 이집트를 중심으로 하여 일어난 가르침과 마찬가지로 베다도 그 내용이 미묘한 상징에 가려져 있어서 그것을 적절하게 이해하고 사용하기 위해서는 특별한 통찰이 요구된다.

베다와 여러 푸라나의 위대한 편집자는 비야사 크리슈나 드와이파야나(Vyasa Krishna Dwaipayana)이다. 그는 비야사(Vyasa)가문의 28대 인물이다. 그는 화신 크리슈나보다 나이가 조금 더 많았으며 크리슈나 사후에도 살았다. 그는 그 당시에 번창하였던 전체 베다 학교의 상징이었을 것이다.

리그 베다
만트라의 원전

리그 베다는 베다들 중에서 가장 오래된 베다이다. 다른 모든 베다들은 리그 베다에 기초를 두고 있다. 리그 베다는 여러 선지자들이 노래한 수천의 찬가들로 되어 있다. 각 찬가는 보통 약 10개의 시구들로 되어 있다. 리그 베다는 산스크리트 혹은 인도-유럽어로 된 가장 오래 된 책이다. 그 책의 집필 연도는 논쟁의 여지가 많다. 그 책의 내용에 들어 있는 천문학적 내용들을 알고 있는 위대한 요기들과 학자들은 리그 베다의 연대를 기원전 4000년 이전이나 아니면 기원전 12000년 이전의 것으로 추산하고 있다. 인도의 최근 고고학적 발견들에 따르면 이보다 훨씬 더 이전의 연대로 추정하고 있다. 그러나 현대의 서양 학자들은 그 연대를 기원전 약 1500년경으로 보는 경향이 있다. 베다의 용어는 바가바드 기타를 포함한 베다의 여러 가르침들에도 종종 보이지만, 보통의 경우는 리그 베다의 언어를 말한다.

리그 베다는 만트라의 책이다. 리그 베다는 모든 산스크리트 만트라들 중 가장 오래된 모습을 가지고 있다. 만트라는 각 글자에 힘과 의미를 함축하고 있는 소리로 되어 있다. 요가 수행, 명상, 만트라, 아유르베다와 같은 베다의 많은 측면들을 리그 베다에서 찾아볼 수 있다. 그러한 것들은 리그 베다에서 유래된 많은 용어들을 사용하고 있다. 리그 베다에 여러 본이 있었다고 말해지나 지금 남아 있는 것은 오직 한 본 뿐이다.

리그 베다는 리쉬라 불리는 여러 선지자들이 본 신성의 여러 양상을 그린 찬가들로 되어 있다. 인도뿐만 아니라 페르시아와 중국에까지 알려져 있던 북두칠성의 일곱 별과 동일시된 일곱 명의 주요한 선지자들이 있었다. 그들은 아트리(Atri), 칸와(Kanwa), 바시슈타(Vasishta), 비슈와미트라(Vishwamitra), 자마다그니(Jamadagni), 고타마(Gotama), 바라드바자(Bharadvaja)였다. 그러나 그들의 이름이 이 현자들이 노래한 찬가들에도 보이고 있어서, 그들은 아마도 더 이전의 사람들이었을 것으로 추측된다.

선지자들의 가장 주요한 가문은 앙기라사(Angirasas)이다. 앙기라사는 그리스어의 안젤로스(Angelos), 영어로는 천사(Angel)에 해당되는 말이다. 일곱 선지자들은 모두 앙기라사 가문이며 그 가문에서 갈라져 나왔다. 앙기라사 가문의 시작은 목성과 동일시되었던 브리하스파티(Brihaspati)였다. 다른 중요한 선지자 가문은 금성과 관련이 있는 브리구(Bhrigus)와 리부(Ribhus)이다. 베다의 몇몇 신들은 마루트(Maruts), 아디티야(Adityas), 아스빈(Ashwins) 같은 선지자 가문을 가지고 있었을 것이다.

일곱 선지자 가문의 많은 후예들은 여전히 인도와 인도 이외의 지역에 살고 있다. 그들은 인류의 선조라고 일컬어진다. 선지자

가문의 각 수장은 툴쿠(Tulku)와 비슷하였다. 그들은 수없이 태어나면서 자신의 이름을 지닌 많은 후계자들에게 가르침을 전하였다. 그러므로 베다와 푸라나 문헌을 보면 바시슈타와 비슈와미트라 같은 이름들로 가득 차 있다.

리그 베다는 산스크리트로 만다라(mandala)라 불리는 10권의 책으로 되어 있다. 그것들 중 일곱 권은 각각 한 분의 위대한 선지자와 그가 속한 가문에 관한 내용이다. 즉, 제2권은 그리트사마다(Gritsamada)와 그의 가문, 제3권은 비슈와미트라(Vishwamitra)와 그의 가문, 제4권은 바마데바(Vamadeva) 및 고타마(Gotama)와 그들의 가문, 제5권은 아트리(Atri)와 그의 가문, 제6권은 바라드바자(Bharadvaja)와 그의 가문, 제7권은 바시슈타(Vasishta)와 그의 가문, 제8권은 칸와스(Kanwas)와 그의 가문에 관한 내용들로 되어 있다. 제1권은 주로 초기 여러 가문의 선지자들의 찬가를 모은 것이다. 제10권은 초기와 후기의 여러 찬가들을 모은 것이다. 제9권은 소마 찬가들을 모은 것이다. 그것들은 주로 브리구와 안기라사가 노래한 것이다. 그 찬가들은 가문의 책들보다 더 오래되었다. 그래서 가문의 범위를 넘어선 것이다. 그러므로 제10권은 리그 베다의 10권의 책 중 가장 오래된 것이다.

각각의 찬가는 특정한 신에게 바쳐지고 있다. 그 주요 신들은 인드라, 아그니, 수리야, 그리고 소마이다. 베다 신들은 여러 수준의 의미를 가지고 있다. 베다 신들은 지적 마음의 한정된 구성체를 초월하는 직관적 상징을 나타내고 있다.

248

인드라는 프라나, 즉 깨어 있는 생명력의 신이다. 인드라는 지각하는 사람 혹은 선지자의 의식을 나타낸다. 인드라는 거짓의 힘을 파괴하는 번개 즉 바즈라를 휘두르는 젊은 전사이다. 아그니는 의식, 자각, 깨어 있음의 신이다. 그의 상징은 신성한 불이다. 외적으로 아그니에게 바친다는 것은 우리 안에 있는 더욱 높은 자각에게 바치는 것을 상징한다. 수리야(Surya)는 신의 보이는 얼굴, 신의 현존인 태양을 상징한다. 수리야는 깨달은 마음과 창조적 지성을 상징한다. 수리야는 신성한 창조자이고 변형시키는 자이다. 소마는 신비스러운 식물이며 불멸의 넥타를 준다. 그는 달이며 또한 물의 신이다. 그는 희열 즉 아난다를 상징한다.

다른 중요한 신들은 우주적 바다의 신이자 신성한 심판관인 바루나(Varuna), 신성한 친구이자 자비의 신인 미트라(Mitra), 창조적 지성의 태양신인 사비타르이다. 여신으로는 새벽 혹은 영적 열망의 여신인 우샤(Usha), 지혜와 영감 그리고 신성한 말씀의 여신인 사라스와티, 무한한 하나와 전체성의 여신인 아디티(Aditi), 우주의 물인 아파(Apas)이다. 더 나아가서 각 신은 인드라와 인드라니, 바루나와 바루나니와 같이 배우자가 있다. 집단적인 신으로는 태양의 신들인 아디티야(Adityas), 폭풍의 신들인 마루트(Maruts) 혹은 루드라(Rudras), 신성한 장인들인 리부(Ribhus), 그리고 모든 신들의 일치를 상징하며 문자대로는 '우주의 신들'을 뜻하는 비슈베데바(Vishvedevas)가 있다.

창조자 브라마, 유지자 비슈누, 파괴자 쉬바인 후기 힌두교의 삼위일체 신은 리그 베다에도 보이지만 배경 뒤에 가려져 있다. 브라마는 신들의 사제인 브리하스파티이고, 비슈누는 태양신의 모습이다. 뒤에 태양신의 모든 모습들은 비슈누에게 스며들어 가게 되었다. 쉬바는 루드라이다. 그를 두려워하여 잘 부르지 않았지만 많은 존경을 받았던, 모든 신들의 아버지이다.

각각의 신 혹은 여신은 신성의 어떤 특성을 나타내고 있다. 그들은 자연과 인간의 영혼 속에서 안내하는 힘들로 존재한다. 그러므로 그들은 대개 사상이나 진리 지각의 구현이요, 신성한 마음(Divine Mind)의 위대한 원형이다. 예를 들어, 글자 뜻 그대로 친구를 의미하는 미트라(Mitra) 신은 우정을 나타내며, 삶에서 성스러운 우정의 중요성을 나타낸다.

각각의 신 혹은 여신은 어떤 한 측면의 신이면서도 모든 신이 될 수 있다. 일신론, 다신론, 범신론, 일원론의 개념 모두가 베다의 전체적인 비전 속에 함께 짜여져 있다. 신성은 아무런 모순 없이 하나이자 다수로 보여진다. 신은 모든 우주이며 우주를 지배하는 모든 우주적 힘들이지만 또한 세상을 초월하고 있다. 세상에 대한 그와 같은 전체적인 관점 때문에 베다를 처음 번역한 학자들은 매우 당황하였다. 그러나 아마도 오늘날의 우리는 세상과 정신에 대해 더 폭넓은 조망을 갖고 있을 것이기에 베다를 더 잘 이해할 수 있을 것이다.

사마 베다
신비한 노래

사마 베다는 노래의 요가이다. 사마 베다는 다양한 음악적인 멜로디가 들어간 찬가들이다. 어떤 의미에서 사마 베다는 리그 베다의 축소판이다. 사마 베다의 비밀은 그것의 음악적인 주석과 번역 안에 있다.

사마 베다는 영적 지식의 황홀경과 헌신의 힘을 나타내고 있다. 리그 베다가 말이라면, 사마 베다는 노래이다. 리그 베다가 지식이라면, 사마 베다는 지식의 실현이다. 그러므로 두 가지는 항상 남편과 아내처럼 조화를 이룬다. 리그 베다는 아내이고, 사마 베다는 남편이다.

야주르 베다
신비한 의식

외적 모습으로 보았을 때 야주르 베다는 제례 의식의 베다이다. 내적 수준에서 본다면, 야주르 베다는 몸을 정화하고 내면에 있는 의식을 일깨우기 위한 요가 수행을 설명하고 있다. 야주르 베다에는 여러 본이 있다. 그것들은 서로 간에 아주 다르다. 야주르 베다는 고대의 인도 사제들이 주로 사용하였던 베다이다. 이것은 이집트의 『죽음의 서』라는 책과 유사점이 많다.

야주르 베다의 신은 리그 베다의 신과 같다. 제례 의식을 행하는 목적은 우리 자신 안에 우주적 인간인 인드라를 재현하고자

하는 것이다. 제례 의식은 영혼 안에 우주를 재현함으로써 개인
과 우주를 결합하려는 것이다. 그것은 일련의 희생들로 되어 있
는데, 자아를 신에게 바치는 아트마야그나(Atmayajna) 즉 자기 희
생에서 절정을 이룬다. 희생이 적을수록 작은 세상을 얻으며, 반
면에 참나 희생은 모든 세상과 불멸이라는 가장 위대한 선물을
얻게 한다.

아타르바 베다

아타르바 베다는 베다 중 마지막의 것이다. 아타르바 베다는
베다로 받아들여지지 않는 경우가 많았다. 베다는 세 가지가 있
다고 말해지기도 하였다. 리그 베다와 마찬가지로 아타르바 베다
도 찬가의 모음집이지만 좀 더 다양한 특성을 가지고 있다. 아타
르바 베다는 리그 베다의 많은 찬가들을 가지고 있지만 다른 베
다의 엄격한 제례 의식과 일부 대중적인 마법 또한 포함하고 있
다. 그리고 평범한 언어로 기술되어 있다. 그러므로 베다 시대의
일반인들의 삶을 들여다볼 수 있게도 해 준다. 아타르바 베다의
신들은, 비록 루드라-쉬바(Rudra-Shiva)가 더욱 분명한 역할을 하
고 있지만, 리그 베다의 신들과 같다. 사용된 언어는 형태가 좀
단순하고 다양함이 다소 덜한 편이다.

아타르반(Atharvan)은 조로아스터교에서도 중요한 인물이다.
아타르(Atar)는 페르시아어로 불을 뜻한다. 그러므로 아타르반은
불의 사제이다.

지식의 경전

우파니샤드

우파니샤드는 내적 가르침 또는 신비적 가르침을 의미한다. 우파니샤드는 자기실현, 요가와 명상, 카르마, 환생과 같은 주요 베다 교리들을 더욱 선명히 설명하고 있다. 그러한 개념들은 오래된 신비 종교에서는 상징의 모습으로 가려져 있었다. 더 오래된 우파니샤드들은 보통 브라마나(Brahmana)나 아라니야카(Aranyaka)라는 이름으로 베다에 첨부되어 있다. 그렇지만 최근의 우파니샤드들은 그렇지 않다. 우파니샤드들은 크리슈나와 붓다 이전 몇 세기 동안에는 널리 보급되고 있었다.

우파니샤드에서 가장 뛰어난 인물은 성자 야그나발키야(Yajnavalkya)이다. 후기 힌두교와 불교 철학의 위대한 가르침 대부분은 그로부터 나왔다. 그는 네티 네티(neti-neti)라는 위대한 교리, 즉 진리는 진리에 대한 모든 사고의 부정을 통해서만 발견될 수 있다는 관점을 가르쳤다. 다른 중요한 우파니샤드의 성자들은 우달라카 아루니(Uddalaka Aruni), 슈외타케투(Shwetaketu), 샨딜리야(Shandilya), 아이타레야(Aitareya), 피팔라다(Pippalada) 그리고 사나트 쿠마라(Sanat Kumara)이다. 마누(Manu), 브리하스파티, 아야스야(Ayasya), 나라다와 같은 초기 베다의 많은 스승들 또한 우파니샤드에서 발견된다. 우파니샤드는 그들의 영적 지식의 선언에 대한 지지를 얻기 위하여 리그 베다의 시구들을 자주 인용한다.

우파니샤드에서 베다의 영적 의미가 당연히 분명해지고 또 강조된다. 더 정확하게 말하자면, 우파니샤드는 사마 베다로부터 발전되어 나온 것이다. 그리고 베다에 계시된 지식의 황홀경과 깨달음을 계속해서 강조한다. 몇몇 우파니샤드의 가르침은 아타르바 베다에서도 찾아볼 수 있다. 우파니샤드의 사상 대부분은 표현만 달리 하고 있을 뿐, 리그 베다에 근원을 두고 있다.

우파니샤드의 고전으로는 브리하다라니야카(Brihadaranyaka), 찬도기야(Chandogya), 이샤(Isha), 아이타레야(Aitareya), 타이티리야(Taittiriya), 카타(Katha), 프라슈나(Prashna), 케나(Kena), 문다카(Mundaka), 만두키야(Mandukya), 그리고 슈웨타사바타라(Shwetasavatara) 우파니샤드가 있다. 이러한 고전 우파니샤드들은 수 세기가 지난 후 위대한 철학자 샹카라(Shankara)가 주석서를 남겼다. 위에 언급한 우파니샤드와 일부 우파니샤드들은 붓다 이전에 저술되었다. 최근 몇 세기까지 계속 저술되고 있으며 오늘날에는 우파니샤드가 몇 백 권에 이른다.

슈리 크리슈나의 바가바드 기타를 우파니샤드로 간주하는 사람들이 많다. 바가바드 기타가 우파니샤드의 가르침을 잘 요약하고 있기 때문이다. 우파니샤드는 젖소이고, 크리슈나는 우유 짜는 사람이며, 기타는 우유라고 비유되고 있다.

우파니샤드의 근본 가르침은 다음의 위대한 여섯 가지 말(Mahavakyas)로 요약될 수 있다.

1) 나는 브라만이다(Aham Brahmasmi). 이 말은 개인의 가장 깊은 의식이 지고한 신성의 의식과 같다는 말이다. 베다의 궁극적 진리는 위대한 구세주가 신이나 주님이 아니라는 것, 이름이나 형상을 갖고 있는 신은 지고의 존재가 아니라는 것이다. 베다는 사람, 책, 이미지, 개념에 대한 숭배가 아니다. 베다는 심지어 신에 대한 숭배조차도 아니다. 우파니샤드는 우리 자신과 별도로 존재하고 있는 무엇인가를 진리로 경배하는 것은 우리를 파멸시킨다고 말한다. 우파니샤드는 우리 자신의 참나가 진정한 신성이며, 그것은 우리의 가슴과 모든 우주 안에 절대자로 현존한다고 가르친다.

2) 참나는 브라만이다(Ayam Atma Brahma). 이것 역시 영혼이 절대자와 하나라는 점을 말하고 있지만 더욱 객관적이고 완화된 모습으로 말하고 있다. 우리의 참나만이 신성인 것은 아니다. 똑같은 절대적 진리가 모든 존재 안에 같은 참나로 있다.

3) 그것이 그대이다(Tat tvam asi). 무엇을 보거나 무엇을 생각하든, 우리는 그것이다. 나만이 그것이 아니고, 너 또한 그것이다. 우리는 모든 것 안에 있는 궁극의 나와 너이다. 다른 것 안에 있는 의식 또한 신성이다.

4) 지성은 브라만이다(Prajnanam Brahma). 진리를 알아보는 우

리의 식별력은 진리 그 자체이다. 신성한 지성은 우리의 내면에 존재하고 있으며 우리를 신성에게로 돌아가게 하는 힘을 가지고 있다. 우리의 가장 안쪽에 있는 지성은 우리가 절대자 속으로 몰입하게 할 수 있는 지고의 지성이다.

5) 모든 우주는 브라만이다(Sarvam Khalvidam Brahma). 온 우주는 신성이다. 신성이 우리의 '나'를 포함하고 있다. 신성은 당신과 나 속에 있는 의식의 원리일 뿐만 아니라, 모든 사물 안에 있는 존재 원리이다. 신성은 궁극의 대상일 뿐만 아니라, 모든 존재 안의 가장 깊은 곳에 있는 주체이다. 신성은 모든 것 속에 있는 하나이며, 하나 속에 있는 모든 것이다.

6) 그분은 나이다(So'ham). 이것은 우리 호흡의 자연스러운 움직임 안에 내재하고 있는 자기가 신과 하나라는 것을 보여주고 있다. 소(so)는 들숨의 자연스런 소리이고, 함(ham)은 날숨의 자연스런 소리이다.

위의 위대한 말씀은 성서 속에 있는 "나는 스스로 있는 자이다."라는 말과 비슷하지만 더 분명하게 말하고 있다. 그 말은 개인적 의식과 절대자 혹은 신성한 실재와 하나라는 말이다. 그 모든 말들은 신성한 말씀인 "나는 모두이다."라는 옴에서 나와 옴으로 들어가 사라진다.

제례 의식의 경전

브라마나

브라마나는 제례 의식의 경전이다. 그것은 아리안 왕족의 궁정 사제들에 의해 사용되었다. 브라마나는 야주르 베다와 유사하지만 그렇게 오래된 것은 아니다. 또 야주르 베다처럼 비법이 담겨 있는 것도 아니다. 그럼에도 불구하고 브라마나는 영향력이 크다. 브라마나는 오컬트 지식의 중요한 체계를 설명하고 있다. 브라마나는 우리에게 삶의 행위 속에서 제례 의식을 재창조하는 방법을, 그리고 몇 가지 특별한 행위 속에서 우주적 의식을 표현하는 방법을 보여 주고 있다.

브라마나의 제례 의식 모두가 외적인 성격을 띠고 있는 것은 아니다. 제물로 바쳐진 외적인 것들은 내적 과정의 상징이었다. 제례 의식은 주로 말, 호흡, 마음을 통하여 진행된다. 제례 의식의 주된 힘은 만트라 즉 찬가이다. 찬가는 우리로 하여금 우주적 진동에 조율하며 자연의 변형의 힘에 연결시킨다. 제례 의식은 우리를 삶의 바른 행위 속으로 돌아오게 한다. 제례 의식의 순서 즉 희생의 순서는 삶의 성스러운 내용과 움직임이다. 그러한 제례 의식과 찬가들은 우리로 하여금 영적 지식을 위해 준비하게 하고, 우리의 삶과 사고를 풍성하게 만들어 영적 지식이 성장하도록 하는 비옥한 땅을 마련한다. 그러므로 브라마나는 우리를 우파니샤드로 안내한다.

일부 베다의 제례 의식에 동물 희생이 보인다. 엄밀한 의미에서 본다면, 희생되는 동물은 우리 자신의 낮은 본성의 상징이다. 브라마나는 특별한 목적을 갖고서 가끔씩 하는 신성한 제례 의식을 제외하고는 동물 살육을 반대한다. 많은 현대 학자의 견해와는 달리, 베다의 동물 희생은 육식을 장려하거나 동물을 학대하는 것이 아니었다. 오히려 베다는 지금보다 더 원시적인 사회 상태에서 채식을 할 수 없었던 보통 사람들에게 동물의 본성이 신성하다는 것을 가르쳤다. 그리고 신에게 제물로 바친 후에라야 동물을 죽일 수 있다고 가르쳤다. 그러므로 동물 희생은 성스러움에 대한 존중뿐만 아니라, 신들에게 속하는 것으로 여겨졌던 동물의 삶에 대한 존중이 스며들도록 하였다.

중요한 브라마나로는 아이타레야(Aitareya), 샤타파타(Shatapatha), 카우쉬타키(Kaushitaki), 타이티리야(Taittiriya)와 찬도기야(Chandogya)가 있다. 이 우파니샤드들은 다른 우파니샤드에 비해 길다. 길게 된 것은 그 우파니샤드들이 중요해서가 아니라, 그것들의 가르침이 좀 더 복잡하였기 때문이다. 하지만 그것들은 어떤 규정된 제례 의식을 되풀이하고 있다. 그것들 모두는 같은 가르침에 대한 변형이다. 제례 의식은 계절과 분점들에 따라 행해졌다.

숲의 원전
아라니야카(Aranyaka)
브라마나와 우파니샤드 사이에 몇몇 부차적인 원전들이 있다. 그것들을 아라니야카라 한다. 아라니야카란 숲의 원전이라 뜻이다. 아라니야카들은 영적 지식을 얻기 위하여 사회를 떠나 숲 속에서 거주하던 사람들에 의하여 사용되었다. 아라니야카들은 제례 의식에서 사용하는 문구들을 철학적 원전과 결합시켰다. 그리고 몇몇 우파니샤드들이 아라니야카에 포함되거나 추가되었다. 중요한 아라니야카로는 타이티리야(Taittriya), 아이타레야(Aitareya)와 샨크하야나(Shankhayana)가 있다.

신화집

푸라나

푸라나는 이 세상의 신화 모음집들 중 가장 풍부한 것이다. 대부분의 푸라나는 기원 후 약 500년경에 최종적인 모습을 가지게 되었다. 그러나 그 내용은 기원전 1500년경인 크리슈나 시대로부터 구전되어 내려오고 있었다.

열여덟 개의 주 푸라나가 있다. 그리고 우파푸라나(Upapurana)로 불리는 몇몇 덜 중요한 푸라나가 있다. 푸라나는 신과 여신, 찬가, 고대 역사의 개요, 우주론, 삶에서 지켜야 할 것, 의식, 영적 지식에 관한 가르침 등을 중심으로 하여 다양한 이야기로 꾸민 긴 책이다. 그러므로 푸라나는 종교와 문화의 백과사전과 같다.

열여덟 개의 주 푸라나를 보면 비슈누, 브라마, 아그니, 바유, 링가(Linga), 쿠르마(Kurma), 마르칸데야(Markandeya), 나라다, 바마나나(Vamanana), 마치야(Matsya), 바라하(Varaha), 스칸다, 가루다(Garuda), 브라만다(Brahmanda), 슈리 바가바타(Shri Bhagavata),

바비슈야(Bhavishya), 브라마바이바르타(Brahmavaivartta)가 있다. 우파푸라나로는 쉬바 푸라나, 칼키 푸라나, 칼리카 푸라나(Kalika Purana) 등이 있다. 이 푸라나 중 가장 중요한 것은 비슈누 푸라나, 쉬바 푸라나, 마르칸데야 푸라나이다.

푸라나는 아마도 힌두교도에게 있어서 가장 중요한 것이며 또 가장 애용하고 있는 책들이다. 푸라나에는 삶과 사회 전반에 대한 지침이 담겨 있다.

전설집
이티하사(Itihasa)

푸라나라는 신화집과 더불어 이티하사라는 전설이 담긴 책들이 있다. 이티하사는 보통의 전설이 아니라, 아바타 즉 신의 화신들의 삶을 언급하고 있다. 푸라나와 마찬가지로 이티하사들은 신화와 설화를 담고 있다. 이티하사 가운데 가장 중요한 것은 라마와 시타의 이야기를 담고 있는 서사시인 라마야나와 가장 긴 대서사시인 마하바라타가 있다. 마하바라타는 주로 크리슈나의 이야기를 다루고 있다. 크리슈나의 이야기는 푸라나에서도 가장 빈번하게 다루어지고 있다. 라마는 바유(Vayu, 바람) 신과 함께 페르시아의 문학에도 언급되고 있다. 라마를 모신 원숭이 모양의 신 하누만도 바람의 신이었다. 라마의 아내 시타는 리그 베다에서는 대지, 경작지의 여신이다.

아가마

아가마(Agama)는 고대 쉐이바이트 경전이다. 푸라나 및 우파니샤드와 같은 시기의 책이다. 아가마의 내용 역시 폭이 넓고 심오한 내용들이 담겨져 있어서 많은 이들이 연구하고 있다.

탄트라

탄트라는 우리에게 잘 알려져 있기는 하지만 가장 잘못 이해되고 있는 산스크리트 용어이다. 탄트라는 문자 그대로는 '직물의 짜임새'를 의미한다. 기원전 몇 세기부터 기원 후 1000년까지의 힌두교와 불교의 전체적 가르침을 언급하고 있다.

베다 다르마에는 세 층의 가르침이 있다. 가장 오래된 층은 우파니샤드, 브라마나, 베다로 구성되어 있는 층이다. 이것들은 고대에 가장 널리 퍼졌지만 붓다 시대 이전의 몇 세기 동안에는 인기가 없었다. 둘째 층은 푸라나와 서사시로 되어 있는 푸라나 층이다. 이것들은 베다의 가르침이 쇠퇴한 크리슈나 왕족 시대에 우세하였다. 그러나 이것들은 베다의 확장과 발달로 간주된다. 셋째는 탄트라이다. 탄트라는 푸라나와 전설의 발달과 확장이다. 푸라나와 전설서가 베다로부터 나온 것이기 때문에 그것들과는 명확하게 구분할 수 없다. 중요한 탄트라는 마하니르바나(Mahanirvana) 탄트라이다.

탄트라는 서구에서는 베다의 가르침보다 더 잘 알려져 있다. 이렇게 된 이유는 황홀경, 신과의 합일 혹은 쿤달리니 각성을 일으키기 위한 다양한 성적 수행법을 안내하고 있는 성적인 탄트라 때문이었다. 사실, 성적인 탄트라는 탄트라 가운데 아주 드문 탄트라이다. 그것은 탄트라 전부를 대변하는 것은 결코 아니다.

탄트라는 여신 숭배와 관련되어 있다. 여신에 관한 많은 탄트라적 가르침이 있는 것은 사실이다. 그렇지만 쉬바와 비슈누 신에 대한 탄트라들도 많다. 그렇기 때문에 탄트라를 여신 숭배와 동일시할 수는 없다.

탄트라는 또한 에너지에 관한 가르침 및 수행이 많다. 이것들로는 만트라, 얀트라(Yantra), 시각화, 제례 의식, 푸자 등이 있다. 그러한 수행은 흔히 탄트라적이라고 하지만, 베다와 푸라나의 가르침 모든 곳에서도 찾아볼 수 있다. 탄트라는 특히 쿤달리니의 각성과 관련되어 있다. 쿤달리니는 베다와 푸라나보다는 탄트라에서 더 중요하게 여겨진다. 이들 초기의 가르침에서는 강조점을 지식과 헌신에 두었으며 기법적인 수행은 별로 강조하지 않았다. 그러나 지식 혹은 헌신을 강조하면서 때때로 베다와 푸라나에서 제시된 기법의 수행도 행하는 탄트라도 있다.

얀트라

얀트라는 다양한 에너지 패턴 즉 기하학적인 도형을 사용한다. 얀트라는 만트라의 에너지 형태이다. 얀트라는 신의 미묘한 모습이다. 얀트라는 시각화와 명상을 위해서뿐만 아니라 부적과 같이 행운을 위해서도 사용되었다. 얀트라는 우리의 정신적 에너지를 창조적이고도 변형적인 방법으로 향하도록 하는 데 도움을 준다. 많은 점성가들은 얀트라를 권하는데, 얀트라가 보석보다 값이 싸지만 부정적인 행성의 영향을 떨쳐 버리도록 하는 데 유용하기 때문이다.

가장 중요한 것은 슈리 얀트라이다. 이것은 여신의 주 얀트라이다. 다른 중요한 얀트라는 행운을 가져다주고 장애물들을 비키게 해 주는 가네쉬 얀트라와 죽음과 어려움을 피하게 해 주는 마하므리튠자야 얀트라(Mahamrityunjaya Yantra)이다. 마흐므리튠자야 만트라는 "Om Tryambakkam Yajamahe Sugandhim Pustivardhanam Urvarookameva Bandanaam Mirityormoksheeya Maamritaat"를 보통 108번 반복한다. 그리고 각각의 행성을 위한 특별한 얀트라가 있다.

만다라는 얀트라를 확장한 것이다. 다양한 얀트라 주변에 보통 신과 여신들의 형상이 덧붙여진다. 만다라는 또한 주로 명상을 위한 것인데 불교 전통에서 두드러지고 있다.

근원적 가르침의 요약

여기에 언급한 근원적 가르침은 다음의 범주로 구분할 수 있다. 1) 만트라 즉 신성한 말씀의 경전, 2) 지식의 경전, 3) 제례 의식의 경전, 4) 신화의 경전, 5) 전설의 경전이 그 범주들이다.

베다 다르마 특히 리그 베다의 찬가는 만트라이다. 이 만트라는 다른 경전들이 발달하게 된 기본 경전이며 다른 경전의 성장이 있게 한 시이다. 지식은 우파니샤드에 있다. 제례 의식은 야주르 베다와 여러 브라마나에 있다. 신화는 여러 푸라나에 묘사되어 있으며, 전설은 이티하사에 있다. 탄트라는 사실상 혼합되어 있으나 기법 혹은 수행의 책이라 할 수 있다.

이 내용들은 시대, 장소, 문화의 차이에 따라 다양할 것이다. 그러나 모든 근원적 가르침들은 이 범주 중에서 하나 혹은 여러 가지에 속할 수 있을 것이다. 이 점에 있어서 진정한 만트라는 베다의 찬가이며, 진정한 진리의 실현은 우파니샤드이며, 진정한 신화는 푸라나이다. 세계의 모든 영적 혹은 종교적 가르침은 이 범주 중 하나에 둘 수 있다. 현존하는 경전은 가르침에 대한 우리 마음과 존재 양태의 여러 수준에 맞게 의사소통 하고자 하는 방식의 예에 불과하다. 따라서 이러한 모든 가르침의 노선을 이해하려고 노력해야 하지만, 우리는 그 가르침의 형태를 창조적으로 번안하여야 한다. 오래된 경전을 그저 숭배만 해서는 안 된다. 우리는 새로워진 창조적 열정으로 원전의 에너지를 이어 가야만 한다.

성스러운 역사와 우주론

특히 여러 푸라나와 이티하사에서 우리는 인류 역사와 우주 질서에 대한 베다적 관점이 있음을 볼 수 있다. 인류 역사 혹은 물질세계를 그들 나름으로 기술하고 있다. 또 많은 신화들이 상징적인 내용으로 기술되고 있음을 발견하게 된다. 예를 들면, 지구는 물, 우유, 꿀 등과 같이 여러 물질로 된 일곱 바다와 일곱 대륙으로 되어 있다는 것이다.

그러나 이러한 묘사는 시간과 공간 내에 있는 사물들을 구체적으로 기술하고자 한 것은 결코 아니다. 그들은 눈으로 보이는 세계뿐만 아니라 보이지 않는 세계도 기술하고자 하였던 것이다. 성스러운 역사는 다양한 사건이 실제로 일어난 날짜를 언급하고 있는 것은 아니다. 성스러운 역사는 우리가 어떻게 영원으로부터 시간 속으로 떨어지게 되었는지, 그리고 어떻게 우리가 시간으로부터 벗어나 영원으로 되돌아갈 수 있는지를 보여 주고자 한 것이다. 그것은 영원과 시간이 교차하는 곳을 보여 주고 있다. 또한 그것은 우리의 세계 시간이 다른 미세한 세계의 시간과 어떻게 연결되는지에 초점을 맞추고 있다. 우리의 현세 역사는 직선적인데 반해, 성스러운 역사는 그렇지 않다. 연대기적 차원은 한 차원에 불과한 것이다. 신과 악마의 전쟁, 즉 우주의 긍정적인 힘과 부정적인 힘 사이의 전쟁은 지구의 전쟁 너머에 있는 어떤 것을 표현하고자 한 것이다.

이와 마찬가지로, 우주론은 지구의 실제 위치와 관련이 있는 것이 아니다. 성스러운 우주론은 어떻게 성스러운 것이 지금의 우리에게 나타나는지를 보여 주고 있다. 사물의 실제 크기로 사물을 판단하지 않고 신성이 사물을 통하여 오는 정도로 판단해야 한다는 것이다. 이것은 물리적 요인뿐만 아니라 문화적 혹은 정신적 요인에 의해 결정될 수 있다. 성스러운 산은 실제로 세상에서 가장 높은 산을 말하는 것이 아니다. 그러한 내용을 기술하였던 사람들은 그릇된 상상이나 잘못된 측정을 하고 있는 것이 아니라, 다른 기준에서 사물을 판단하였던 것이다. 신성은 다양한 지점으로부터 현세의 공간으로 침투한다. 이러한 관점에서 보면, 보통의 차원은 사라지고 기적적이고 신비한 차원들이 발견될 수 있을 것이다.

예를 들면, 베다 전통에서 카일라사, 메루라는 신성한 산은 북극에 있으며 세상을 지지하는 네 개의 강이 그곳으로부터 흐른다고 말한다. 대부분의 문화들은 그들 나름의 신화적 세상의 산이 있다. 카일라스는 히말라야 산맥 북쪽의 티베트에 있는 산이다. 그와 같은 산과의 동일시는 상징적이거나 신화적인 것이다. 사실, 어떤 산도 신성한 산이 될 수 있다. 티베트에 있는 메루 산은 실제로 북극에 있는 산이 아니고, 세계에서 가장 높은 산도 아니다. 그러나 메루 산은 세상의 영적 북극에 여전히 있을 것이다. 그곳은 신성한 스승들의 거주지, 또는 미묘한 차원에 존재하는 분들이 거주하는 곳일 수 있다. 이 모든 것에서 우리가 주의를 기울여야 할 것은 그것들이 지니고 있는 내적 의미이다. 그것들은 우리가 알고 있지 않은 언어로 말하고 있는 것이다.

그러한 신성한 언어들은 삶에서 고유한 위치를 차지하고 있다. 비록 신성한 언어들이 사물의 외적 도식을 적절하게 기술하고 있을지라도 그것들을 문자 그대로 해석해서는 안된다. 신성한 언어들이 문자 그대로 진실하다고 주장하거나 아니면 그것들의 존재를 부인하는 것은 지성의 실패이며, 잘못된 기준을 적용하고 있는 것이다. 그것들을 이해하기 위해서는 베다 때의 신성한 비전으로 되돌아가야 한다.

제례 의식에 참여함으로써 우리는 신성한 시간 속으로 들어갈 수 있다. 제례 의식은 신성한 달력에 의해 행해진다. 제례 의식은 신이나 화신의 삶을 찬양한다. 제례 의식을 통해 외적 세상의 사건에 사로잡혀 있던 우리가 사소한 개인적 시간을 떠나 내적인 우주적 삶에 참여한다. 신성한 공간으로 들어가는 방법은 사원이나 다른 성스러운 장소 안으로 들어가는 것이다. 이것은 영토와 소유의 세계를 떠나 무한의 영역으로 들어가는 것이다.

그러므로 경전들은 사원과 종교 축제 안에 항상 나타나고자 한다. 이것들이 외부 세상에 나타난 것이 경전이다. 이것이 근원적 가르침이다. 그것들은 공부, 찬가, 명상을 통하여 우리 마음의 세계에 나타난다. 이러한 가르침들을 우리 안에 살아 있게 하여야 할 것이다. 그러면 그것들이 지니고 있는 진정한 힘을 확인할 수 있을 것이다. 우리는 그것들을 유지해야 한다. 그래서 우리의 삶이 신과 조화 속에 있도록 해야 한다.

힌두와 베다 가르침을 현대적 언어로 번역한 책들이 많다. 그러나 원래의 의미를 충실히 드러낸 번역물은 아직 그리 많지 않다. 이제 현대의 마음은 고대의 비밀을 보호하고 있는 베일을 꿰뚫어야 한다. 그러므로 여기에서 그 근원의 가르침들의 약간을 보여주고자 한다. 요가의 위대한 가르침은 베다의 바로 처음부터 보인다. 시간이 지남에 따라 가르침의 언어는 변하고 있지만, 근본이 되는 진리는 꺼지지 않는 불꽃처럼 영원히 타오르고 있다.

리그 베다

1. 1

리그 베다의 찬가집을 열 때 사용되는 이 찬가는 늘 명상과 요

가의 길의 기초가 되었던 자각과 주의 깊음의 불(아그니)에 대한
전형적 노래이다.

1. 모든 것 앞에 놓이시는 참의식의 불이시여,
   진리 속에 행동하는 희생의 신성이시여,
   황홀경으로 이끄는 최고의 사제시여,
   당신에게 찬미를 드리나이다.

2. 고대와 지금의 현자들에게
   마땅히 찬양을 받아야 할 아그니시여,
   신들을 여기에 오도록 하소서.

3. 아그니시여, 당신을 통하여 우리의 풍요는
   매일매일 더해 갑니다.
   영웅적 힘으로 가득 찬 부와 영광이.

4. 오, 아그니시여,
   당신이 보호하고 계시는
   완전한 희생은
   실로 신들께 이르는 길입니다.

5. 사려 깊으시며, 진실하시며

최고의 지혜를 밝히시는 아그니시여,

신들과 함께 여기로 오소서.

6. 경사스러운 것은 무엇이나

당신의 헌신자들에게 허락하시는 아그니시여,

그것이 정말이지 당신이십니다.

오, 자각의 빛이신 아그니시여.

7. 오, 아그니시여,

날마다, 낮이나 밤이나 당신에게

기도를 드리며

존경의 자세로

우리는 당신에게로 옵니다.

8. 신성한 분이시여,

진리의 수호자시여,

자신의 거처를 증대시키는 분이시여.

9. 아버지가 아들에게 쉽게 다가갈 수 있듯이

그렇게 쉽게 우리에게 다가오소서.

아그니시여, 우리의 최상의 것을 위하여

늘 우리와 함께 하소서.

슈크라 야주르 베다

32장

이것은 백 야주르 베다의 40장 중 가장 신비스러운 것이다. 다른 것들은 의식의 상징이 더 깊은 베일로 가려져 있는 것을 제외하고는 비슷한 의미를 가진다.

1. 그것만이 불이다. 그것만이 태양이다.

   그것만이 바람이다. 그리고 그것만이 달이다.

   그것은 빛나는 씨앗이다. 그것은 지고의 실재이다.

   그것은 신성한 물이며 창조주이시다.

2. 모든 진동은 빛나는 영으로부터 나왔다.

   아무것도 그의 위나 아래나 중간에 있을 수 없다.

3. 그는 아무런 이미지를 가지고 있지 않다.

   그래서 그의 이름은 위대한 영광이시다.

4. 그는 모든 곳에 존재하는 신이시다.

   하나이신 그분은 어린이 안에서 태어났다.

   그는 탄생되었던 것 모두이며

   그리고 탄생할 모든 것이다.

   그는 모든 존재 앞에 서 있으며,

그의 얼굴은 모든 곳으로 향하고 있다.

5. 그 이전에는 아무것도 태어나지 않았다.

그분이 이 모든 세상이 되었다.

창조물과 기뻐하시는 창조의 주님은

16개의 형상을 취하시면서

3개의 빛을 잡고 계신다.

6. 그분에 의하여 하늘이 숭고해지고 땅이 단단해지며,

그분에 의해 태양의 세상이 지탱되고 흔들리지 않으며

그분은 공간의 크기를 재는 분이시다.

그 알려지지 않고 계시는 신에게 우리의 제물을 드릴지니.

7. 포효하며 확고히 서 있는 하늘과 땅이

두려운 마음으로 그분을 바라보고 있으며

그곳으로부터 태양이 떠오르고 있으니,

그 알려지지 않고 계시는 신에게 우리의 제물을 드릴지니.

8. 사랑스러운 태양이 그 신비스러운 존재를

비밀스럽게 보았도다.

거기에는 모든 우주가 하나의 보금자리가 된다.

그분 속으로 모든 것이 들어간다.

그분으로부터 이 모든 것이 나와 갈라진다.

그분은 씨줄과 날줄의 모습으로

모든 창조물 속으로 퍼져 있는 힘이다.

9. 아는 자이신 천사여, 불멸의 본성을 선언하소서.

그것은 비밀 속에 다양하게 옮겨지니.

그가 머무는 세 곳은 신비에 덮여 있다.

그것들을 아는 자는 그 자신의 아버지의 아버지가 될지니.

10. 그분은 우리의 친구요, 아버지이자 주인이시다.

그분은 모든 세계를 지배하고 계신다.

그곳에서 불멸을 얻은 신들이 제3의 본성 속으로 들어간다.

11. 모든 존재를 포함하고 있는,

모든 세계를 포함하고 있는,

공간의 모든 방향들을 포함하고 있는,

진리의 첫째 현존 속에서

그분은 참나에 의하여 참나 속으로 들어갔다.

12. 카르마를 잘라 버리시고는

한순간에 하늘과 땅, 온 세상, 온 공간,

온 빛의 세상을 여행하시는, 카르마의 고리를 자르시는

그분은 그것을 보았고, 그분은 그것이 되었고,

그분은 그것이었다.

13. 존재와 비존재의 경이로운 주님이시여,

보는 자에게 즐거운 사랑이시여,

제가 승리의 지혜를 얻게 하소서, 스와하(Swaha)!

14. 신들과 조상들이 숭배한 그 지혜의 여신.

오 성스러운 불이시여,

그 지혜의 여신이 저를 지혜로 풍부하게 하소서.

스와하!

15. 바다의 주님이 저에게 지혜를 허락하시길,

불과 창조의 주님이 저에게 지혜를 허락하시길.

보는 자와 영이 저에게 지혜를 허락하시길.

신께서 저에게 지혜를 허락하시길, 스와하!

16. 영적인 질서와 세상의 질서 둘 다가

여신의 영광을 입기를.

신들께서 저에게 그 지고의 아름다움을 허락하시길.

그녀에게, 당신에게, 스와하!

아타르바 베다

X. 8.

이것은 아타르바 베다의 10장에서 신성한 기둥 스캄바(Skambha)에게 드리는 둘째 찬가의 일부이다. 이 시의 일부는 우파니샤드에 사용되었으며, 우파니샤드 가르침의 기본이 되었다.

27. 당신은 여자고 당신은 남자다.

　　당신은 소년이고 당신은 소녀다.

　　당신은 지팡이를 쥐고 비틀거리는 늙은이다.

　　당신은 얼굴을 모든 방향으로 향한 채 태어났다.

28. 당신은 그들의 아버지고

　　당신은 그들의 아들이다.

　　당신은 가장 나이가 많고 가장 젊다.

　　하나이신 신이 마음속으로 들어갔다.

　　처음 태어난 그는 아이 안에서 눈을 뜬다.

29. 무한으로부터 무한이 일어난다.

　　무한으로부터 무한이 부어지고 있다.

　　오늘 우리가 어디에서 무한이 흘러 넘치는지를 알 수 있으면.

30. 그녀는 영원하며, 계속해서 태어난다.

그녀는 모든 존재들을 감싸고 있는 고대의 존재이다.

빛나는 위대한 성스러운 새벽이

그녀의 눈을 깜빡임으로써 모든 존재들을 응시한다.

31. 진리의 법으로 에워싸여 있기에,

그녀는 신성한 본성으로 나타난다.

그녀의 아름다움으로

푸른 나무들이 잎으로 화환을 두르고 있다.

32. 가까이에 있는 그것은 버려질 수 없다.

가까이에 있는 그것은 보이지 않는다.

신의 지혜를 알지어다.

그분은 죽지도 늙지도 않는다.

33. 자신 앞에 아무것도 없는 그것에 떠밀려

여신들은 그것들이 신성한 말이라고 선언한다.

그들이 말하면 그렇게 그들은 된다.

그들은 그것을 지고의 실재라 한다.

34. 신들과 인간들이 바퀴와 바퀴 안의 살처럼 같이 있는 곳에서,

나는 그대들에게 환영 속에 숨겨져 있는

276

물의 꽃이 어디에 있는지를 묻는다.

35. 무슨 힘으로 바람이 불고
    누가 다섯 방향을 붙들고 있고,
    신들이 봉헌물 너머로 바라보고 있는 곳,
    그들은 누구인가?

36. 한 분이 이 지상에 퍼져 있다.
    한 분이 공간을 에워싸고 있다.
    한 분이 주인으로서 하늘을 붙들고 있다.
    모든 방향이 한 분 속으로 들어온다.

37. 이 모든 창조물들을 짜고 있는
    긴 실을 누가 아는가?
    누가 실 뒤의 실을 아는가?
    그분만이 지고의 실재를 알고 있다.

38. 나는 이 모든 창조물들을 짜고 있는
    길게 뻗은 실을 안다.
    나는 실 뒤의 실을 안다.
    그것이 지고의 실재라는 사실도 안다.

이샤 우파니샤드

이것은 가장 짧은 우파니샤드이지만 가장 아름다운 우파니샤드이다.

1. 이 우주를 신 속에 깊게 잠기게 하라.
   이 지상에 살고 있는 모든 것들도!
   내버림의 지혜로 사는 사람들은 진정으로 즐거우리니.
   어느 누구의 것도 탐하지 말라.

2. 자신에게 주어진 일을 다하며
   백 년의 수명을 소망할지어다.
   그대에게 이 길 말고
   카르마가 얽매이지 않을 다른 길은 없으리니.

3. 정말이지 이 세상은 어두움에 둘러싸인
   앞이 보이지 않는 광란의 세상이니.
   자신의 참나를 알지 못하는 이들은
   죽은 뒤에 그곳으로 가나니.

4. 움직임이 없으면서도 생각보다 빠른 참나는
   앞으로 나아갈 때면 신들도 따라잡지 못하고
   서 있을 때는 모든 달려오는 것들로부터 떨어져 있다.

참나로부터 생명의 신이 창조의 물을 끌어 내 온다.

5. 참나는 움직이기도 움직이지 않기도 하며
   멀리 있기도 가까이 있기도 하며
   모든 존재 안에 있기도 밖에 있기도 하다.

6. 참나를 아는 사람은
   그 자신의 참나 안에서 세상 모든 것을,
   모든 것 속에서 자신의 참나를 본다.
   그는 어느 누구 앞에서도 결코 놀래지 않는다.

7. 모든 존재들이 그 자신의 참나가 된 사람에게,
   일체를 깨달은 사람에게,
   무슨 혼란이나 슬픔이 있겠는가!

8. 그는 모든 곳에 퍼져 있으며,
   몸도 신경도 없으며,
   순수하고 유일하며, 죄악에 닿지 않고 있다.
   마음의 안내자이며, 모든 곳에 퍼져 있으면서
   스스로 존재하고 있는 그는 치우치지 않게
   각 대상들에게 자신들의 성품에 따라 운명을 부여하고 있다.

9. 무지를 숭배하는 자들은

　앞이 보이지 않는 어두움 속으로 빠져든다.

　지식에 집착하는 사람들은

　더 깊은 어두움 속으로 떨어진다.

10. 무지는 움직임이며

　지식도 또 다른 움직임이라고

　진리를 전수하여 준 고대 현자들로부터

　우리는 이 가르침을 전해 들었도다.

11. 지식과 무지 둘 다를 아는 자들은

　둘을 통하여 죽음을 초월하고

　불멸을 얻는다.

12. 눈에 보이는 것이 아무것도 아니라 믿는 사람들은

　깊은 어둠 속으로 들어가리라.

　눈에 보이는 것을 숭배하는 사람들은

　그보다 더 깊은 어둠 속으로 떨어지리라.

13. 파멸하는 것과 다른 것이며,

　파멸하지 않는 것과도 다른 것을

　우리는 고대의 현자들로부터 들었도다.

14. 파멸하는 것과 파멸하지 않는 것 둘 다가

   존재하지 않고 있다는 것을 아는 자들은

   그 둘을 초월하고는

   불멸을 얻으리라.

15. 금빛으로 빛나는 그대 태양으로 인하여

   진리의 얼굴이 가려져 있으니

   오, 세상의 모든 것을 자라게 하는 태양(Pusan)이시여!

   우리의 진정한 본성을 볼 수 있도록

   그대의 빛을 거두어 주소서.

16. 오, 푸산이시여! 오, 유일의 보는 자시여!

   오, 야마시여! 오, 태양의 신이시여!

   오, 프라자파티의 아들이시여!

   당신의 빛과 열을 걷어

   제가 당신의 가장 자애로운 모습을 보게 해 주소서.

   태양 속에 있는 그 존재.

   그분이 저 자신입니다!

17. 제 생명이 불멸의 생명이 되게 하소서.

   그런 다음에 제 몸이 재가 되게 하소서.

   옴!

오, 나의 영혼이 당신의 노고를 기억하길!

오, 나의 영혼이 당신의 노고를 기억하길!

18. 오, 아그니시여, 우리를 바른 길로 인도하소서.

모든 길을 알고 계시는 오, 신이시여!

우리를 성공으로 안내하소서!

사악한 죄의 길을 멀리 가져가 주소서!

당신에게 크나큰 공경을 드릴지니.

옴 샨티, 샨티, 샨티

가네샤(Ganesh)	모든 장애들을 없애는, 코끼리 모양을 하고 있는 신
가야트리(Gayatri)	영혼을 일깨우기 위한 베다 찬가
갸나 요가(Jnana Yoga)	지식의 요가
구나(Guna)	자연의 주 성질
구루(Guru)	영적 스승
그리하스타(Grihastha)	삶의 단계에서 가정생활을 영위하는 단계
나다(Nada)	미묘한 몸의 소리의 흐름
나디(Nadis)	미묘한 몸의 신경들
나타라자(Nataraj)	우주적 춤의 신으로서의 쉬바
니르바나(Nirvana)	해방, 평화의 상태
니야마(Niyama)	요가에서의 준수 사항
니야야(Nyaya)	베다 철학의 여섯 흐름 중 하나
다라나(Dharana)	요가식의 집중 혹은 주의
다르마(Dharma)	가르침 혹은 종교, 존경 혹은 지위
다샤(Dasha)	행성의 시간 주기
다투(Dhatu)	아유르베다 의학에서 말하는 신체 조직들
도샤(Dosha)	아유르베다 의학의 생물학적 체액
두르가(Durga)	여신 혹은 악마들의 파괴자
디야나(Dhyana)	명상

라다(Radha)	크리슈나의 배우자
라리타(Lalita)	희열의 여신
라마(Rama)	비슈누의 일곱째 화신
라마야나(Ramayana)	라마의 이야기를 다룬 서사시
라사야나(Rasayana)	아유르베다의 회춘법
라야 요가(Laya Yoga)	소리 흐름(nada) 속으로 몰입의 요가
라자 요가(Raja Yoga)	파탄잘리의 종합의 요가 혹은 길
라자스(Rajas)	에너지 혹은 활력의 성질
라후(Rahu)	달의 북극점, 용의 머리
락슈미(Lakshmi)	풍요와 아름다움의 여신, 비슈누의 아내
루드라(Rudra)	무서운 혹은 격노하고 있는 모습의 쉬바
리그 베다(Rig Veda)	가장 오래된 힌두 경전, 찬가의 베다
리쉬(Rishi)	고대 베다 선지자
마나스(Manas)	마음 혹은 정서
마누(Manu)	베다의 인물, 인간 문화의 창시자
마르마(Marmas)	아유르베다 치료에서 사용되는 민감한 신체의 부위들
마야(Maya)	환영
마야바다(Mayavada)	세상이 실제가 아니라는 교리
마하바라타(Mahabharata)	크리슈나의 이야기가 담긴 서사시
마하야나(Mahayana)	위대한 수레, 북방 불교 학파, 대승 불교
만트라(Mantra)	영적 혹은 힘이 있는 말
메루(Meru)	세상의 산
목샤(Moksha)	해방의 추구
미맘사(Mimamsa)	의식을 주로 다루는 베다 철학
바가바드 기타(Bhagavad Gita)	화신 크리슈나의 경전
바나프라스타(Vanaprastha)	삶의 은거의 시기

284

바르나(Varna)	사회적 가치 혹은 단계
바이샤(Vaishya)	상업적 가치관을 지닌 사람
바이쉐쉬카(Vaisheshika)	베다 철학의 여섯 흐름 중 하나
바타(Vata)	생물학적 물의 기질
박(Vak)	신성한 말, 여신
박티 요가(Bhakti Yoga)	헌신의 요가
베다(Veda)	고대 힌두 경전
베다 과학(Veda Science)	베다에 관한 종합적인 영적 과학
베단타(Vedanta)	참나 지식에 관한 베다 철학
부디즘(Buddhism)	붓다 즉 깨달은 자가 만든 비정통적인
	베다 아리안 가르침
북티(Bhuktis)	행성의 시간 주기
붓다(Buddha)	비슈누의 아홉째 화신
브라마(Brahma)	힌두의 3신 중 창조를 지배하는 신
브라마나(Brahmana)	베다 의식의 경전
브라마차리야(Brahmacharya)	성적 에너지의 통제, 학습과 깨끗한 삶의 시기
브라만(Brahman)	절대자 혹은 궁극의 실재
브라민(Brahmin)	영적 가치를 추구하는 사람
브리하스파티(Brihaspati)	의식을 행하는 베다의 신, 목성
비갸나(Vijnana)	지성
비갸나바다(Vijnanavada)	의식만이 존재한다는 불교 철학
비슈누(Vishnu)	힌두 3신 중 보존을 다스리는 신
사나타나 다르마(Sanatana Dharma)	영원한 가르침, 힌두 종교의 전통적 이름
사라스와티(Saraswati)	언어, 학문, 지식과 지혜의 여신
사마 베다(Sama Veda)	노래의 베다
사마디(Samadhi)	몰입, 희열
사비타르(Savitar)	베다의 태양 신, 요가의 안내자

사우트란티카(Sautrantika)	모든 사물들이 일시적이라는 불교 철학
사트바(Sattva)	진리 혹은 빛의 성질
산스크리트(Sanskrit)	베다와 만트라의 언어
산야사(Sannyasa)	포기와 해방의 삶의 단계
샛(Sat)	존재
샹카라(Shankara)	비이원론적 베단타의 위대한 철학자
상키야(Sankhya)	우주 원리에 대한 베다 철학
샥티(Shakti)	의식 그리고 영적 진화의 힘
소마(Soma)	희열의 베다 태양 신
소함(So'ham)	호흡에서 일어나는 자연스러운 만트라적인 소리
수드라(Shudra)	감각 중심의 가치관을 지닌 사람
수리야(Surya)	베다 태양신 혹은 깨달은 마음의 신
쉬바(Shiva)	힌두의 3신 중 파멸과 초월을 지배하는 신
슈니야바다(Shunyavada)	모든 것이 공이라는 불교 철학
스로타(Srota)	아유르베다 의학에서 사용되는 통로 체계
스칸다(Skanda)	전쟁의 신
시타(Sita)	라마의 아내
아가마(Agamas)	쉐이바이트 경전들
아그니(Agni)	베다의 신성한 불, 불의 신
아난다(Ananda)	희열
아드바이타 베단타(Advaita Vedanta)	비이원론의 베단타 철학
아라니야카(Aranyaka)	베다의 숲의 가치들
아리안(Aryan)	영적 가치를 추구하는 사람들
아바타(Avatar)	화신한 신
아사나(Asana)	요가 자세
아쉬람(Ashram)	상태 혹은 삶의 단계

아유르베다(Ayurveda)	베다 의학
아타르바 베다(Atharva Veda)	넷째 베다
아트만(Atman)	신성한 참나
야그나(Yajna)	희생제, 신성한 의식
야마(Yama)	요가 태도들
야주르 베다(Yajur Veda)	의식 혹은 희생의 베다
얀트라(Yantra)	명상을 위한 기하학적 도형
옴(Om)	신성한 존재의 만트라
요가(Yoga)	에너지를 발달시키고 통합하는 기법들
요가 수트라(Yoga Sutra)	요가에 관한 파탄잘리의 고전 경전
요기(Yogi)	요가 수행자
우파니샤드(Upanishad)	베다 철학 경전
유가(Yuga)	세상의 나이
이슈와라(Ishwara)	우주적 창조자
이티하사(Itihasa)	힌두 서사시
인드라(Indra)	존재 혹은 삶의 베다 신
자이니즘(Jainism)	비폭력을 강조하는 정통파의
	베다 아리안의 가르침
조티쉬(Jyotish)	베다 점성학
차르바카스(Charvakas)	고대 인도의 물질주의적 철학자들
차크라(Chakra)	미묘한 몸 내에 있는 신경 중심
칫(Cit)	의식
카라카(Karaka)	행성 표시
카르마(Karma)	원인과 결과의 법칙
카르마 요가(Karma Yoga)	일이나 봉사의 요가
카마(Kama)	욕망의 추구
카일라사(Kailas)	세상의 산이라 일컬어지는 산

카파(Kapha)	생물학적으로 물의 체액
카필라(Kapila)	위대한 힌두 성자, 상키야 철학 체계의 창설자
칼리(Kali)	검은 모습을 하고 있는 여신
칼리 유가(Kali Yuga)	어두운 철의 시대
칼키(Kalki)	비슈누의 열째 화신
케슈미리 쉐이비즘(Kashmiri Shaivism)	중세 케슈미르 쉐이바이트 철학
케투(Ketu)	달의 북극 교점, 용의 꼬리
쿤달리니(Kundalini)	뱀의 힘, 미묘한 몸의 힘
크리슈나(Krishna)	비슈누의 여덟째 화신
크리야 요가(Kriya Yoga)	테크닉의 요가
크샤트리야(Kshatriya)	정치적 가치를 둔 사람들
타라(Tara)	구원자의 역할을 하는 여신
타마스(Tamas)	어둡고 둔한 성질
탄트라(Tantra)	중세의 요가, 의식을 위주로 하는 인도 경전
파라츄라마(Parachurama)	비슈누의 여섯째 화신
파르바티(Parvati)	쉬바의 아내
파탄잘리(Patanjali)	고전 요가 체계를 편집한 스승
판차 카르마(Pancha Karma)	아유르베다의 다섯 정화 방법
푸라나(Purana)	힌두 신화
푸루샤(Purusha)	순수한 의식, 영
푸자(Puja)	힌두의 예배법, 꽃의 봉헌
프라나(Prana)	호흡 혹은 생명력
프라나 요가(Prana Yoga)	생명력의 요가
프라나야마(Pranayama)	요가식의 호흡 통제
프라크리티(Prakriti)	위대한 자연, 물질
프라티야하라(Pratyahara)	요가식의 마음과 감각들의 통제
피타(Pitta)	생물적인 불의 체액

하누만(Hanuman)	원숭이 모습을 하고 있는 신
하타 요가(Hatha Yoga)	신체 몸에 대한 요가
호마(Homa)	베다식의 숭배, 불의 봉헌
훔(Hum)	아그니와 쉬바의 위대한 만트라
힌두이즘(Hinduism)	베다 가르침에 대한 현대적 용어

지은이의 저서

Frawley, David. The Astrology of the Seers, A Guide to Vedic(Hindu) Astrology. Salt Lake City, Utah: Passage Press.

Frawley, David. Ayurvedic Healing, a Comprehensive Guide. Salt Lake City, Utah: Passage Press, 1990.

Frawley, David. Himalayan Origins of Civilization Through the Vedas, Salt Lake City, Utah: Passage Press.

Frawley, David. Hymns From the Rig Veda. Delhi, India: Motilal Banarsidass, 1986.

Frawley, David, Vasant, Lad. The Yoga of Herbs, An Ayurvedic Guide to Herbal Medicine. Santa Fe, New Mexico: Lotus Press, 1986.

정기 간행물

Clarion Call. P.O. Box 2507, Martinez, CA, 94553-9847.

Hinduism Today. 1819 Second Street, Concord, CA, 94519.

아유르베다 통신 교육

우리는 아유르베다 치유에 덧붙여 종합적인 아유르베다 통신 과정을 제공하고 있다. 그것은 아유르베다 치유의 모든 주요 측면을 다루고 있으며 아유르베다를 요가 과학의 한 부분으로 설명하고 있다.

제1부는 도입, 역사적 영적 배경, 아유르베다의 해부학과 생리학에 대한 종합적인 설명을 하고 있다. 제2부는 구조의 분석, 마음의 본질, 질병의 과정, 질병의 장소, 요가와 아유르베다 심리학의 부분이다. 제3부는 식이 요법, 허브 치료, 아유르베다 치유 접근들, 아유르베다의 모델에 따른 미묘한 치유 그리고 요가 심리학의 실제 적용을 다루고 있다.

이 과정은 인도의 저명한 아유르베다 의사들에 의하여 인정을 받았다. 보충을 위한 학습 테이프와 고급의 연구를 위한 기회도 역시 있다.

베다 점성학 통신 과정

힌두 점성학 즉 조티쉬(Jyotish)라 불리는 베다 점성학이 아유르베다와 요가와 더불어 종종 사용되고 있다.

이 과정은 행성, 궁, 집, 좌상, 조화 차트, 행성의 기간 그리고 차트 해석의 원리를 설명해 줌으로써 베다 점성학의 기본을 쌓게 한다. 더 나아가서 베다 점성학은 다이어트, 허브, 보석, 색깔, 만트라, 얀트라 그리고 신들을 설명하면서 아유르베다와 베다 점성학의 결합을 기초로 치유의 점성학을 설명하고자 하는 과정이다. 참나 지식의 수단으로서, 그리고 우주적 마음과의 조율로서의 점성학으로서, 점성학의 영적 그리고 카르마적 측면을 강조하고 있다.

이러한 관점으로 볼 때 이러한 점성학은 유일의 것이라고 볼 수 있다. 그러므로 이 과정은 분명하고, 실제적이며, 현대적인 용어들로 제시하고 있어 서구 문화에 적합하도록 만들었다. 상급 과정도 열려 있다.

이 과정을 더 알아보려면 아래의 주소나 e-mail로 연락하면 된다.

AMERICAN INSTITUTE OF VEDIC STUDIES
P.O. BOX 8357, SANTA FE, NM 87504-8357
(505) 983-9385

저자 약력

데이비드 프롤리 박사는 이 시대의 베다 현자이다. 그는 베다와 요가 과학의 종합적 체계를 이루는 데 혼신을 다하여 노력하고 있는 이 시대의 스승이다. 그는 아유르베다 치유자, 베다 점성학자, 요가와 명상의 스승 그리고 산스크리트 학자로 알려져 있다. 지난 20여 년 동안 그는 인도와 미국에서 베다와 관련한 많은 책들을 저술하고 기사들을 기고하였다.

인도에서 출간된 그의 책들을 보면, 『Hymns From the Golden Age』(1986), 『Beyond the Mind』(1984) 그리고 『The Creative Vision of the Early Upanishads』(1982) 등이 있다. Mountain Path, Glory of India, World Union, Sri Aurobindo's Action, the Advent, The Silent Logos 그리고 Ananda Varta와 같은 인도 정기 간행물들에 그의 기사들이 보인다.

미국에서 출간된 책들을 보면, 『Ayurvedic Healing, A Comprehensive Guide』(1989), 『The Yoga of Herbs』(1986), 『From the River of Heaven』(1990)과 『the Astrology of the Seers』(1990) 등이 있다. 그의 글들은 The Clarion Call, Yoga News(Unity in Yoga), The Eternal Way and The Yoga Journal과 같은 정기간행물에 보인다. 그는 또한 중국 의학 박사 학위(O.M.D.)를 가지고 있으며 미국과 중국 둘 다에 주역의 저서를 가지고 있다.

프롤리 박사는 아유르베다, 베다 점성학, 베다 연구 그리고 요가를 포함한 베다 지식의 현대적인 부활을 위한 미국 연구소의 총책임자이다.

Passage Press 출판사를 통하여 나올 그의 책들은 보면 다음과 같다. 『Songs of the Ancient Seers』, 『Selected Hymns from the

Rig Veda」, 『The Song of the Sun」, 『The Upanishadic Vision」,
『Beyond the Mind」 그리고 『Himalayas Origins of Civilization
Through the Vedas」 등이다.

아래의 글들은 인도에서 출간된 베다 지식에 관한 그의 여러
책들에 관한 서평이다.

"프롤리 박사는 어떻게 말로부터 세상이 창조되었는지를 설명하는 데 뛰
어나다. 만트라에 대한 그의 관점은 베다 만트라 그 자체처럼 깊이가 있다."

−M.P. Pandit, the Mountain Path

"베다 만트라에 관한 그의 영적 해석과 해설은 스와미 아트마난다, 스
와미 다야난다, 슈리 오로빈도 그리고 V.S. 아그라왈과 같은 위대한 영
적 주석가들의 반열에 들어가기에 충분하다."

−Prof. K.D. Shastri, Haryana Sahitya Academy Journal of Indological Studies

"베다 비전을 이해하려는 시도에서 그가 남기고 있는 업적은 탁월하
다. 슈리 오로빈도 이후 베다 연구에서 가장 본래적인 해석을 하고 있다."

−Dr. S.P. Dugy, Prabuddha Bharata

"저자는 베다 만트라의 소리와 영적 의미에 예리한 통찰력을 보이고
있다."

−P. Nagaraja Rao, The Madras Hindu

294

베다 입문

지은이 데이비드 프롤리

옮긴이 김병채

초판 1쇄 발행일 2004년 11월 5일

초판 4쇄 발행일 2024년 3월 29일

펴낸이 황정선

출판등록 2003년 7월 7일 제62호

펴낸곳 슈리 크리슈나다스 아쉬람

주소 경남 창원시 의창구 북면 신리길 35번길 12-12

대표 전화 (055) 299-1399

팩시밀리 (055) 299-1373

전자우편 krishnadass@hanmail.net

카 페 cafe.daum.net/Krishnadas

ISBN 89-952705-8-5 03270

Printed in Korea

※ 잘못 만들어진 책은 바꾸어 드립니다